천하를 경영한

기황후

천하를 경영한

기황후

3

떨어지는 핏방울, 흩날리는 눈물

제성욱 대하소설

살림북

기 황후

공녀라는 불운을 극복하고 원 제국의 황후가 되어 순제 황제를 대신해 유라시아 대륙을 경영했다. 고려를 원나라의 한 성에 편입시키자는 입성론을 종식시켰고, 원나라의 강압적인 요구로 80년간 고려 민중들을 공포에 떨게 했던 공녀와 환관 제도를 폐지하는 등 고려의 권익에도 힘썼다. 이 영정은 KBS가 몽골 화가를 통해 제작해서 행주기씨 문중에 기증한 것을 본 출판사가 사용하였다.

중국 북경의 고궁 터와 궁성 그림

원나라가 수도를 대도(大都: 현재의 북경)로 정한 것은 1267년 세조 쿠빌라이 때이다.
1 상공에서 내려다본 북경의 옛 대도성 터
2 명나라 때 그려진 대도성

소종 선광제 (昭宗: 아유르치리타드라)

순제와 기 황후의 맏아들로 순제 사후에 황위를 계승했다. 원나라의 부흥을 꿈꾸며 한때 명군 15만을 전멸시키는 등 혁혁한 전과를 올리기도 했지만, 재위 7년째인 1378년 카라코룸에서 사망했다. 이 영정은 대만 고궁박물관에 있는 것을 몽골국립박물관에서 도록으로 제작한 것이다.

주원장과 코끼리 석상

주원장은 빈농의 자식으로 태어났다. 17세 때 탁발승으로 떠돌다가 홍건적에 합류하며 원나라를 위협하는 한족 세력의 주축이 된다. 후에 명(明)을 건국하고 연호를 홍무(洪武)라 하였다. 코끼리상은 중국 남경 종산에 위치한 주원장의 무덤 명효릉을 수호하는 석상 중 하나이다.

목차

1장

이반 離叛

1359년 모거경(毛居敬)이 이끄는
홍건적 4만이 압록강을 넘어 고려를 침략하다

1

천하는 황상 폐하의 천하요, 이를 받드는 문무 대신들이 이끌
어 가는 것입니다. 하오나 자정원의 일개 환관 따위가 조정을
쥐락펴락 하고 있으니 통탄할 뿐이옵니다. 자정원 또한 황상
폐하의 것이요, 황실의 엄한 감독을 받아야 하나 고용보는 자
정원의 재산을 착복하고 사사로이 이익을 챙겨 사용하고 있
사오니, 반드시 진상을 밝혀 황실의 위엄을 세우소서.

태평과 진조인은 박불화를 공격하는 것이 여의치 않자, 공세의 표
적을 고용보로 바꾸었다. 고용보는 조정의 신하가 아니라 눈치를 보
는 자가 많지 않았다. 자정원의 자금줄을 가지고 대신들을 쥐락펴락
하는 것을 거북하게 여기는 자들 또한 많았다. 이번에도 태평은 상소
를 올렸다. 하지만 황태자에게 상소를 올리지 않았다. 계급무계궁에
있는 진조인을 통해 곧바로 황제에게 올린 것이다.

이반瑞扳

상소를 읽은 황제는 진상을 조사토록 명했다. 여태 침묵으로 일관하던 황제가 움직인 것은 진조인이 계급무계궁에서 황제에게 고용보에 관한 험담을 직접 늘어놓았기 때문이다. 고용보는 기 황후의 청을 받아들여 자정원사로 임명케 했으므로 황제는 진조인의 말들을 그저 흘려듣고 있었는데 태평까지 상소를 올리니 마음이 움직일 수밖에 없었다.

즉각 감찰기관인 어사대(御史臺)가 달려가 고용보를 조사했다. 황제의 지시인지라 기 황후도 선뜻 막아설 수 없었다. 털어서 먼지 안 나는 사람 없는 법. 고용보의 비리가 속속 밝혀지기 시작했다. 장부에 기록되지 않은 자금이 금고에서 대량 발견된 것이다. 하지만 자금은 고용보가 사사로이 착복하고자 쌓아둔 것이 아니었다. 궁중의 여러 일을 처리해나가기 위한 용도로 준비해둔 기 황후의 비자금이었다. 이 자금을 통해 고려에서 건너온 자제들을 돕기도 하고, 굶주림과 질병에 빠진 백성들을 구제하는데 사용되기도 했다. 순전히 기 황후의 지시로 만들어진 은밀한 자금이었다. 하지만 고용보는 모든 죄를 혼자 뒤집어썼다.

"그 돈은 모두 내가 사사로이 쓰기 위해 착복한 것이오."

신하들은 고용보의 죄를 성토하며 중벌로 다스릴 것을 주청했다. 어사대에서 조사한 내용이 황제에게까지 보고되었으니 신하들의 성토는 혹독하게 이루어졌다.

"고려 출신의 환관 따위가 조정의 기강을 흔들게 둘 수는 없사옵니다. 그를 엄히 처단하여 황실의 위엄을 세우소서."

"그가 착복한 자금의 용도를 철저히 추적하여 밝혀야 할 것입니다."

"차제에 자정원 전체에 대해 감찰하소서."

자칫하면 일이 기 황후에게까지 번질 기세를 보이자 고용보는 기 황후를 찾아와 스스로 물러날 뜻을 밝혔다.

"소인이 이쯤에서 벌을 받고 물러나겠사옵니다."

"그럴 필요는 없네. 자네가 벌을 받게 되면 그 죄를 인정하는 게 아닌가?"

그러자 옆에 있던 박불화가 나섰다.

"자정원사 대신 차라리 제가 벌을 받겠습니다. 저들이 처음부터 노렸던 사람은 바로 저입니다. 자정원사는 자정원을 총 책임지고 있지 않습니까? 그가 없으면 자정원이 심하게 흔들릴 수 있습니다. 하니 제가 잠시 물러나 있겠습니다."

"무슨 말씀이오, 그들이 탄핵을 한 대상은 바로 내가 아니오? 영록대부가 물러난다 해도 어차피 그 여파가 나에게까지 미칠 것이오. 우리 두 사람 다 황후 마마를 떠날 순 없지 않겠소? 마마, 저 하나만 물러나면 우선 이 사태를 막을 수 있을 것이옵니다."

그들의 대화를 듣고 있던 기 황후의 두 눈자위가 가늘게 떨렸다. 어느새 그녀의 얼굴이 홍시 빛으로 발그레하게 달아올랐다. 그들의 얼굴을 번갈아 바라보며 둘의 손을 꼭 잡았다.

"그대들은 충실한 나의 사람들일세. 자네들이 있었기에 오늘날의 내가 있었던 게야."

그렇게 말해놓고 기 황후는 찬찬히 고용보를 바라보았다.

"미안하지만 자네가 잠시 물러나 있어야 할 것 같네."

고용보는 각오한 듯 고개를 끄덕였다.

"잠시만 고려에 가 있도록 하게. 내 친서를 보내 자네를 각별히 대접하라고 일러놓을 테니. 몇 달 쉬었다 온다고 생각하고 가 있게나."

"황공하옵니다, 마마."

그리하여 고용보는 고려로 유배를 떠났다.

하지만 그는 기 황후의 배려 덕분에 유배 사실을 고려에 알리지 않았다. 기 황후의 명을 받아 기씨 일족들을 방문한다는 명목으로 고려에 들어갔다.

고려로 떠나는 고용보를 향해 기 황후는 그의 손을 꼭 잡아주었다.

"무사히 있다 돌아오게나. 자정원사 자리는 자네를 위해 비워놓고 있겠네."

고용보는 기 황후를 향해 큰절을 올리고는 먼 길을 떠났다. 고국으로 돌아가는 길이지만 그의 마음은 내내 무겁기만 했다.

한편, 고려에도 탈탈이 군권을 박탈당한 뒤 합마에 의해 죽었다는 소식이 전해졌다. 고려와의 거리 때문에 두 달이 지나서야 그 소식이 닿은 것이다. 이를 제일 반긴 것은 바로 노국공주였다. 그녀는 원나라 소식을 가지고 공민왕을 찾아가 들뜬 목소리로 말했다.

"탈탈이라 하면 원나라 최고의 장수이지요. 그가 죽었다면 원으로서는 이만저만한 손해가 아닐 겁니다."

"탈탈이라는 장수가 그리 대단한 자요?"

"그나마 여태 탈탈이 있었기에 홍건적들을 비롯한 반란군의 기세를 어느 정도 막을 수 있었습니다. 하지만 그가 없다면 반란군들이 곳곳에서 들고일어날 게 분명해요. 그러면 원나라 전체가 송두리째 흔들릴 것입니다."

떨어지는 핏방울, 흩날리는 눈물

노국공주는 다른 인편을 통해 들은 소식도 풀어놓았다.

"탈탈의 죽음에는 기 황후도 깊이 관여되어 있다고 들었지요. 이제 황제의 마음도 기 황후에게서 다소 멀어져 있고, 대신들의 반발 또한 거세다고 해요. 이래저래 황후의 입지는 상당히 좁아져 있을 겁니다."

"그렇다면 일을 한번 도모해볼 만하다는 말이오?"

"물론이지요. 이제 그년에게 복수할 날이 온 것 같습니다."

"허나 섣불리 나섰다간 도리어 우리가 크게 당할 수 있지 않겠소? 아직은 원의 황후가 아니오?"

공민왕은 여전히 기 황후가 버티고 있는 원나라를 두려워하고 있었다. 더구나 고려에는 기철을 포함한 친원파가 조정을 장악하고 있지 않은가? 하지만 노국공주는 자신만만했다. 그녀는 여태 생각해왔던 계책을 내놓았다.

"그렇다면 우선 시험을 한 번 해보시지요."

"시험이라니요? 어떤 시험을 말하는 게요?"

노국공주는 주위를 찬찬히 둘러보았다. 궁궐에는 기철이 심어놓은 환관과 궁녀가 많아 편전에서도 평소 언행을 조심해오고 있었다. 노국공주는 안에 있는 궁녀를 밖으로 내보내고서야 공민왕의 귀에 은밀히 속삭였다. 그녀가 말을 끝냈을 때 공민왕의 두 눈은 두려움으로 가득 차 있었다.

"그, 그리해도 아무 탈이 없을 것 같소?"

"그러니까 시험을 해본다는 겁니다. 이번 일로 슬쩍 저쪽 반응을 살핀 뒤에 일을 진행하면 됩니다."

노국공주의 두 눈은 푸른 인광이 비칠 정도로 활활 타오르고 있었다.

2

전각과 기둥들이 비단으로 둘러쳐져 있고, 장막은 하늘 높이 치솟았다. 인근에서 몰려든 사람들로 길은 입추의 여지없이 빽빽이 들끓었다. 그때 여기저기서 풍악 소리가 드높게 울려 펴지면서, 한 차례 고성의 나팔 소리가 울렸다. 나팔 소리를 신호로 크고 화려한 마차가 저만치서 나타났다. 모든 사람들이 숨을 죽이며 머리를 조아렸다. 영문도 모르고 몸을 숙인 사람들 중에 궁금증을 참지 못해 서로 묻는 자도 있었다.

"나라님이라도 행차하시는 거야? 왜 이렇게 난리야?"

"나라님보다 더 높은 분이 오신다네."

"혹시 덕성 부원군이 행차하셨다는 거야?"

"그게 아니라, 원나라에 있는 자정원사가 고려에 왔다는 거야. 황후가 가장 아끼는 사람이라 저렇게 난리들인가 봐."

고용보가 탄 마차는 개경 한가운데 있는 경왕궁(景王宮)으로 향했다. 경왕궁은 기철이 거처하는 집이었다. 만월대 바로 옆에다 새로 지었는데 그 규모의 크기와 화려함이 궁궐의 위세를 능가할 정도였다. 개경 한가운데 두 개의 궁궐이 마주보고 있는 형국이었다.

"어서 오시오, 자정원사."

기철은 대문 입구까지 나가서 고용보를 맞이했다. 그 뒤로 권겸을 비롯해 친원파들이 모두 모여 그를 환영했다.

"먼 길 오느라 수고가 많았소이다."

"고국에 돌아오는데 이보다 더한 길이라도 못 오겠습니까?"

"금의환향(錦衣還鄉)이란 말은 곧 원사를 두고 이르는 말인 것 같구려. 앞으로 우리 황후 마마를 잘 좀 보필해 주시구려."

"여부가 있겠습니까, 덕성 부원군 나으리."

기철은 고용보를 위해 성대한 잔치를 베풀었다. 2백 두(頭)가 넘는 소를 잡았고, 1백 석의 술이 빚어졌으며 떡이며 과일들이 산처럼 쌓였다. 기 황후의 후광을 입은 자정원사 고용보의 잔치였으니 성찬 중의 성찬이었다. 여기에는 고려의 모든 문무백관들뿐 아니라, 고려를 방문해 있던 각국의 사신들까지 참석했다. 그 규모가 왕이 베푼 잔치를 능가했다. 고용보는 기철에게 부탁하여 일부러 이런 성대한 잔치를 열게 했다. 잔치의 규모가 클수록 고용보의 높은 권세를 나타내는 것이며, 이는 곧 기 황후의 영향력이 대단하다는 것을 고려 전체에 알리는 셈이었다.

잔치는 열흘간이나 계속 되었다. 그동안 고려에 있는 유력 인사가 모두 다녀가고, 그를 통해 원에 가기를 원하는 처자들이 보화를 싸들고 찾아오기도 했다. 고려에서 기 황후와 박불화, 그리고 고용보의 위세는 하나의 성공신화로 알려져 있었다. 고려에서의 출셋길이 막힌 젊은 남녀들이 속속 몰려들었다. 큰 꿈을 품은 사내들은 환관이 되기를 원했고, 여인들은 궁녀가 되어 더 높은 자리에 오르길 원했다. 그들은 고용보에게 줄을 댈 원의 황궁에 들어가는 길을 마련하고자 했다. 고용보는 그들을 엄격하게 심사해 후에 데려갈 준비까지 마쳐두었다.

잔치가 파할 무렵 고용보가 심드렁한 어조로 기철에게 물었다.

"헌데 국왕은 왜 이 자리에 오지 않는 겝니까?"

"그래도 명색이 한 나라의 왕이 아닙니까? 자정원사께서 언제 시간

이반離叛

을 내시어 한번 강령전을 찾아보시지요."

다음날 고용보는 거대한 수레를 타고 만월대(滿月臺)를 찾았다. 의봉문(儀鳳門) 앞에서 수레에서 내려 회경전(會慶殿)으로 들어가자 왕이 옥좌에 앉아 있는 게 보였다. 공민왕은 고용보를 보자 대뜸 호통을 쳤다.

"경은 고려에 온 지가 언제인데, 이제야 짐을 찾는 게요?"

고용보는 공민왕의 호통을 어떻게 해석해야 될지 몰라 어리둥절한 얼굴이었다. 간절히 기다렸는데 왜 이제야 왔느냐는 아쉬움의 소린지, 무엄하게 늦게 온 걸 호되게 질책하는 것인지 분간되지 않았다. 고용보는 우선 머리를 조아리기로 했다.

"송구합니다, 전하!"

"그런데 경은 언제쯤 원에 돌아가시오?"

"몇 달, 아니 몇 년 동안 있을 지도 모르겠나이다."

그러자 문득 공민왕의 표정이 바뀌었다.

"자정원사라면 막중한 자리거늘, 그렇게 오랫동안 자리를 비워도 된답니까? 혹 쫓겨나서 여기에 유배를 오신 게 아니오?"

그 말투도 어느새 이죽거림으로 변했다. 고용보는 순간 뜨끔했다. 어떤 이상한 기운을 느낀 것이다. 하지만 일부러 침착한 어조로 대답했다.

"유배라뇨? 당치도 않은 말씀이옵니다. 소인은 그동안의 정무에 지쳐 다만 심신을 쉬러 왔을 뿐입니다."

"심신을 쉬러왔다?"

"그러하옵니다. 소인은 지친 심신을 고국에서 정양하고자 온 것이옵니다."

떨어지는 핏방울 흩날리는 눈물

"그래요? 듣자하니 경은 불심이 매우 깊다 들었소. 마침 내 좋은 사찰을 하나 추천해 줄까 하는데, 혹 해인사(海印寺)라는 절을 아시오? 산새가 깊고 주위의 풍광 또한 그윽하니 심신을 단련시키기엔 그만한 곳이 없을 게요."

고용보는 고개를 끄덕이며 낮게 중얼거렸다.

"해인사라……."

그는 연일 계속된 잔치로 인해 사실 매우 피곤했다. 연일 찾아오는 사람들의 청탁과 풍악소리에 몸도 마음도 지쳐 있었다. 인적이 드문 조용한 절에서 심신을 쉬게 하는 것도 나쁠 것 없어 보였다.

"소인, 전하의 명을 받들겠나이다."

다음날 고용보는 해인사로 떠났다. 언제 원으로 돌아갈지 모르는 상황에서 오랫동안 개경에 있으면 사람들의 구설수에 오를 수도 있었다. 벌써부터 왕은 유배 온 걸 의심하고 있지 않은가? 외진 곳에서 사람들의 이목을 피하는 것도 좋을 듯싶었다.

해인사가 위치한 가야산은 그 산새가 매우 험하고, 길도 구불구불하고 좁았다. 수레가 제대로 움직일 수 없어 고용보는 걸어서 산에 올랐다. 홍류문(紅流門)을 들어서자 우레 같은 맑은 물소리가 귓가에 부서졌다. 그 맑은 물로 마음을 씻고 불심의 깊은 세계로 빠져들고 싶을 만큼 주위의 풍광은 수려했다.

절에 올라가 대웅전에 들어선 그는 한참동안 참선을 했다. 밖으로 나와서는 뒤편의 가야산(伽倻山)에 오르기도 했다. 가야산은 그리 높지 않은데도 산세가 웅장하고 수려하여 해동 제일의 명산으로 손꼽히고 있었다. 어스름이 깔리면서 곧장 자리에 누웠다. 개경에서 해인사

이반離叛

까지 먼 길을 다녀온 데다 오후에는 가야산까지 올라 무척 피곤했던 것이다.

삼경이 조금 넘은 깊은 밤. 바람도 잔잔하여 풍경소리만이 가끔 들렸다. 그 고요를 깨고 밖에서 인기척이 들렸다. 고용보는 20년을 넘게 환관 생활을 해 왔던지라 잠귀가 무척 밝았다. 그 소리가 들렸을 때 곧장 자리에서 일어났다. 불을 켠 채 문 쪽으로 막 다가가려는데 문이 벌컥 열렸다. 순간, 그의 눈에 들어온 것은 얼굴을 가린 자객들이었다. 고용보는 깜짝 놀라 뒤로 물러섰다.

"웬 놈들이냐?"

자객들은 대답 없이 칼집에서 칼을 빼들었다. 시퍼런 칼날이 달빛을 받아 날카롭게 번득이고 있었다. 고용보는 식은땀을 흘리며 더듬거렸다.

"내가……, 내가, 누군 줄 알고 이러느냐?"

"누구긴, 기 황후의 주구 고용보라는 환관놈 아니냐?"

"잘 알면서 어찌 이러느냐? 나에게 손끝 하나 대었다간 무사치 못할 것이야."

하지만 그들은 개의치 않고 칼날을 세우며 고용보 앞으로 다가왔다.

"국왕이 시킨 것이냐?"

"나는 어사중승(御史中丞) 정지상(鄭之祥)이다. 내 뜻으로 너를 처단하는 것이니, 죽어 저승에 가면 나를 원망하거라."

정지상은 칼을 높이 쳐들었다. 이어 푸른빛 칼날이 어둠을 가르자 붉은 핏발이 공중으로 튀어 올랐다.

기 황후는 들고 있던 찻잔을 바닥에 떨어뜨리며 부들부들 손을 떨었다.

"무엇이라, 고용보가 피살되었다고?"

박불화는 눈에 그렁그렁한 눈물을 매달고는 고개를 끄덕였다. 급보를 받고 급히 달려오느라 의관도 제대로 갖추지 못한 채 흐느꼈다. 눈물을 닦느라 그의 적삼이 흥건히 젖어 있을 정도였다. 이에 비해 기 황후는 냉철하게 감정을 다스리고 있었다.

"도대체 누가 감히 고용보를 해쳤단 말이냐?"

"어사중승 정지상이란 자의 짓이라고 합니다."

"그가 단독으로 그 같은 짓을 했을 리는 없지 않느냐?"

"필시 고려왕이 시켰을 것입니다. 자정원사를 해인사로 보낸 것도 바로 왕이라 하옵니다."

"이런 고얀……."

기 황후는 필사적으로 마른침을 삼키며 입술을 깨물었다. 관자놀이엔 푸른 힘줄이 돋았다. 박불화는 아직도 고용보의 죽음이 실감나지 않는 지 멍한 시선을 하고 있었다. 그러다가 긴 한숨과 함께 탄식을 내뱉었다.

"자정원사 대신 제가 고려에 갔어야 했습니다. 제가 죽었어야 했을 것을……."

그는 바닥에 이마를 찧으며 다시 한 번 눈물을 쏟아냈다. 가슴이 아프기는 기 황후도 마찬가지였다. 어느새 그녀의 눈시울도 어룽어룽 눈물이 맺혔다. 최천수에 이어 손발이나 다름없는 자기 사람이 또 떠나간 것이다.

그녀는 천천히 눈을 감았다. 휘정원을 손에 넣기 위해 고용보가 모진 고문을 받았던 게 떠올랐다. 황태후를 제거하기 위해 죽기를 각오하고 고문을 버텼던 그였다. 그 휘정원을 바탕으로 세를 확장하고 마침내 자정원까지 손에 넣지 않았던가? 그가 없었다면 지금의 공고한 위치도 확보하지 못했을 것이다. 이번에 고려에 추방된 것도 자기 대신 간 것이나 다름없었다. 애초에 대신들의 목표는 바로 기 황후 자신이 아니던가. 자정원을 건드린 것인데, 그 모든 죄를 고용보가 혼자 덮어쓰고 고려로 간 것이다.

박불화가 고개를 들어 기 황후를 올려다보았다.

"황후 마마, 이대로 놔두시렵니까?"

"우선 단사관을 보내 진상을 조사해볼 것이다. 고려왕이 그 일에 개입됐다면 반드시 그를 벌할 것이야."

기 황후는 이번 일의 진상조사를 위해 단사관(斷事官) 완자불화(完者不花)를 급히 고려에 보냈다. 그는 개경에 들어서자 곧장 공민왕을 찾았다.

"원의 자정원사가 해인사에서 피살당했다고 들었습니다. 소인은 그 죄인을 찾아 대도로 압송하러 왔습니다."

"고용보의 죽음은 짐도 안타깝게 생각하는 바이오. 허나 그자는 가야산을 산책하다 그 일대의 산적에게 변을 당한 것이오."

"산적이라니요? 어사중승 정지상이 그를 죽였다는 첩보를 듣고 왔소이다."

그러자 공민왕이 버럭 화를 냈다.

"이 땅은 짐의 나라다. 짐의 나라에서 벌어진 일을 어찌 감히 사신

따위가 왈가불가 한단 말이냐?"

완자불화는 그 길로 고려에서 쫓겨나 황급히 대도성으로 돌아왔다. 공민왕을 만난 일을 전하자 기 황후는 불같이 화를 냈다.

"이것들이 나를 농락하는 게 아니냐?"

"지금 당장 군사를 몰아 왕을 몰아내시지요?"

"허나 자정원사가 죽은 것만으로 왕을 내치기엔 명분이 너무 약하다. 더구나 그는 고려로 유배를 갔던 것이 아니냐? 조금만 더 때를 기다려 보자."

박불화는 속으로 분을 삼키면서도 기 황후의 명을 따를 수밖에 없었다. 그녀의 말대로 지금 당장 나서기엔 무리가 많았던 것이다.

한편 고려 개경의 공민왕은 내심 자신에 차있었다. 그는 노국공주를 향해 들뜬 목소리로 말했다.

"왕비의 예상대로 우리의 시험이 성공한 듯하오."

"저들이 쉬 움직이지 못하는 것은 그만큼 입지가 약해서 일 것입니다."

"그렇다면 다음 단계를 실행해도 되겠다 그 말이지요?"

"무리하게 진행해서는 도리어 우리가 당할 수 있습니다. 적당한 때를 기다리셔야 합니다."

"적당한 때라……."

"조만간 그때가 올 것입니다."

3

덕성 부원군 기철은 자신의 집인 경왕궁(敬王宮)에서 기삼기(奇三奇)를 만나고 있었다. 기삼기는 기철의 먼 친척으로 무예가 매우 뛰어난 협사였다. 그는 개경 시장을 손에 넣고, 그 일대를 완전히 장악하고 있었다. 어울리는 사람도 많았고, 따르는 심복들도 많아 장안에 소문이 자자했다. 그는 시중에서 떠돌고 있는 소문이나 민심의 동향을 파악해 자주 기철에게 보고했다.

"자정원사가 피살됐는데도 누이가 아무런 조치도 하지 않았단 말이지?"

"단사관을 보내 진상조사를 하려 했지만 국왕에게 수모를 당하고는 쫓겨났다 합니다. 혹 황후 마마 신분에 무슨 변화라도 있으신지요? 고려왕을 가만히 놔두었다는 게 이해되지 않습니다."

"자정원사 하나 죽었다고 쉽게 군사를 움직일 수 없었겠지. 허나 고려 국왕이 황후의 눈밖에 났으니 조만간 그를 내칠 게 분명하다."

듣고 있던 기삼기가 기철을 슬쩍 쳐다보며 말했다.

"이번 기회에 덕성 부원군께선 기세를 더 넓히기 위해 쌍성(雙城)을 먼저 손에 넣으셔야 합니다."

"쌍성이라구?"

"그러하옵니다. 쌍성은 영흥 북쪽의 땅으로 원래 우리 고려의 땅이 아닙니까? 한데 몽고가 침입하면서 원나라의 속령(屬領)이 되어버렸습니다. 이 지역을 원나라의 개원로(開院路)에 편입시켜 버린 것이죠."

"나도 익히 들은 바가 있다. 원나라의 통치권이 제대로 닿지 않아

떨어지는 핏방울, 흩날리는 눈물

고려의 군사들도 꽤 있다면서?"

"쌍성은 비록 원의 땅이나 대부분 우리 고려 사람들이 살고 있습니다. 그 소속 또한 원나라에 있지만 실질적인 지배는 우리 고려가 하고 있습니다. 고려 조정에서 파견한 관리들이 그곳 백성들을 다스리고 있지요. 부원군께서 이 지역을 황후께 달라고 하셔서 아예 왕의 자리에 오르시죠. 그 후에 고려까지도 통째로 손에 넣으시면 됩니다."

기철은 기삼기의 말에 혹하여 군침을 삼켰다. 기삼기는 그의 표정을 살피며 마저 말을 앞질러 갔다.

"그러기 위해선 그쪽 사람들과 교류를 하셔야 되지 않겠습니까? 꽤 영향력이 있는 사람을 하나 알고 있는데……."

"어떤 사람이냐?"

"조도적(趙都赤)이라는 자인데, 쌍성의 시장을 장악하고 있습니다. 그의 뒤를 잘 봐주시면 부원군께 성심을 다해 충성할 것입니다."

쌍성에 있는 조도적은 30대의 젊은 나이로 어릴 적부터 시장바닥에서 혼자 커왔다. 고아로 태어나 누구 하나 보살펴 주지 않는 상황에서 시장에서 산전수전을 다 겪으며 조금씩 돈을 모아갔다. 처음 번듯한 가게 하나를 낸 그는 조금 욕심을 부리기로 했다. 인삼거래에 손을 댄 것이다. 당시 외국과의 역관무역에서 인삼의 비중이 커지면서 고려 조정의 감시가 뒤따랐다. 인삼 거래에 따른 상품의 종류와 수량, 가격 등을 엄격히 감독한 것이다. 때문에 인삼은 시중에서 아무나 구입할수 없어 그 값이 매우 비쌌다. 조도적은 고려 조정의 눈을 피해 밀거래로 많은 이익을 챙겼다. 이런 그의 거래는 관리의 묵인이 없으면 불가능했다. 조도적은 수시로 관리들에게 뇌물을 상납하여 그들의 입을 틀어막았다. 쌍성의 관할은 원나라였지만 실질적인 지배는 고려에서 하고 있어, 그 관리들 또한 고려인들이 대부분이었다. 조도적은 그들에게 자주 인삼을 갖다 바치고 술을 대접하며 친분을 유지했다. 그런데 조도적의 가게가 커지면서 그들의 요구 또한 대담해지기 시작했다. 돈을 더 요구할 뿐 아니라, 여자까지 구해주길 원했다. 견디다 못한 그는 기삼기를 찾아가 자신이 당한 것을 하소연했다.

"아무래도 여기의 관리들보다 더 높은 권력자를 알아두어야겠네."

"난들 그러고 싶지 않겠습니까? 연줄이 닿지 않으니 답답한 것이지요."

"그렇다면 내가 한 분을 소개시켜 줄까?"

"얼마나 높은 분이신데요?"

"고려의 국왕보다 더 높은 분이시지."

조도적의 눈이 갑자기 커졌다.

"그 말로만 듣던, 덕성 부원군 나으리?"

그도 덕성 부원군 기철의 권세를 익히 들어 알고 있었다.

"그와 막역한 사이이니 소개시켜 주지."

기삼기는 조도적과의 약속을 지켜 둘을 서로 연결시켜 주었다. 쌍성에 있는 조도적을 기철의 집에 불러들인 것이다. 조도적은 무릎을 꿇고 보자기 하나를 기철에게 내밀었다.

"산삼이옵니다. 이걸 다려 잡수시면 10년은 더 회춘하실 겁니다."

기철은 말로만 듣던 산삼을 직접 보자 입이 찢어질 정도로 기뻐했다. 그는 그중 한 뿌리를 덥석 씹어 먹기까지 했다. 기철은 조도적의 호탕한 성정에 쉽게 마음이 끌렸다. 조도적은 내리 사흘을 기철의 집에서 머물며 친분을 나누었다. 함께 술을 마시기도 하고, 쌍성의 세세한 사정을 전해주기도 했다. 쌍성에 욕심을 가지고 있던 기철에게는 조도적 같은 자들을 통해 그 영향력을 확보할 수 있어 내심 기대가 컸다.

"내 뒤에서 자넬 든든히 봐 줄 테니 아무 염려하지 말고 장사를 하게나."

그는 쌍성으로 떠나는 조도적을 향해 그런 다짐을 해주었다.

쌍성으로 내려온 조도적은 기고만장했다. 천하의 덕성 부원군을 후견인으로 삼았으니 두려울 게 없었다. 그는 돈을 거두러 온 관리에게 큰 소리를 쳤다.

"더 이상 댁들에게 돈을 바치지 않을 테니 그리 아시오."

"이게 개경에 다녀오더니 간덩이가 부었구나!"

하지만 조도적은 위축되지 않고 오히려 목소리를 높였다.

"내가 개경에서 누굴 만나고 왔는지 알면 댁들도 놀라 자빠질 걸요."

그러면서 관리를 문전박대 해버렸다. 수모를 당하고 온 관리는 이를 갈며 분통을 터뜨렸다.

"우리들 없이 얼마나 잘 하는지 어디 두고 보자."

관리들은 한데 모여 조도적을 혼내주기로 했다. 그로부터 거둬들인 재물이 적지 않아 그냥 내버려두긴 너무 아까웠던 것이다. 다음날부터 조도적에 대한 관리들의 압박이 시작됐다. 관리들은 조사를 명목으로 불시에 그의 가게를 급습해 물품을 모두 빼앗아 갔다. 때로는 항구에서, 상점에서, 운반 도중에도 관리들이 들이닥쳐 물품을 수색하고 허가받지 않은 인삼은 무조건 압수해버렸다. 연일 계속되는 수색과 압수 때문에 조도적의 거래와 수입은 엄청난 타격을 입었다. 조도적은 관리들을 찾아가 이를 따졌지만 그들은 눈 하나 꿈쩍하지 않았다.

"듣자 하니 개경에서 권세 높은 친구를 사귀었다면서? 돈도 많고 권세가 꽤 높은 사람 같은데, 그에게 한번 부탁해보지 그래?"

관리는 오히려 조롱했다. 조도적도 지지 않고 맞받았다.

"그 말을 후회하지 않겠지요? 내가 알고 있는 사람이 누군 줄 알면 아마 놀라 자빠질 것이오."

"자신만만하구나. 그래 그 사람이 누구란 말이냐?"

"바로 덕성 부원군 나으리십니다."

듣고 있던 관리들이 서로 얼굴을 쳐다보더니 이내 크게 웃기 시작했다.

"하하하. 국왕보다 권세가 높다는 덕성 부원군을 너 따위 장사꾼이 어찌 알고 지낸단 말이냐?"

그들은 조도적의 말을 믿지 않고 비웃었다.

"덕성 부원군에게 가서 부탁이라도 해보려무나."

"이미 그리하였소. 조금만 기다리면 댁들 모두들 경을 칠 것이오."

이번에도 관리들이 크게 웃으며 조도적을 조롱했다. 그들은 내처 조도적을 압박했다. 그와 거래한 상인들과 친구들까지 연달아 체포했다. 친구를 구하고 싶거든 순순히 복종하고 뇌물을 다시 바치라는 경고였다.

주위의 인물들이 잡혀가자 불안을 느낀 상인들과 친구들이 하나둘 조도적의 집으로 몰려들기 시작했다. 울분에 찬 그들은 고려 조정과 관리에 관한 불평을 늘어놓았다.

"관리들의 등쌀에 살 수가 없어."

"차라리 원나라가 여길 다스리는 게 더 좋을 것 같아."

이들은 모두 시장에서 잔뼈가 굵은 자들이었다. 거칠게 자란 탓에 성정이 거칠었고, 무예도 뛰어났다. 따르는 사람도 많아 일을 도모할 만도 했다.

"이대로 있을 순 없어. 감옥에 가서 우리 친구들을 구해오자."

누군가 이렇게 선동했지만 쉬 나서진 못했다.

"실패하면 뒤탈을 어떻게 감당 하려고?"

그러자 조도적이 결연한 표정으로 선언했다.

"내 뒤를 봐주시는 분이 계시니까, 그건 염려하지 않아도 된다. 덕성 부원군이 떡 하니 버티고 계신데 누가 감히 날 건드리겠나."

조도적이 기철과 연줄이 있다는 말에 사람들은 더욱 자신감을 가졌다. 이번 일에 실패해도 뒤탈이 없다고 생각하자 담대해진 것이다.

그들은 즉시 사람들을 모았다. 상인들의 뒤를 봐주는 시장패들과 종복으로 부리는 사람들까지 모아놓고 보니 그 수가 적지 않았다. 모두들 손에 칼과 창을 들었고, 이마저 없는 자들은 괭이와 낫을 들고 나왔다. 하지만 이들은 감옥을 습격할 생각은 없었다. 우선은 안에 갇힌 자를 구해 놓는 게 급선무였다. 조도적을 포함해 날쌘 자 다섯이 관아로 몰래 들어갔다. 나머지는 주위에 흩어져 만약의 사태에 대비케 했다.

다섯은 담을 넘어 관아로 진입하다가 그만 관군에게 들키고 말았다. 그들을 제압하는 과정에서 어쩔 수 없이 조도적 패거리는 관군 둘을 죽였다. 이들 중 살아남은 자가 급히 달려갔다. 곧이어 많은 관군들이 몰려와 도망갈 수밖에 없었다. 뒤에서 받치고 있는 자들도 관군의 기세에 눌려 모두들 흩어졌다. 관군은 이들의 주모자가 조도적인 걸 알고는 그의 집을 급습했다. 집안을 쑥대밭으로 만들어 버리고, 그 가족들을 관가로 끌고 갔다. 그뿐 아니라 주모자들의 가족들도 남김 없이 습격하여 모두 체포해버렸다. 그리고 감옥에 갇힌 자들은 폭도 와 내통했다는 죄로 모두 죽었다.

그 사실을 알고 조도적 패거리의 분노는 극에 달했다. 구하려 했던 친구들이 모두 죽었을 뿐 아니라, 가족들까지도 목숨이 위험했다. 이 제 눈에 보이는 게 없었다.

"어차피 우리는 죽게 될 몸, 가족들이라도 구해 그들의 목숨은 구해야 하지 않겠소?"

"이번에는 사람들을 더 많이 모아서 아예 쓸어버립시다."

이번 폭동으로 관군의 횡포가 극에 달하자 민심도 완전히 조도적의 편으로 돌아섰다. 평소 고려 조정과 관리들에게 불만이 많았던 그들이 곳곳에서 몰려와 함께 싸울 것을 다짐했다. 조도적은 사람들을 모은 것과 함께 급히 서찰을 적어 개경의 기삼기에게 보냈다. 자신이 관리들에게 당하고 있으니 기철에게 알려 도와달라는 내용이었다.

밖으로 나서자 금세 사람들이 불어나기 시작했다. 그들은 여태 관리에게 받아온 수모를 갚기 위해 관아 건물을 때려 부수고 불을 질렀다. 이 여세를 몰아 조도적은 관군들이 지키고 있는 감옥까지 공격했다. 낫과 괭이를 들고 우르르 몰려온 사람들의 기세에 관군들이 모두 도망가 버렸다.

이들은 내처 관아로 향했다. 소식을 전해들은 관에서는 문을 굳게 잠그고 반격할 준비를 했다. 그러나 조도적이 몰고 온 무리는 관군보

떨어지는 핏방울, 흩날리는 눈물

다 몇 갑절 많다. 그들은 사방에서 달려들어 관아를 공격했다. 관군들은 정문은 어느 정도 막아냈으나, 측문과 후문이 그만 뚫리고 말았다. 그 과정에서 많은 관군들이 성난 백성들에게 죽고, 수령은 급히 몸을 피해 겨우 관아를 빠져나갔다. 관아 전체가 조도적의 수중에 들어간 것이다. 관아를 점령한 조도적은 무리를 이끌고 관군들과 대치한 곳을 찾아갔다.

"우리는 어차피 같은 고장 사람 아니오? 피를 흘리기 싫으니 속히 투항하시오."

조도적의 설득에 관군들이 하나둘 창을 내려놓았다. 수적으로 불리한데다 이들도 나름대로 조정에 불만이 많았던 터였다. 쌍성은 원나라의 통치권이 미치는 곳이지만 고려도 깊이 관여하고 있었다. 때문에 고려 조정에서는 차별하며 억압하는 방법으로 이 지역을 통치했다. 관군에 대한 조정의 대우도 열악했고, 인사에도 불이익이 많았다. 관군까지 하나가 되자 조도적은 이제 거리낄 게 없었다. 그는 사람들을 선동하기 시작했다.

"이 참에 우리 쌍성을 고려에서 완전히 독립시켜야 합니다. 예전처럼 원나라에 편입시켜 고려에 본때를 보여줍시다."

이들은 세력을 확장하여 근처 지역까지 손아귀에 넣었다. 그 여세를 몰아 개경까지 쳐들어갈 기세였다.

쌍성에서의 난은 고려 조정에도 알려졌다. 판밀직사사(判密直司事) 최덕립(崔德立)이 달려와 급히 공민왕을 찾았다.

"폭도들이 그곳 관아를 장악하고 여기 개경까지 몰려올 것이라 하옵니다."

이반離叛

공민왕이 놀란 표정으로 물었다.

"쌍성이라면 원의 통치를 받던 곳이 아니냐? 원이 여기에 개입한 것이냐?"

"그렇지는 않은 것 같습니다. 조도적이라는 장사치가 폭동을 주도했는데 조정의 누군가와 내통을 했다 하옵니다."

"조정의 신하와 내통을 했다면 이는 역모가 아닌가?"

"그러하옵니다. 아뢰옵기 황공하오나 덕성 부원군이 조도적과 끈이 닿아 있다 합니다."

듣고 있던 공민왕이 주먹으로 옥좌의 손잡이를 내리쳤다.

"그자가 드디어 본심을 드러내는구나. 원과 가까운 쌍성총관부와 힘을 합쳐 날 내쫓는단 말이지?"

"이건 필시 역모이옵니다. 덕성 부원군 일당을 모두 잡아들이셔야 합니다."

하지만 공민왕은 여전히 망설이고 있었다. 앞의 세 왕이 기철에게 잘못 보여 줄줄이 물러나거나 죽은 사실을 똑똑히 기억하고 있었다.

"조금만 더 때를 기다려 봅시다."

그러자 옆에서 듣고 있던 노국공주가 나섰다.

"역모를 일으킨 정황이 분명히 드러났는데 죄인을 잡아들이지 않다니요? 속히 기철 일당을 처결하셔야 합니다."

"아직은 때가 이르오."

"뭐가 그리 두려운 겁니까? 소인 말대로 하시옵소서. 저들은 우리에게 손을 뻗칠 여력이 없습니다."

노국공주가 거듭 재촉했지만 공민왕은 여전히 결정을 못 내렸다.

떨어지는 핏방울, 흩날리는 눈물

오랫동안 원나라에서 볼모로 지내온 그로서는 원에 대한 본능적인 두려움이 몸에 배어 있었던 것이다. 이를 답답히 여긴 노국공주는 가슴을 치며 한탄했다.

4

　조정 신하들 중에는 이번 쌍성의 난을 은근히 반기는 자가 있었다. 바로 조일신(趙日新)이었다. 조일신은 공민왕이 원나라에 볼모로 지내고 있을 때 시종을 도맡던 인물이었다. 그 공으로 공민왕이 즉위하면서 찬성사(贊成事)가 되었고 시종공의 1등 공신에 책록되었다.

　하지만 공민왕이 개혁정책을 펴나갈 때마다 사사건건 충돌을 일으키며 사이가 멀어지기 시작했다. 그는 평소 공민왕의 심복이라는 걸 내세워 조정에서 횡포와 전횡을 일삼아 왔다. 또한 원에 오랫동안 머물러 있었기 때문에 친원세력과도 긴밀한 관계를 유지하고 있었다. 그런데 친원파의 정점에 있는 기철과는 사이가 좋지 못했다. 그 중심 자리를 놓고 서로 세력을 다투었던 것이다. 늘 기철의 힘에 밀려 기를 펴지 못했던 조일신은 호시탐탐 기회를 엿보고 있었다.

　"이건 하늘이 나를 위해 내린 기회이다."

　조일신은 쌍성의 난으로 어수선한 틈을 타서 군사를 몰아 궁궐로 향했다. 도성에는 병력 대부분이 쌍성으로 내려가 있어 이를 막을 군사는 얼마 되지 않았다. 최화상(崔和尙), 장승량(張升亮), 고충절(高忠節), 임몰륜(林沒輪), 장강주(張降注), 한범(韓範), 박서등(朴西磴), 손

35

노개(孫奴介) 등이 조일신에게 가세했다. 반란군은 순식간에 궁을 장악하고는 공민왕을 이궁(離宮)에 가두어버렸다. 공민왕과 노국공주가 거세게 저항했지만 조일신은 상관하지 않았다. 오히려 그럴듯한 명분까지 만들어 왕을 압박하기까지 했다.

"저희들이 쌍성의 난과 더불어 이와 내통한 기철 일당을 진압하겠나이다."

그때 조일신의 언행을 참지 못한 판밀직부사 최덕림이 앞에 나서며 호통쳤다.

"네가 무엇인데 감히 나서는 게냐!"

조일신은 눈 하나 깜짝하지 않고 그 자리에서 최덕림의 목을 베어버렸다. 놀란 공민왕은 덜덜 몸을 떨며 뒤로 물러났다. 그 여세를 몰아 조일신은 궁에 있던 상호군(上護軍) 정환(鄭桓), 호군(護軍) 정을상(鄭乙祥)을 죽이고 조정을 완전히 장악했다. 그는 공민왕을 협박해 국새를 빼앗아 자신을 우정승 자리에 올려놓고, 정천기(鄭天起)를 좌정승(左政丞)으로, 이권(李權)을 판삼사(判三司)로, 나영걸(羅英傑)을 판밀직(判密直)으로 제멋대로 임명했다.

조정을 손에 넣은 반란군은 곧 칼끝을 기철에게 겨누었다. 조일신은 곧장 군사를 몰아 기철의 집으로 향했다. 늦은 밤이라 경원궁(慶元宮) 사람들은 모두 자고 있었다. 조일신의 지휘로 주위를 겹겹이 포위한 군사들은 도끼로 대문을 박살내고 안으로 몰려 들어갔다. 반란군들은 피아가 구분되지 않는 어둠 속에서 사람의 기척이 느껴지면 무조건 칼을 휘둘렀다. 그 무자비한 칼질에 기철의 식구들뿐만 아니라 종과 객들까지 남김없이 살해당했다.

"집안의 사람들을 남김없이 없앴습니다."

군관에게 보고를 받은 조일신은 피가 묻어 있는 칼을 들고 공민왕을 찾아갔다.

"전하, 소신 쌍성의 폭동을 주도한 역적의 무리를 모조리 주살하였나이다."

공민왕이 깜짝 놀라 물었다.

"덕성 부원군을 죽였단 말이냐?"

"그러하옵니다. 그 가족들까지 한 놈 남김없이 없애버렸습니다."

"원나라의 보복을 어떻게 감당하려고 그런 무모한 짓을 한 것이야?"

"무모한 짓이라뇨? 역도를 처벌한 것을 저들이 뭐라 하겠습니까? 소신은 신하의 도리를 다한 것일 뿐입니다."

조일신은 기철을 제거한 사실에 만족하며 의기양양한 얼굴로 돌아갔다. 뒤에서 이를 지켜본 노국공주가 가늘게 떨고 있는 공민왕의 손을 잡았다.

"오히려 잘 된 일입니다. 우리가 해야 할 일을 조일신이 대신한 게 아닙니까?"

"원나라가 가만히 있겠소?"

"그야 조일신이 몽땅 뒤집어쓰게 하면 되는 것입니다. 이제 우리는 저 오만한 자만 내치면 되지요."

"무슨 계책이라도 있는 게요?"

"조일신은 원래 성정이 경박하고 앞뒤 생각이 없는 자입니다. 가만히 기다리다 보면 제 꾀에 제가 넘어갈 것입니다."

노국공주의 예상은 빗나가지 않았다. 시간이 흐를수록 조일신은 더욱 오만하고 광폭하게 굴었다. 먼저 그는 자신이 주도하여 도모한 거사에 대한 책임을 최화상(崔和尙)에게 전가시켰다. 그를 역적으로 몰아붙여 죽여 버린 것이다. 그 후 스스로를 찬화안사공신(贊化安社功臣)에 책록시켰다. 이후로도 뜻을 함께 한 동지들을 무참히 내치고 자신만 계속해서 높은 자리에 올라갔다. 이러한 조일신의 행동은 스스로 무덤을 파는 격이었다. 자기 손으로 자신의 도당들을 제거하자 그 밑의 심복들이 하나둘 등을 돌리기 시작했다. 이때를 놓치지 않고 노국공주는 조일신의 사람들을 하나씩 포섭했고, 공민왕은 어느 날 삼사좌사(三司左使)로 있는 이인복(李仁復)을 은밀히 불렀다. 이인복은 시조로 유명한 이조년(李兆年)의 손자로, 용모가 웅위하고 성품이 강직한 인물이었다.

"조일신의 행패가 극에 달해 있으니 그를 어떻게 처리하면 좋겠소?"

"당연히 목숨을 거두어야지요."

"그와 맞설 사람이 없어 걱정인 게요."

그러자 이인복은 김첨수(金添壽)를 추천했다. 김천수는 충혜왕이 원나라에 불려갔을 때 시종한 공으로 일등벽상공신(一等壁上功臣)을 제수 받은 바 있었다. 이후 충혜왕이 다시 원나라에 잡혀가 치양(揭陽)으로 귀양 갈 때도 같이 가서 시중을 들 정도로 충성심이 강한 신하였다. 지금은 행성도감(行省都監)으로 있어 많은 군사를 거느리고 있었다.

공민왕의 명을 받은 김첨수는 즉시 군사를 몰고 와 행궁 곳곳에 매복시켰다. 공민왕은 즉시 조일신을 불렀다.

"무슨 일로 소신을 오라 가라 하시는 게요?"

조일신이 미간을 좁히며 화를 냈지만 공민왕은 여유로운 표정이었다.

"오늘 어디로 좀 가야 하겠네?"

"그게 무슨 소리요?"

"저승으로 가 달란 말이네."

그 소리를 신호로 곳곳에 숨어 있던 군사들이 조일신을 일시에 포위해 버렸다. 그가 데려온 사졸들은 이미 밖에서 매복해 있던 용호영(龍虎營) 군사들에게 제압당한 뒤였다.

"여봐라! 밖에 아무도 없느냐?"

조일신이 소리쳤지만 소용이 없었다. 김첨수가 장검을 빼들고 조일신 앞으로 다가왔다.

"네가 감히 국왕을 능멸하고 왕실을 욕보였겠다. 죽음으로 그 죄 값을 받으라."

조일신도 허리에 찬 칼을 빼들었다. 칼을 단단히 쥐고 죽기를 각오하고 김첨수에게 달려들었다. 하지만 변방에서 잔뼈가 굵은 김첨수의 검술을 당해낼 순 없었다. 김첨수는 조일신의 칼을 옆으로 살짝 피하며 칼등으로 그의 어깨를 내리쳤다. 옅은 비명과 함께 조일신이 바닥에 쓰러졌다. 김첨수가 칼끝을 목에 겨누며 다가가자 조일신은 겁에 질린 얼굴로 뒤로 물러섰다. 김천수가 시선을 돌려 공민왕의 명을 기다렸다. 이에 공민왕은 비장한 표정으로 고개를 끄덕여 답했다. 김첨수는 망설임 없이 칼을 높이 들었다. 허공에 바람 가르는 소리가 들리더니 이내 조일신의 목이 바닥에 떨어져 뒹굴었다.

그가 죽자 수하 장수들이 모두 투항하기 시작했다. 공민왕이 다시 어

이반叛亂

전에 나섰고, 반란의 주모자인 정천기(鄭天起), 이권(李權), 나영걸(羅英傑) 등이 모두 참수됐다. 그 자리에서 죽은 자만 스물여덟이 넘었다.

쌍성의 반란도 진압되었다는 소식이 전해졌다. 그 반란을 진압한 자는 바로 이자춘(李子春)이었다. 이자춘은 소부윤(少府尹)의 자리에 있는 자로 후에 그의 아들 이성계(李成桂)는 조선을 개국한 왕이 된다. 이자춘은 원래 원나라 천호(千戶)를 습직하여 원의 관직을 받고 있었다. 그러다가 원나라에서 원주민과 이주민을 분리·차별하는 삼성조마호계(三省照磨戶計)를 추진하려 하자, 고려 쪽으로 전향하여 소부윤의 벼슬을 받은 것이다. 그 후 이자춘은 공민왕의 심복으로 불릴 만큼 충성을 다했다.

이자춘은 원래 쌍성을 근거지로 활약해 그곳 지리에 밝았다. 뿐만 아니라 두터운 인맥도 가지고 있었다. 먼저 쌍성의 관리와 군사를 포섭하고, 아직 폭도의 손길이 닿지 않은 근처 고을에 은밀히 군사를 잠입시켰다. 폭도들이 떼를 지어 개성으로 향하는 동안 그 배후를 쳤다. 곧 쌍성도 완전히 장악하고 주위 고을들까지 평정했다.

조도적이 개경으로 끌려오고, 그에 협력했던 자들과 그 가족들까지 모두 참수됐다. 조도적을 죽이지 않고 살려둔 것은 조일신이 기철을 죽인 명분과 증거를 남겨놓기 위해서였다. 조일신 일파를 폭도로 몰아붙여야만 기철의 죽음을 정당화시킬 수 있었다.

"이이제이(以夷制夷)라 하지 않았습니까? 조일신을 통해 기철을 제거하고, 그 조일신마저 없애버렸으니 이는 더할 나위 없는 결과지요."

그렇게 좋아하고 있는 사이에 급한 전갈이 전해졌다.

"무엇이라, 기철이 죽지 않았단 말이냐?"

"그러하옵니다. 죽은 자는 기원뿐이고 모두들 살아있다 합니다. 그 난리에 하인의 옷을 입고 모두들 뒷문으로 빠져나갔다 합니다."

"이럴 수가……."

공민왕은 아쉬운 듯 어금니를 질끈 깨물었다. 노국공주는 냉정한 목소리로 공민왕에게 일렀다.

"속히 그를 잡아들여 처단해야 합니다. 어차피 그 또한 쌍성 반란의 주범이니까요."

"그럼 내가 그를 죽이는 형국이 되지 않소? 그렇다면 원에서 날 가만히 놔두겠소이까?"

노국공주는 공민왕의 소심함에 다시 한 번 답답함을 느꼈다. 기 황후와 맞서 싸울 배포가 없어 안타까울 뿐이었다.

"이미 조일신이 죽었으니, 그의 죽음 또한 모두 조일신에게 돌리면 되지 않습니까?"

한참을 망설인 끝에 공민왕이 고개를 끄덕였다.

"한번 해봅시다."

다음날 공민왕은 북상 중인 이제현(李齊賢)을 우정승(右議政)에 임명하여 조정을 안정시켰고, 기씨 일문에 급히 사람을 보냈다.

"전하께서 덕성 부원군의 가족들을 위로하시기 위해 잔치를 베푸실 거라 하옵니다."

"이 난리에 잔치라니, 말이 되는 소리냐?"

"원나라엔 파탈 잔치라 하여 액을 물리치는 잔치가 있다고 들었습니다. 전하께서 그 잔치를 베풀어 부원군의 놀란 가슴을 달래고, 크게 위로하신다 합니다."

이반離叛

기철은 조금 꺼림칙했지만 왕이 자신을 위해 잔치를 베푼다는 데 더욱 기고만장해졌다.

"우리 일문에 대한 국왕의 정성이 그리할 진데 거절할 수야 있나?"

"전하께서 연회를 베푸시기 전에 부원군 나리를 먼저 뵙기를 원하십니다."

기철은 권겸(權謙)과 함께 궁을 찾았다. 나머지 가족들은 조금 있다가 따라오기로 했다. 그들은 만월대의 지밀문을 지나 수령궁(壽寧宮)으로 들어섰다. 하지만 주위는 너무 고요하여 풍악소리는 물론 사람 소리 하나 들리지 않았다.

"왜 이리 조용한 것이냐?"

기철은 고개를 갸웃거리면서 수령궁 안으로 들어섰다. 그러자 육중한 뒷문이 덜컹, 닫히더니 강중경(姜仲卿)의 군사들이 삼엄하게 도열해 있는 게 아닌가?

"이게 무슨 짓인고?"

기철의 표정을 쓰윽 훑어보고 난 권겸이 그 대신 소리쳤다. 그러자 강중경이 그들 앞으로 나섰다.

"아직 연회가 시작되기 전이라 문을 닫아 건 것으로 아옵니다."

기철은 무언가 이상한 낌새를 채고는 목소리를 높였다.

"연회가 시작되지 않았다면 나중에 다시 올 것이야."

그는 발걸음을 돌려 문을 열려 했다. 하지만 문은 밖에서 꼭 잠겨 꿈쩍도 하지 않았다. 그 모습을 지켜보며 강중경이 이죽거렸다.

"들어오실 때는 쉽게 들어왔지만, 나갈 때는 그냥 못 가지요."

"무엇이라? 이것들이 감히 나를 희롱하는 게야?"

기철 옆의 권겸이 손짓을 하자 함께 온 심복들이 칼을 빼들고 강중경에게 달려들었다. 하지만 그 뒤에는 목인길(睦仁吉)의 군사가 대기하고 있던 터였다. 목인길은 중랑장(中郞將)의 벼슬로 공민왕의 최 측근 중 하나였다. 그는 기철의 심복들을 한꺼번에 제압하고는 피 묻은 검을 들고 권겸에게 다가왔다.

"이게 도대체 무슨 짓들이오?"

권겸은 두려움에 뒷걸음질 쳤다. 검은 순식간에 그의 목을 갈랐고, 둥근 관이 벗겨지며 검붉은 피가 솟구쳤다.

"이런 무례한 놈들!"

기철은 아랫배에 단단히 힘을 주며 소리치다가 권겸의 목이 툭, 떨어져 발쪽으로 굴러오는 것을 보고 자리에 털썩 주저앉았다.

"사, 살려……, 주시오."

"여태 누이의 권세를 빌려 호강을 많이 했으니 지금 죽어도 여한이 없겠다?"

기철은 아예 무릎을 꿇고 손을 싹싹 빌기 시작했다.

"살려만 주시오. 원에 부탁을 해서 장군을 왕에 앉힐 수도 있소이다. 그러니 제발……."

하지만 목인길의 표정은 차가웠다.

"아직도 정신을 못 차린 모양이구나. 더 이상 눈 뜨고 못 봐주겠다."

그는 피 묻은 칼을 들고 천천히 다가왔다. 기철은 얼른 일어나 담을 향해 뛰었다. 곧 담에 가로막히자 전각 기둥을 붙잡고 지붕으로 올라가려고 발버둥 쳤다. 그러나 비대한 그의 몸이 지붕에 오르기는 무리. 기둥 중간에서 미끄러지며 육중한 몸이 바닥에 쿵 떨어지고 말았다.

이반(離叛)

강중경이 서서히 다가왔고, 그 뒤에 목인길이 장검으로 허공을 휙 가르면서 따라오고 있었다. 기철은 필사적으로 몸을 일으켜 이번에는 담장 쪽으로 달려갔다. 하지만 몇 걸음 채 움직이지 못했다. 목인길이 던진 칼이 등에 꽂힌 것이다. 기철은 비명을 내지르며 쓰러졌다. 그는 피를 흘리며 바닥에 쓰러진 채 신음했다. 목인길은 무표정한 얼굴로 기철의 등에 꽂힌 칼을 빼냈다.

"마지막으로 너를 위해 보시를 하나 하지. 고통 없이 죽게 해주마."

목인길은 칼을 높이 쳐들며 이내 밑으로 내리쳤다. 쓰러져 있던 기철의 목이 공중으로 휙 날아가다 이내 바닥에 떨어져 데굴데굴 굴렀다. 바닥을 뒹구는 잘린 머리 위로 차가운 바람이 쓸쓸히 불어왔다. 바닥은 검붉은 피로 흥건히 젖어갔다. 군사들은 저마다 그런 그의 시신에 침을 뱉으며 욕을 해댔다. 20년 넘게 기 황후를 배경으로 세 명의 왕을 바꾸며 고려를 호령했던 기철의 말로치고는 너무나 비참했다.

목인길은 기철의 목을 가져와 왕 앞에 바쳤다. 공민왕이 목울대를 넘기며 침을 꿀꺽 삼키고 있을 때 노국공주가 목소리를 높였다.

"나머지 그의 가족들도 모두 붙잡아 처형하라."

기철의 참변을 알지 못 하는 기씨 문하 사람들은 대궐 잔치에 참석 하기 위해 들어오다 모두 날벼락을 맞고 말았다. 기철의 동생 기륜이 낌새를 채고 발걸음을 돌리다가 중간에서 강중경의 군사를 만났다. 그는 급히 몸을 피해 민가로 달아났다.

"이런 쥐새끼 같은 놈!"

강중경은 곳곳에 기륜의 초상을 붙여 그를 찾았다. 평소 기씨 일족 에게 반감이 많았던 한 사람이 그를 신고했다. 당장 달려간 강중경은 우르르 몰려든 백성들이 보는 앞에서 그의 목을 잘라버렸다.

그동안 수령궁에 모여든 나머지 기씨 가족들은 모두 기철과 똑같은 방법으로 당하고 있었다. 모두 목이 베어지고 끝까지 반항한 자는 아예 사지를 찢어 죽였다. 이들뿐만 아니었다. 기철과 한패인 권겸, 노척의 가족과 그 일당들도 모조리 주살했다. 공명왕에게 비판적이었던 친원파 신하들 또한 멸문지화를 면치 못했다. 하루아침에 조정의 세력 판도가 바뀌어버린 것이다.

조정에서 난이 진압되는 동안 공민왕은 급히 이자춘을 쌍성에 보냈다. 이자춘은 그 아들 이성계와 함께 쌍성 내의 원나라의 세력을 모두 몰아내고 쌍성총관부 대신 화주목(和州牧)을 설치했다. 이 여세를 몰아 공민왕은 원나라의 연호(年號)를 사용하지 말도록 전국에 명을 내렸다. 또 원나라의 영향을 받았던 모든 관제를 다시 고려의 것으로 바꾸고, 변발과 호복도 금지토록 했다.

5

고려의 정세가 급변하는 것을 원에서는 알지 못했다. 원에서 고려를 오가는 데는 최소 삼 개월의 기간이 필요했다. 그런 고려의 사정도 모른 채 기 황후는 오라비 기철에게 대사도(大司徒)라는 벼슬을 내리게 했다. 그 임명장과 인장(印章)을 보내기 위해 직성사인(直省舍人) 화화자(花花子)를 고려에 파견했다. 하지만 이들은 고려에 들어가지 못했다. 서북면 병마부사(西北面兵馬副使)인 신순(辛珣)이 그들을 가

로막은 것이다.

"내가 누군 줄 알고 감히 앞을 막는 게냐?"

"여긴 고려 땅이다. 이곳을 지키는 나의 허락 없이 함부로 들어갈 수가 없다."

"무엇이라? 이것들이 간덩이가 부었구나. 난 황후 마마의 명을 받잡고 온 원의 사신이니라."

화화자는 목소리를 높이며 앞으로 나아갔다. 그러자 신순이 칼을 빼들며 그의 목에 겨누었다.

"이미 정동행성이 혁파되고 쌍성을 회복한 마당에, 우리 고려가 공녀 출신의 황후 따위에게 명을 받들 이유가 없다."

"무엇이라? 이것들이 감히……. 뭣들 하고 있느냐?"

화화자를 수행한 군사들이 칼을 빼들고 고려군과 맞섰다. 하지만 그들은 수적으로 절대 열세였다. 신순은 겨누고 있던 칼을 들어 수행한 군사들의 목을 단숨에 베어버렸다. 한차례 피 바람이 날리자 화화자는 혼비백산하여 주저앉고 말았다.

"다신 고려로 넘어오지 않겠습니다. 목숨만은 살려주십시오."

신순은 고려의 넓은 마음을 과시한다며 화화자만은 살려주었다. 화화자는 뒤도 돌아보지 않고 줄행랑을 쳤다.

화화자에게 보고 받은 기 황후는 분노했다. 그녀는 화를 참지 못하고 황태자를 시켜 어전회의에서 군사를 동원토록 했다. 군사를 끌고 가서 즉시 그 죄를 물으려 한 것이다. 하지만 이는 많은 반대에 부딪혔다. 신하들이 한목소리로 반대하고 나섰다. 사신의 행렬이 가로막혔다고 해서 군사를 낼 수는 없다는 것이다. 기 황후의 세력이 예전

같지 않아 선뜻 그들의 주장을 꺾을 수 없었다. 할 수 없이 그녀는 단사관(斷事官) 살적한(撒迪罕)을 고려로 보내 그 진상을 조사한 후에 죄를 묻기로 했다. 살적한은 세 명의 문관과 무관들의 수행을 받으며 곧장 고려로 향했다.

고려에서는 압록강을 봉쇄하고 양국 간의 출입을 철저히 통제하고 있었다. 이번에도 신순이 그들을 막아섰다. 살적한은 황제의 칙서를 보이고는 공민왕을 만나기 위한 행차라고 전했다. 황제의 칙서까지 보여주자 신순도 그를 더는 막지 않고 순순히 길을 열었다. 그는 두 명의 호송원을 보내 개경까지의 길을 안내케 했다. 물론 이 호송원들은 살적한을 감시하기 위해 배치한 것이다.

개경에 도착한 신순은 즉시 공민왕을 찾아가 따졌다.

"어인 일로 대원 제국의 사신을 수행한 군사들을 참수하셨는지요?"

"그들이 신분을 제대로 밝히지 않아 홍건적으로 오인을 했나보우. 하지만 그 또한 죄가 무거운 바, 짐이 신순을 소환하여 목을 칠 것이오."

살적한은 공민왕의 당당한 태도에 적이 당황했다. 감히 원의 군사를 죽여 놓고 대수롭지 않다는 투로 말을 하고 있지 않은가? 공민왕은 물러가도 좋다는 냉랭한 얼굴로 고개를 옆으로 돌려버렸다. 살적한은 내심 궁금해 하던 것을 물었다.

"저희 일행은 영안왕(榮安王)을 찾아뵙고, 임명장과 인장을 드리러 왔습니다."

그러자 공민왕이 갑자기 호통을 내질렀다.

"단사관은 말을 삼가라, 영안왕이라니! 고려에서의 왕은 나 하나뿐이다."

살적한이 당황하고 있는 사이 공민왕의 말이 이어졌다.

"전에 영안왕에 제수되어 있던 기자오와 그 아들 기철은 쌍성의 반란군과 결탁하여 반란을 획책하였다. 허나 짐이 용서하려 했으나 조일신이란 자가 다시 반란을 일으켜 그들을 모두 살해했느니라."

살적한은 기자오와 기철이 죽었다는 소식에 깜짝 놀랐다. 믿을 수 없다는 표정이었다. 원의 관할 하에 있는 쌍성에서 반란이 일어났다는 것도 믿어지지 않았고, 기철이 그와 관련되어 있다는 사실은 더더욱 믿을 수 없었다. 기 황후의 후광으로 국왕보다 더한 권세를 가진 자가 뭐가 아쉬워 반란을 주도한다 말인가? 살적한은 직접 그 사실을 확인하고 싶었다.

"그럼 조문을 가 나머지 가족 분들을 뵙겠나이다."

"그럴 필요가 없다. 기씨 일문은 멸문지화(滅門之禍)를 당했느니라. 조일신이란 자가 기씨 일족들을 하나도 남기지 않고 다 죽여 버렸다."

살적한이 크게 놀라며 몸을 부르르 떨었다. 기 황후의 가족들을 하나도 빠뜨리지 않고 모조리 죽였다? 그런데도 공민왕은 태연하게 사신을 맞고 있었다. 살적한은 왕의 태도가 변한 낌새를 느낄 수 있었다. 실적한은 문득 두려움을 느꼈다. 자칫하면 자신의 목숨 또한 위험할 수 있었다. 속히 이 자리를 빠져나가는 것이 상책인 듯해 인사를 하고는 밖으로 나왔다. 그는 함께 온 수행원을 데리고 서둘러 압록강을 건넜다.

대도성에 도착한 그는 급히 기 황후를 찾아갔다.

"영안왕 일가는 모두 편안하시던가요?"

기 황후의 물음에 살적한은 말문이 막혀 쉽게 대답하지 못했다. 그는 한참을 망설이다가 겨우 입을 열었다.

"덕성 부원군께서 돌아가셨다 하옵니다."

"무엇이라? 오라버니께서……."

그녀는 화들짝 놀라며 자리에서 일어섰다.

"무슨 병이라도 걸렸던 겁니까?"

"그게 아니오라, 덕성 부원군께서 쌍성의 폭도들과 결탁했다 하여 조일신이란 자가 반란을 진압한다는 명목으로 목숨을 빼앗았다 하옵니다."

"우리 오라버니께서 폭도들과 결탁했다는 건 말도 되지 않는다. 뭐가 부족해서 반란을 일으킨다 말이냐?"

"소인도 그 말이 믿기지 않습니다. 아마도 고려왕이 개입한 게 분명하옵니다."

기 황후는 불현듯 이상한 예감에 휩싸였다. 그것을 확인하게 위해 떨리는 목소리로 물었다.

"그럼 다른 식구들은……, 다른 식구들은 어떻게 되었단 말이오?"

살적한의 표정이 잿빛으로 바뀌더니 이내 백지장처럼 창백해졌다. 그 표정을 살피던 기 황후의 가슴이 덜컥 내려앉았다. 그녀는 떨리는 목소리로 겨우 물었다.

"그렇다면 설마……."

살적한은 긴 한숨을 내쉬며 낮게 고개를 끄덕였다.

"다른 일가 분 모두, 참수 당했다 하옵니다."

"이럴 수가……."

기 황후는 너무 놀란 나머지 그만 정신을 놓고 말았다. 옆에 있던 박불화가 얼른 달려와 의자 옆으로 무너지려는 그녀의 몸을 부축했다. 마르고 갈라진 입술에서 연신 탄식이 흘러나왔다. 박불화는 시중 궁녀를 시켜 물을 가져오게 했다. 기 황후는 물을 마시고 크게 숨을 내쉬면서 정신을 조금 차렸다. 하지만 얼굴은 여전히 납빛으로 굳어 있었고, 미간이 심하게 좁혀져 고통스러워 보였다. 그녀는 간신히 입술을 움직여 신음처럼 중얼거렸다.

"우리 가족들은 고려왕이 죽인 게 분명하다. 그 간사한 놈, 그놈이 자신의 죄를 다른 자에게 뒤집어씌운 것이야."

기 황후는 눈물을 흘리거나 통곡하지 않았다. 치밀어 오르는 뜨거운 화를 겨우 누르며 자신에게 다짐하는 것이다.

대군을 이끌고 가 반드시 내 가족들의 원한을 갚으리라!

그녀는 즉시 황태자를 불렀다. 살적한이 전한 소식을 들려주자 황태자 또한 분노를 감추지 못했다. 오히려 그가 더 흥분하고 있었다.

"당장 대군을 몰고 가 고려 국왕을 사로잡고, 그들이 외조부와 숙부를 죽인 것 보다 더 참혹하게 죽여야 합니다."

기 황후는 그를 대견하게 여기고는 함께 황제를 찾아갔다. 하지만 계급무계궁으로 들어갈 수는 없는 노릇. 황태자나 황후라도 예외일 수 없었다. 전에도 황폐가 없어 호위군에게 문전박대를 당하지 않았던가? 그러나 이번에는 반드시 들어가야만 했다. 들어가서 황제를 만나 대군을 동원해 고려에 쳐들어가서 고려왕을 사로잡아 그 사지를 갈기갈기 찢어놓자고 요청할 작정이었다.

예상대로 입구에서부터 호위군이 기 황후와 황태자를 막아섰다. 그들은 공손하게 고개를 숙이며 고했다.

"송구하오나, 여긴 황폐가 없으면 그 어느 누구도 들 수가 없사옵니다."

"급히 황상 폐하를 뵈어야만 한다. 잠시만 들어가야겠다."

기 황후나 황태자는 안으로 들어가려 했고, 시위군은 난처한 상황에서도 끝까지 그들을 막았다. 그렇게 한참을 실랑이 하고 있는데 황제가 밖으로 나오는 게 보였다. 그는 기 황후와 황태자를 번갈아 쳐다보고는 고개를 갸웃거렸다.

"무슨 일로 여기까지 찾아온 게요?"

"고려에 있는 소인의 가족들이 고려왕에게 모조리 주살 당했다 하옵니다."

황제는 심드렁한 어조로 대답했다.

"이미 살적한을 통해 소식은 들었소이다."

내게 오기 전에 살적한이 황상에게 다녀갔단 말인가?

그런데도 황제는 아무런 언급도 없이 여태 계급무계궁에서 환락에 빠져 있었다는 것에 기 황후는 경악하지 않을 수 없었다. 그녀는 굳은 표정으로 고개를 숙였다.

"고려왕이 신첩의 가족 모두를 주살한 것은 신첩을 깔보고 있을 뿐 아니라, 황상 폐하께도 불경한 반역이옵니다. 청하옵건대 군사를 내시어 그의 죄를 엄중히 물어주소서."

하지만 황제의 반응은 차가웠다.

"기철이 죽은 것은 안타까우나 그 또한 폭도들과 내통한 죄가 있다 들었소. 견문발검(見蚊拔劍)이라 했소이다. 그 정도 가지고 함부로 군사를 낼 순 없지."

"폐하! 고려왕은 또한 쌍성총관부를 폐하고, 정동행성마저 그 기능을 없앴다고 합니다. 이는 분명 우리 원에 대한 반란으로밖에 볼 수 없사옵니다."

"그 또한 들어 알고 있소이다. 허나 지금 중원 각지에서 반란의 무리가 들고 일어나는 판에 고려에까지 군사를 보냈다가는 대도성이 위험할 수도 있어요. 탈탈이 있으면 또 모를까……."

마지막 말은 탈탈을 죽이는 데 일조한 기 황후를 질책하는 의미였다. 황제의 말이 이어졌다.

"실적한이 다녀간 후에 또 한 사람이 다녀갔었소. 고려 국왕이 짐에게 사신을 보냈는데 기철과 폭도들이 결탁한 사실과 함께 그 증거들을 잔뜩 가지고 왔었소. 사람을 보내 알아본바 모두 사실로 드러났던 게요. 황후의 가족들이 고려에서 자중하지 못해 일어났던 일이니 이쯤해서 마무리하시오."

"폐하!"

기 황후는 간절한 목소리로 외쳤지만 황제는 이미 등을 돌리고 있었다. 그는 차가운 표정으로 계급무계궁 안으로 들어가 버렸다. 기 황후는 멍하니 서 있기만 했다. 그녀는 일가의 처참한 몰살 소식을 들었을 때도 눈물을 흘리지 않았다. 그런데 지금 새삼 황후의 눈에서는 서러운 눈물이 끊임없이 흘러내리고 있었다. 그녀는 흥성궁으로 돌아가며 옷자락으로 눈물을 훔쳤다.

내 무슨 수를 써서라도 우리 황태자를 황제의 자리에 앉혀 놓을 것이다.

6

이른 새벽, 차가운 안개가 발목을 휘감고 있었다. 기 황후는 하얀 소복을 갈아입고 흥성궁 후원에 있는 작은 편궁으로 향했다. 주위에는 평소 그림자처럼 따르는 궁녀와 환관도 없었다.

편궁의 문을 열고 안으로 들어가자 벽면에 밤나무로 깎아 만든 위패가 놓여 있었다. 10여 개가 넘는 위패는 모두 이번에 참살된 가족의 것이었다. 원래 위패는 장례를 마치고 집안의 궤연(几筵)에 모셨다가 3년상을 마친 뒤에 사당(祠堂)에 봉안하는 게 관례였다. 하지만 기 황후의 가족은 장례를 치르지도 않은데다 사당도 없어 이곳 편궁에 임시로 모셔놓은 것이다.

위패 앞에 놓인 향로에서 백단향(白檀香)을 꺼냈다. 그 향에 불을 붙이고는 두 손을 모아 아래위로 흔들었다. 그리고는 향로에 다시 꽂아놓고는 엎드려 절을 했다. 손등 위에 고개를 묻은 그녀는 한동안 일어나지 못했다. 두 눈에 굵은 눈물이 흐르더니, 이내 흐느낌으로 바뀌었다. 참을 수 없는 서러움과 분노가 울컥 목구멍을 치고 올라왔다.

자신이 황후의 자리까지 오른 이유가 무엇인가? 그것은 바로 가족을 위한 집념에서 비롯되었다. 몰락한 관리의 집안에서 태어난 오라비들은 관직에 나갈 수도 없었다. 기 황후는 높은 관리의 아내가 되어 그들의 뒤를 봐주려 했다. 공녀로 끌려올 때는 그 꿈이 산산조각나는 줄 알았다. 하지만 황실에 배속되면서 다른 꿈을 꾸었고, 박불화와 최천수를 만나면서 그것은 현실로 이뤄지기 시작했다. 숱한 어려움이 있었지만, 지금은 제국의 황후이질 않은가.

기 황후는 자신의 꿈은 모두 이루었다고 생각했다. 이제 남은 것은 황태자를 황제의 자리에 앉혀 원 제국에 고려인의 초석을 다지는 것이라 여겼다. 그런데 그의 일족들이 남김없이 죽어갔으니 그녀의 상심은 이만저만한 게 아니었다. 삶의 목적을 잃어버린 것이나 다름없었다.

소리 없이 흐느끼던 그녀는 마침내 엉엉 통곡하기 시작했다. 이곳 편궁은 흥성궁에서 멀리 떨어져 있고 인적도 드문 곳이라 주위를 의식하지 않고 마음껏 소리 내 울었다. 그녀는 울면서 가족들 이름을 하나씩 애타게 불렀다. 눈물이 적삼을 타고 흘러 바닥을 흥건히 적셨다.

겨우 몸을 일으킨 그녀의 눈은 충혈되어 있었고, 얼굴 또한 벌겋게 상기되어 있었다. 긴 한숨을 내쉬며 어금니를 세게 깨물었다. 이어 가늘게 입술을 움직여 나지막하게 중얼거렸다.

"반드시 이 원수를 갚겠습니다."

한참동안 편궁에 있던 그녀가 흥성궁으로 돌아오자 황태자와 그 동생 탈고사첩목아(脫古思帖木兒)가 기다리고 있었다. 태자 탈고사첩목아는 어느새 많이 자라 말을 곧잘 하며 어머니에게 문안을 올리기도 했다. 아직 어린데도 형을 닮아 이목구비가 또렷하고 키가 매우 큰 편이었다. 기 황후는 그 어린 태자를 끌어안고 눈물을 흘렸다. 어릴 적, 어머니가 자신을 안고 자장가를 부르던 때가 문득 떠올라 눈물을 흘리고만 것이다. 외가식구들은 어린 태자를 한번도 보지 못하고 모두 비명에 가고 말았다. 그녀는 태자를 내려놓으며 옷소매로 눈물을 훔쳤다.

"우선은 흩어진 내 일족들의 시신부터 수습해야겠다."

그러자 옆에 있던 박불화가 대답했다.

"제가 급히 고려에 사람을 보내 장사지내라 하였습니다. 허나 감시가 워낙 심한 지라 의주에 임시로 묻어 놓았습니다."

"수고가 많았구나."

기 황후는 박불화를 바라보며 내내 다짐해 온 걸 이야기했다.

"반드시 고려를 쳐서 이 원수를 갚아야 한다. 군사를 조직해야 된단 말이다."

그러자 황태자가 앞으로 나서며 목소리를 높였다.

"어마 마마, 소인이 정벌군의 선두에 서서 외가댁의 원수를 갚겠나이다."

어린 태자도 나섰다.

"소인도 보내주소서."

형제가 앞 다투어 그 원수를 갚는다고 하자 기 황후는 한편으로 기특하기도 했다. 어린 태자는 한번도 할아버지와 외삼촌을 보지도 못하여 안타까운 마음이 들기도 했다. 옆에서 듣고만 있던 박불화가 고개를 주억거리며 말했다.

"잠시만 기다려 보시지요. 어쩌면 홍건적이 우리를 대신해서 고려 왕에게 원수를 갚을 지도 모르겠나이다."

"홍건적이?"

"북쪽에서 우리 관군에게 쫓기던 홍건적들이 퇴로가 막히면서 고려에 침입할 가능성이 많습니다. 이들은 워낙 거친 자들이라 고려를 가만 놔두지 않을 겁니다. 고려왕도 무사치 못할 겁니다."

박불화의 예측은 정확했다. 남쪽에서부터 관군에게 쫓겨 북방으로 내몰린 홍건적은 갈 곳이 없어 우왕좌왕 하고 있었다. 이들 홍건적은 최초의 탄압으로 교주 한산동이 전사했으나, 그 제자들은 꾸준히 원나라 타도를 외치며 활약했다.

먼저 유복통(劉福通)은 한산동의 아들 임아(林兒)를 받들어 제위에 올렸는데, 국호를 송국(宋國)이라 하였다. 이를 계기로 호북의 서수휘(徐壽輝), 안휘의 곽자흥(郭子興), 주원장(朱元璋) 등과 허난 지방의 농민들이 잇달아 반란을 일으켰다. 홍건적은 한때나마 그 세력을 화북과 화중 일대에 미쳤으나, 내부 분열로 인해 통일정권을 이룩하지 못한 채 사분오열되고 말았다. 아직 군사력이 강했던 원나라 군대가 대대적으로 이들을 토벌하기 시작하자 각지에서 격파되며 궁지에 몰리고 있었다.

살아남은 일부 홍건적 잔당들은 원군의 추격을 받으며 만주지방으로 북상하다가 그 방향을 고려로 돌렸다. 퇴로가 막혔으니 방향을 돌릴 수밖에 없었다. 그것은 박불화의 예측이 딱 맞아떨어진 것이다. 허약한 고려의 군사력으로 홍건적을 막아내기는 무리였다. 그들은 국경을 넘어와 물밀듯이 의주, 정주, 철주 같은 고려의 국경 요새들을 차례로 함락시키더니 내처 밀고 내려와 서경까지 점령해버렸다.

그제야 위기를 느낀 공민왕은 이승경(李承慶)을 급히 불렀다. 그를 도원수로 삼아 2만의 군사를 몰아 서경을 공격하고 탈환하는데 성공했다. 그 여세를 몰아 빼앗겼던 정주, 함종, 안주, 철주 등지에서 홍건적을 섬멸해 압록강(鴨綠江) 이북으로 모두 몰아낼 수 있었다.

하지만 이들 홍건적의 잔당들은 쉽게 물러나지 않았다. 아직 원의 기세가 강해 대륙으로는 들어설 곳이 없었던 것이다. 계속 압록강 이북에서 머물며 수군을 동원해 황해도와 평안도 해안지역을 노략질했다.

그로부터 얼마 지나지 않아 반성(潘誠), 사유(沙劉), 관선생(關先生),

주원수(朱元帥) 등이 군사를 모아 10만 대군을 이끌고 고려를 재차 침범하였다. 때는 한겨울이라 압록강의 결빙을 이용해 홍건적은 쉽게 도강해서 한반도로 밀려왔다. 이들의 기세는 1차 침입 때와는 사뭇 다르게 강했다.

10만이나 되는 대군이 한꺼번에 짓쳐들어오자 주위는 쑥대밭이 되고, 말굽과 병사들이 내지르는 소리가 천지에 진동했다. 이들은 절령의 방책(防柵)을 깨뜨리고, 내쳐 개경으로 진군했다. 이 소식을 들은 공민왕은 남쪽으로 급히 몸을 피했다. 그러면서 도지휘사(都指揮使) 이방실, 상원수 안우로 하여금 홍건적과 맞서 싸우게 했으나 수적으로 열세였다. 중과부적으로 맥없이 무너져 개경은 이들의 손에 함락되고 말았다.

홍건적은 이후 수개월 동안 개경에 머물며 잔학한 짓을 자행하고 그 일부는 인근의 주현과 원주, 안주 등지까지 침탈했다. 이때 개경의 궁궐이 불타고 수많은 아녀자가 능욕을 당했고 중요한 문화재와 보물도 모두 약탈 당했다.

복주(福州; 지금의 안동)까지 밀려간 공민왕은 겨우 전세를 수습하고는 정세운(鄭世雲)으로 하여금 군사를 모으게 했다. 정세운은 전국에 흩어진 관군과 자발적으로 참여한 의병을 조직하여 정예군을 조직했다. 공민왕은 그를 총병관(摠兵官)으로 삼아 홍건적 토벌의 명을 내렸다.

"고려의 국운은 그대에게 달려 있으니 성심을 다해 싸우도록 하라."

"소신의 목숨을 전장에 바치겠나이다."

정세운은 공민왕이 원에 볼모로 있으면서 시중을 들었던 자로, 심복 중의 심복이었다. 성격이 우직하고 무예가 뛰어나 따르는 군사들이 많았다. 그들은 모두 정세운에게 충성을 맹세하며 죽기를 각오했다. 이에 총병관(摠兵官) 정세운鄭世雲)은 이방실(李芳實), 안우(安祐), 김득배(金得培) 등과 함께 북으로 진격했다.

잇따른 승리에 도취되어 약탈을 일삼던 홍건적은 고려군의 기습에 어이없이 당하고 말았다. 주위에 매복해 있던 정세운의 군사들이 갑자기 포위망을 좁혀오자 허둥지둥 도망가기에 바빴다. 그 기습 공격에 동북면(東北面)의 상만호(上萬戶)로 있던 이성계(李成桂)가 휘하의 군사 2천을 이끌고 동참했다.

"적의 목을 베어 아버님의 용맹을 이어받겠나이다."

이성계는 공민왕 재위기간 동안 공을 많이 세웠던 이자춘의 아들로 그 기골이 장대했다. 그는 선봉에 서서 적의 우두머리와 맞서 싸웠는데, 전장에서 갈고 닦은 무예솜씨를 발휘하여 홍건적의 괴수인 사유(沙劉)와 관선생(關先生)의 목을 단칼에 베어버렸다. 우두머리가 죽는 것을 지켜본 홍건적들은 전의를 완전히 상실하고 말았다. 그들은 허겁지겁 개경을 빠져나와 북으로 쫓겨 달아났다. 완전히 고려에서 물러난 것이다. 이로써 중국 직례지(直隷地)에서 일어나 원군에 쫓겨 그 기세를 회복하려 했던 홍건적은 고려군의 반격으로 오히려 전멸상태에 빠지고 말았다.

7

홍건적이 비록 패해서 물러났다 하나, 두 차례의 침공으로 고려에

떨어지는 핏방울, 흩날리는 눈물

끼친 피해는 상상을 초월했다. 이는 원의 입장에서는 손 안 대고 코 푼 격이었다. 지긋지긋한 홍건적을 눈에 가시 같은 고려가 물리쳤으 니 여간 기쁜 게 아니었다. 고려 또한 막대한 타격을 입어 나라 전체 가 흔들릴 정도였으니, 기 황후가 이 기회를 놓칠 리 없었다. 원의 군 사를 움직이고 싶었으나 황제와 조정의 신하들이 반대하여 뜻대로 되 지 않았다. 자구책으로 생각한 것이 바로 고려의 실정을 이용하는 것 이었다. 그녀는 급히 박불화를 불렀다.

"고려 조정에도 야심 많은 신하가 있으렷다?"

"그러하옵니다. 그런데 무슨 일로……."

"이번 홍건적의 침입으로 고려의 군사력 또한 궤멸되어 있을 것이 다. 국왕만 제거할 수 있다면 약간의 군사만 가지고도 능히 고려를 손 에 넣을 수 있을 게야."

"우선 고려왕의 목숨부터 거두자는 말씀인지요?"

"그렇다. 그 후에 고려에 군사를 몰고 우리 일족을 시해한 자들을 모조리 참살할 것이다."

박불화가 고개를 끄덕이고 있는 사이, 기 황후가 내처 물었다.

"혹 마땅한 자가 없느냐?

박불화는 깊이 생각하지 않고 한 인물을 내놓았다.

"김용이라는 자가 적합할 것이옵니다."

김용은 공민왕이 볼모로 원나라에서 숙위할 때부터 시중을 든 공으 로, 대호군(大護軍)에 오른 자였다. 후에 귀국해 공민왕이 즉위하면서 응양군상호군(鷹揚軍上護軍) 벼슬에 올랐다. 김용은 원나라에 있는 동안 대도성의 많은 대신들과 교류를 나누었다. 그중 박불화와는 각

이반(離叛)

별한 사이였다. 고향도 가까웠고, 호탕한 성정도 비슷하여 술자리를
자주 갖곤 했다. 김용은 공민왕을 모시고 고려에 가서도 인편을 통해
계속 박불화와 연락을 주고받고 있었다.

한편 김용은 함께 공민왕을 시중들었던 조일신과는 사이가 좋지 않
았다. 권력을 놓고 그와 사사건건 부딪히며 대립했다. 하여 얼마 전에
난을 일으킨 조일신이 그를 죽이려 하였으나 당시 김용은 내전에서
숙직을 한 덕분에 목숨을 건질 수 있었다.

그는 난이 일어나자 제 몸을 건사하기 위해 급히 몸을 피해 외곽으
로 달아났다. 조일신의 난이 진압되고 난 후, 그는 왕을 보필하지 않은
죄로 장형을 당하고 섬으로 유배되었다. 이때부터 김용은 공민왕에게
깊은 반감을 갖기 시작했다. 기 황후의 명을 받은 박불화는 그 점을 이
용하기로 했다. 급히 자신의 심복을 고려로 보내 그를 회유한 것이다.

"국왕의 마음이 이미 경을 떠났으니 다른 왕을 내세워 새로 도모하
시지요."

"진정 왕을 바꿀 뜻이 있는 게요?"

"국왕이 황후 마마의 가족을 몰살시키고도 무사할 것 같습니까? 지
금은 곳곳에서 일어난 반란으로 잠시 미뤄두고 있지만, 조만간 새로
운 왕을 내세우고 그를 폐할 것이라고 황후께서 전하셨습니다."

"으음……."

김용은 고개를 끄덕이면서도 여전히 망설이고 있었다.

"황후 마마께선 덕성 부원군이 없는 고려에서 그 역할을 대신 할
사람을 찾고 계십니다. 큰상을 내리는 것과 함께 높은 벼슬을 주실
겁니다."

60
떨어지는 핏방울, 흩날리는 눈물

김용은 기철 못지않은 권력을 누릴 수 있다는 말에 귀가 번쩍했다. 자신의 손으로 왕을 바꾸고 기 황후까지 후원해준다면 모름지기 고려를 완전히 차지하는 것과 다름이 없지 않은가?

그는 사병을 은밀히 모집하고 시정의 잡배들 중 무예가 뛰어난 자들을 골라 집에 머물게 하면서 거사를 위한 준비에 들어갔다. 한편으론 공민왕의 환심을 사기 위해 옛정을 상기시키는 상소를 보내기도 했다. 공민왕은 그를 다시 불러 첨의평리(僉議評理)로 삼았다가 중서문하시랑평장사(中書門下侍郞平章事)로 임명하였다. 도성에 돌아온 그는 사병을 더욱 늘리고, 그들을 중무장시켜 나갔다. 때마침 원나라의 박불화로부터 급한 전갈이 왔다. 언제든지 일을 도모하면 즉각 새로운 왕을 내세워 전권을 맡기겠다는 것이다. 김용으로선 이제 더 이상 망설일 게 없었다.

당시 공민왕은 홍건적에게 쫓겨 복주까지 피신을 갔다가 얼마 전에 입경해 있었다. 다시 개경에 돌아왔으나 궁궐이 모두 불에 타 들어갈 곳이 없었다. 해서 개경 근처의 흥왕사(興王寺)에 임시로 머물며 국정을 처리했다. 공민왕이 외따로 떨어진 산사에 있어 일을 도모하기에 알맞다고 판단한 김용은 김수(金守)와 조연(曺連)등을 시켜 흥왕사로 달려가게 했다. 그들은 주변을 경계하고 있는 친위군들을 모두 죽이고 침전을 향해 달려갔다.

침전에는 공민왕이 잠들어 있었다. 김수는 칼을 높이 들어 이불을 덮고 누워 있는 공민왕을 향해 내리쳤다. 핏방울이 흩어지며 이불 아래의 몸이 부르르 떨리다가 이내 멎었다.

김용이 흥왕사를 습격하여 공민왕을 죽였다는 소문은 삽시간에 개경 전체에 퍼져갔다. 이 소식을 들은 밀직사(密直使) 최영(崔瑩)은 휘하 군사들을 이끌고 흥왕사로 달려갔다. 하지만 그곳에는 김용이 없었다. 무명의 잔적 몇이 남아 있는 걸 최영은 칼을 휘둘러 모두 베어버리고는 김용의 집으로 향했다.

그 시각. 김용은 자신의 집에서 크게 기뻐하고 있었다. 공민왕이 죽었다는 소식을 접하고는 바삐 왕궁에 들어갈 준비를 했다. 그때 밖이 수런거리는 소리가 들렸다. 말발굽 소리가 들리며 횃불이 흔들리는 게 보였다. 김용은 자신의 군사들이 거사에 성공하고 돌아온 것으로 여겼다. 급한 마음에 버선발로 대문을 열고 뛰어나갔지만 그 앞에 선 자는 다름 아닌 최영이었다.

"역적 김용은 어서 나와 오라를 받아라."

최영의 뒤로 군사들이 창을 든 채 에워싸고 있었다. 뒤늦게 김용의 심복이 집안에서 사병들을 이끌고 달려 나왔다. 수적으로는 오히려 그들이 더 많았다. 최영은 급히 달려오느라 군사를 많이 모으지 못했다.

"어서 쳐라!"

김용이 외치자 사병들이 창칼을 손에 들고 최영의 군사들에게 달려들었다. 김용의 군사들은 수적인 우위를 앞세워 그들을 몰아세웠다. 최영의 군사 몇 명의 목이 그 서슬에 날아갔다. 하지만 김용의 군사는 그 형세가 유리하지 못했다. 큰 벽을 뒤로하고 전투를 벌이느라 퇴로가 막혀 사병들이 불안에 떨었다. 조금만 뒤로 몰려도 당황한 표정으로 칼을 마구 휘둘렀다. 이때를 놓치지 않고 최영은 말에 올라탄 채 장검을 휘둘렀다. 그 위용에 수십 명의 사졸들이 단번에 쓰러지고 말왔다. 순식간에 전세가 역전되자 최영이 말에서 내려왔다. 그는 장검으로 병사들을 헤치고 들어와 김용의 목에 칼끝을 댔다.

"목숨만, 목숨만은 살려주시오."

칼끝에 힘을 주자 김용의 목에서 피가 흘려 내렸다.

"왕이 죽었으니 그 자리를 장군에게 줄 수도 있소이다."

최영은 아무 대꾸 없이 김용을 오라로 꽁꽁 묶고 행궁이 있는 흥왕사로 압송했다. 흥왕사는 깊은 밤인데도 횃불로 주위를 대낮같이 밝히고 있었다. 대웅전 앞으로 끌려간 김용은 무릎을 꿇은 채 몸을 덜덜 떨었다. 잠시 후 고개를 든 그는 화들짝 놀라 뒤로 물러나고 말았다. 공민왕이 대웅전 앞 의자에 앉아 있는 게 아닌가?

김용의 군사들이 흥왕사를 침입하자 강원길(姜元吉)은 옷을 벗고 잠들어 있던 공민왕을 들쳐 업고 창문으로 빠져나갔다. 그 사이 환관 안도적(安都赤)이 공민왕의 침대에 누워 이불을 턱까지 올리고 누워 위장을 했다. 김수는 어둠 속에서 그를 공민왕으로 여기고 칼로 내리친 것이다. 그러니 그들이 공민왕으로 여기고 죽인 것은 환관 안도적이었던 셈이다.

최영은 공민왕 앞에 부복했다.

"전하, 소인이 불충하여 이런 수모를 당하게 하였사옵니다."

"아니오. 경이 없었다면 무사치 못했을 것이오."

공민왕은 잡혀온 김용을 끌어오도록 했다. 김용은 머리가 풀어헤쳐진 채로 고개를 푹 숙이고 있었다.

"내 너를 심히 아껴 높은 벼슬을 내렸거늘, 어찌 그 은혜를 저버리고 날 해하려 했느냐?"

이반(離叛)

김용은 간사한 자였다. 최대한 슬픈 표정을 지어 보이며 눈물을 쏟아냈다.

"원의 기 황후가 역모를 일으켜 전하를 시해하라고 일렀사옵니다."

"무엇이? 미천한 공녀 출신의 기자오 딸이 날 해하라 했단 말인가?"

"그러하옵니다. 영록대부 박불화가 은밀히 사람을 보내어 전하를 해치지 않으면 저의 목숨을 거두겠다고 협박하였사옵니다. 하여 소신이 할 수 없이……."

"이런 괘씸한!"

공민왕은 주먹을 움켜쥔 채 몸을 부르르 떨었다. 몇 천리나 떨어진 곳에서 기 황후가 자신을 죽이려 했다는 사실이 믿기지 않았다. 그것도 자신의 심복을 이용했다는 사실에 왕은 분노하고 있었다. 그는 고개를 처박고 있는 김용을 향해 냉랭하게 말했다.

"그 사실을 짐에게 알리지 않고 곧바로 해하려 하였으니, 절대 용서할 수 없다. 당장 저자의 목을 쳐라."

김용은 자신의 꾀에 자신이 당하고 말았다. 반란의 책임을 기 황후에게 돌리려다, 흥분한 공민왕의 심기를 잘못 건드려 목숨마저 잃게 되었다. 그는 엎드린 채 절규했다.

"전하, 한번만 용서를 해주옵소서."

하지만 불같이 분노하고 있는 공민왕의 성정을 가라앉힐 순 없었다. 눈짓을 보내자 최영이 아직 피를 닦지 않은 장검을 높이 들었다. 그 장검이 허공을 가르는 것과 동시에 핏방울이 사방으로 흩어졌다. 공민왕은 그의 목이 잘리는 걸 똑바로 바라보고 있었다.

김용이 공민왕을 제거하려는 거사가 실패로 끝났다는 소식을 듣고 기황후는 적이 실망했다. 고려의 신하로 가족들을 몰살한 복수를 하려 했지만 그마저 쉽지 않았다. 공민왕은 생각보다 강했고, 또한 영악했다.

"이젠 내가 직접 군사를 몰아가는 수밖에 없다."

그녀는 즉시 황태자와 박불화를 불렀다. 셋은 황제를 설득할 방안을 강구했다. 황태자가 군권을 쥐고 있었지만 출병을 하기 위해서는 황제의 윤허가 떨어져야만 했다. 하지만 황제는 신통치 않은 반응을 보였고, 그 밑의 장수들 또한 기 황후에 대한 감정이 좋지 않았다. 탈탈을 죽게 했다는 소문이 돌면서 노골적으로 경계하는 빛이 역력했다.

"조정의 대신들은 태평과 진조인의 무리들 빼고는 모두 장악했다 해도 과언이 아니다. 하지만 변방의 장수들은 아직 내 손아귀에 들어오지 않았다."

"그러하옵니다. 탈탈의 뒤를 이을 장수를 물색해두셔야 합니다."

"나는 대도성 밖을 한번도 나가본 적이 없다. 내 힘으로만 그들을 통제할 수 없지 않느냐?"

"그렇다면 삭사감을 만나보는 게 어떠할지요? 그는 한때 전장을 호령했던 무장이 아니옵니까? 황후 마마의 은덕으로 우승상을 제수 받지 않았습니까?"

"영록대부는 속히 그를 만나 군권을 손아귀에 넣을 수 있는 방법을 강구해 보라."

박불화는 즉시 흥성궁을 나와 삭사감의 집을 찾았다. 그는 한밤중에도 칼을 들고 마당에서 검술 수련을 하고 있었다. 웃통을 모두 벗고 칼을 휘두르는데 그 동작과 자세가 절도 있고 날카로웠다. 칼을 쥔 채 공중으로 회전하는데 마치 하늘을 나는 듯 했다. 옆에서 이를 보고 있던 박불화가 손뼉을 치며 다가갔다.

"역시 승상께선 원나라 최고의 무인입니다."

삭사감은 수건으로 땀을 닦으면서 박불화를 맞이했다.

"예전에 전장을 누볐던 시대가 좋았던 것 같소이다."

"하지만 조정에서의 일을 더 잘하고 계시지 않습니까? 우승상이 되신 후에, 조정이 안정되고 백성들의 신망이 높아가고 있다 들었습니다. 황후 마마께서도 수시로 승상을 칭찬하시더이다."

"기 황후께서 절 칭찬 하셨다구요?"

"천하의 대장군이시라면서 원 제국을 바로 세우실 유일한 분이라고 하셨습니다."

삭사감은 박불화의 거듭된 아부에 기분이 좋아 그를 술자리로 데려갔다.

"지금이라도 당장 전장으로 달려가면 홍건적의 무리를 몽땅 쓸어버릴 수도 있소이다."

그는 기분이 좋은 지 술잔을 기울이면서 연신 큰소리 치고 있었다. 박불화는 그 기분을 이용하여 자신이 찾아온 용건을 슬쩍 밝혔다.

"그렇다면 우승상 다음으로 용맹한 장군은 누구라고 생각하십니까?"

그는 잠시 생각 하다가 이내 입을 열었다.

"패라첩목아를 들 수 있지요. 그는 무예가 뛰어나고 용병술이 탁월하여 홍건적들이 이름만 들어도 벌벌 떤다 하더이다."

"황후께서 그자를 손에 넣으면 되겠군요."

"그건 곤란할 것이오."

"곤란하다니요?"

"패라첩목아는 태평이나 진조인과는 깊은 인연을 맺었던 장수입니다. 예전부터 긴밀히 연락하며 지냈던 절친한 사이지요. 그들의 영향을 받아 황후를 좋게 보고 있지 않아요. 탈탈을 죽게 한 장본인이라고 공공연히 떠들고 다닌다 합니다."

박불화는 아쉬운 표정을 지으면서 얼른 다른 걸 물었다.

"그렇다면 패라첩목아를 대신할 장수는 없겠는지요?"

"산서 태원에 있는 확곽첩목아가 그에 대적할 수 있죠. 그는 평장정사(平章政事) 지추밀원사(知樞密院事)를 맡고 있는데 태원 근처의 홍건적을 모두 진압하여 그 일대를 완전히 장악하고 있어요. 하지만 패라첩목아와는 서로 앙숙사이입니다. 패라첩목아의 군대가 수시로 확곽첩목아의 구역을 무단으로 침입해 자주 다투곤 합니다."

박불화는 옳거니 여겨, 그 확곽첩목아를 찾아갔다. 그가 있는 산서(山西) 태원(太原)은 하북성 옆에 있는 곳으로 말을 타고도 꼬박 사흘을 달려가야 하는 거리였다. 박불화는 자정원의 심복들과 함께 큰 수레를 두 대나 끌고 갔다.

"어서 오시오, 영록대부."

확곽첩목아는 박불화에 대해 익히 잘 알고 있었다. 조정의 실세인 기 황후의 사람으로 큰 자금줄을 갖고 있다고 들어왔다. 확곽첩목아는 오랫동안 변방에 있어 조정과 연결된 끈이 없었다. 때문에 많은 공을 세우고도 높은 벼슬자리를 받지 못했다. 그런 차에 기 황후가 보낸 사람이 찾아오니 여간 기쁜 게 아니었다. 게다가 박불화는 수레에 가득 보화를 담아 왔다. 그것은 비단포와 고려청자들로 전장에선 좀체 보기 힘든 물건들이었다.

"이 모든 걸 황후 마마께서 보내셨단 말입니까?"

"전장에서 수고하신 지추밀원사를 특별히 격려하라 전하셨지요."

"혹 패라첩목아에게도 가실 건지요?"

"그에게는 갈 계획이 없소이다."

확곽첩목아는 기 황후가 자신에게만 사람을 보냈다는 사실에 더욱 기뻐했다. 평소 앙숙이었던 패라첩목아 대신 자신만 찾아온 것에 황공함까지 느낄 정도였다. 박불화는 그런 기분을 활용하여 찾아온 목적을 이야기했다.

"혹 황후 마마의 가족 분들이 고려왕에게 모두 몰살당한 소식을 들었는지요?"

"나도 그 소식은 들어 알고 있소이다. 매우 안타까운 일이지요."

"마마께선 군사를 일으켜 고려를 내치길 원하십니다. 다만 군사가 없어 뜻을 이루지 못하고 계시지요."

확곽첩목아는 안타까운 표정으로 말했다.

"생각 같아선 당장 제가 달려가고 싶으나, 여기 또한 중요한 전장이라 비워둘 수가 없군요."

그는 기 황후에게 받은 엄청난 보화에 보답하기 위해 계책을 떠올려 보았다. 하지만 좀체 생각나지 않아 발을 동동 굴렀다. 벽에 걸린 큰 지도를 한참동안 뚫어지게 바라보았다. 고려가 있는 곳에 시선을 고정시키며 미간을 가늘게 좁히다가 무슨 생각이 들었는지 자신의 무릎을 쳤다.

"고려를 칠 수 있는 좋은 방법이 하나 있긴 합니다."

9

산서성에 다녀온 박불화는 곧장 기 황후를 찾았다. 그는 확곽첩목아가 내놓은 계책을 자세히 설명했다. 기 황후가 기뻐하는 것도 잠시, 이내 결연한 표정으로 고개를 끄덕였다.

"이번 일은 나대신 황태자가 나서서 진행하는 게 좋을 것 같소이다."

함께 있던 황태자가 비장한 얼굴로 고개를 끄덕였다. 흥성궁을 나온 그는 계급무계궁을 찾아갔다. 역시 황제는 밖으로 좀체 나오지 않아 알현할 수 없었다. 하지만 그는 물러가지 않았다. 며칠을 그 입구에서 꼬박 기다렸다. 결연한 자신의 의지를 보여주기 위해서였다. 황제는 사흘이 지나서야 계급무계궁을 나오면서 황태자를 발견했다.

"여태 여기서 나를 기다리고 있었던 게냐?"

"그러하옵니다, 폐하."

"그 연유가 무엇이냐?"

"소신에게 고려 정벌을 허락하여 주시옵소서."

"그 일은 예전에 말하지 않았더냐? 곳곳에서 일고 있는 반란군을 진압하기도 벅찬데 고려 정벌이라니……, 군사를 하나도 내줄 수가 없다."

황태자는 황제의 대답을 미리 예측하고 있던 터였다. 그는 가만히 고개를 끄덕이더니 미리 준비해온 말을 꺼냈다.

"소인은 한 명의 군사도 없이 고려를 정벌할 것입니다."

황제는 처음엔 잘못 들었나 싶었는지 고개를 갸웃했다. 그러더니 그게 무슨 말이냐는 표정으로 턱을 앞으로 내밀었다. 황태자는 여전히 자신만만한 표정이었다.

"다만 자정원의 군사들과 황후 마마의 호위군만 데리고 고려를 칠 것입니다."

"그 작은 수의 군사로 어찌 고려를 칠 수 있단 말이냐?"

"고려 위쪽 요양 지역에는 고려에 반감을 품은 수많은 고구려 출신 유민들이 흩어져 지내고 있다 들었습니다. 소신이 직접 그곳으로 가 그들을 규합하여 군사를 조직하겠나이다. 그들을 앞세워 고려를 정벌하고, 이어 남방의 홍건적을 휩쓸어 완전히 소탕하고 입경하겠사옵니다."

황제는 황태자의 말을 기특하게 여겼다. 혈혈단신으로 나가 직접 군사를 모은다 하지 않는가? 황실에 부담을 주지 않기 위해 원의 군사는 하나도 움직이지 않겠다는 결심을 가상히 여겼다.

"황태자가 자정원의 군사와 황후의 호위군을 대동하고 요양으로 출정하는 것을 허락하노라."

황태자는 기쁜 기색을 감추고 마저 청을 올렸다.

"황후 마마께서도 이번 원정에 함께 하실 것입니다."

"어찌 황후가 군사를 몰아갈 수 있겠느냐?"

"황후 마마께서 고국인 고려에 직접 가셔야만 황실의 위엄을 세우고 오실 겁니다. 허락하여 주시옵소서."

황제는 잠시 고민에 빠졌다. 전장에 나가 무슨 변이라도 당할까 두려웠던 것이다. 그는 여전히 기 황후를 사랑하고 있었다. 하지만 다른 생각도 들었다. 당분간 그녀가 없다면 계급무계궁에서 아예 나오지 않아도 눈치 볼 사람이 없어 좋을 것 같기도 했다. 그는 망설이다가 결국 그마저 허락하고 말았다.

"알았다. 황후와 함께 다녀오도록 하라."

황태자는 당장 달려가 이 소식을 기 황후에게 알렸다. 그녀는 기쁜 표정을 감추지 못한 채 크게 흥분했다.

"이제 드디어 우리 가족을 몰살시킨 그놈에게 복수 할 수 있게 되었구나."

그러자 그 옆에 있던 둘째 아들 탈고사첩목아(脫古思帖木兒)가 나섰다.

"어마 마마, 소인도 황태자 전하와 함께 고려로 출병을 나갈 것이옵니다."

탈고사첩목아는 이제 열 살을 겨우 넘기고 있었다. 비록 어린 나이지만 그 형을 닮아 기골이 장대하고 민첩하여 무예도 능했다. 기 황후는 흡족한 표정으로 그를 바라보다가 고개를 내저었다.

"우리 둘째 황자는 이곳 대도성에 남아 황상 폐하를 잘 보필하여야 한다. 그래야 이 어미와 형님이 안심하고 출병을 할 것이 아니냐?"

그녀는 둘째 황자의 손을 꼭 붙잡았다. 그러면서도 걱정이 앞서 박불화를 쳐다보았다.

"확곽첩목아의 말이 실언이 아니어야 할 텐데……."

"심려치 마옵소서. 확곽첩목아는 요양의 야속(也速)에게 약속을 받아냈다 하옵니다. 요양행성의 군권은 모두 그가 쥐고 있기 때문에 필

이반離叛

시 군사를 내줄 것입니다."

확곽첩목아와 요양의 야속은 죽마고우로 자란 친구였다. 둘은 전장을 누비며 함께 목숨을 나눈 사이기도 했다. 둘 모두 승승장구하여 확곽첩목아는 산서(山西)에 군사를 주둔시켰고, 야속은 요양을 정벌하여 그곳 좌승상이 되었다. 확곽첩목아는 좌승상이 된 야속에게 급히 전갈을 보냈다. 그 휘하에 있는 군사는 모두 10만. 그 중 2만의 군사를 고려 정벌을 위해 내주겠다는 약속을 받아냈다. 대신 기 황후는 고려를 정벌한 후에 그에게 추밀동지사(樞密同知使)를 주겠다는 약조를 했다.

사실 고구려 유민을 조직하여 군사를 만든다는 황태자의 말은 모두 거짓이었다. 이미 요양에 주둔하고 있는 군사를 몰아 고려를 치려는 것이다. 요양의 군사 또한 엄밀히 말하면 황제의 군사였다. 그 군사를 움직이려면 황제의 윤허를 받아야만 했다. 하지만 황제가 허락을 해줄 리 없어, 자구책으로 거짓으로 고할 수밖에 없었다. 조정에서 요양까지는 오가는데 몇 달이 걸릴 정도로 먼 거리였다. 그만큼 조정의 영향력이 떨어져 황태자가 직접 군사를 모았다 해도 이를 의심할 리 없었다.

10

자정원 앞의 넓은 마당. 푸른 기와를 쌓아올려 둥글게 만든 지붕 아래로 육중한 건물이 버티고 있었다. 높이가 4층이나 되는 이 건물은 자정원 건물로 벽면과 회랑에 금박을 입혀 더없이 화려했다.

그 앞의 넓은 마당엔 2백여 명이 채 안 되는 군사들이 도열해 있었다. 기 황후를 호위하는 무사와 자정원을 지키는 군사들이 대부분이었다. 이들은 모두 갑옷을 입고 손에는 창과 칼로 중무장하고 있었다. 그 군사들 선두엔 봉황이 그려진 노란 황실기가 걸려 있고, 그 아래 황태자가 서 있었다. 그는 기 황후를 향해 한쪽 무릎을 꿇고, 오른쪽 손을 가슴 쪽에 들어 충성을 맹세했다. 이어 자리에서 일어나 군사들 쪽으로 몸을 돌렸다.

"우리가 비록 적은 수이긴 하나 요양의 세력을 하나로 모아 군사를 조직한다면 쉽게 고려를 정벌할 수 있을 것이다. 고려를 비롯하여 각지에 흩어진 반란군을 토벌하여 원나라 황실의 위엄을 세울지니라."

황태자의 우렁찬 외침과 함께 군사들이 함성을 내지르기 시작했다. 그 소리가 얼마나 컸던지 한참 떨어진 황궁에까지 들릴 정도였다. 비록 군사의 수는 적으나 이들이 호위하는 말과 수레는 많았다. 원나라에서 가장 부유한 자정원에서 자금을 풀어 빠르기로 소문난 한혈마(汗血馬) 2백 마리를 구해온 것이다. 그 말들이 수레를 끌었는데, 수레 안에는 온갖 금은보화가 가득했다. 요양의 군사를 움직일 재물이었던 것이다.

황태자가 도열한 군사들 사이로 들어가자 기 황후가 앞으로 나섰다. 그녀는 상기된 표정으로 주위를 둘러보았다. 비록 적은 수의 군사이긴 하나 요양의 10만 군사와 합한다면 어느 것 하나 두려울 게 없을 듯했다.

"출정할 지어다."

기 황후가 외치는 소리와 함께 군사들이 고려로 향하기 위해 대도성을 나서기 시작했다. 1363년 10월 초하루의 일이었다.

이반羅版

2장

고려 정벌의 깃발

1363년 원나라에 사신으로 갔던
문익점(文益漸)이 붓두껍 속에
목화씨를 몰래 넣어 가지고 돌아오다

1

옆구리에 칼을 차고 말 위에 늠름하게 앉아 황후기를 든 무사가 앞장서자 그 뒤로 기 황후의 마차와 2백의 군사가 차례로 도열하며 따라왔다. 선두의 황후기를 든 자와 기마병의 행렬을 따라 말울음 소리, 발걸음 소리가 부산하게 들리는 가운데 겨울 아침 해는 찬연히 빛났다. 그 뒤를 2백의 군사가 허리에 칼을 차고 뒤따랐다.

잘 훈련된 말들이 보조를 맞춰 가벼운 말굽 소리를 내며 나서자 마차에 장식된 봉황 부리에 물린 금방울이 맑게 울렸다. 마차는 장막을 모두 펼쳐놓고 창문을 열어놓았다. 그 안에 기 황후가 타고 있는 걸 누구나 확인할 수 있게 했다.

기 황후의 마차가 황궁 문을 나와 대도성을 지나가니 백성들이 하나둘 모여들기 시작했다. 그들은 기 황후를 알아보고는 이마가 땅에 닿도록 절을 하고는 환호성을 내질렀다. 조금씩 사람들이 몰려들더니 이내 행렬을 가로막을 정도로 백성들이 몰려나왔다. 그들은 지난번 대기근 때에 기 황후가 베푼 구휼에 큰 도움을 받은 자들이었다. 그중 노파 하나가 마차 앞쪽으로 걸어와 기 황후의 손을 맞잡았다.

"마마께서 베푸신 곡식으로 우리 아이들을 살릴 수 있었습니다."

그리고는 눈물을 흘리며 깊이 고개를 숙였다. 다른 백성들도 앞 다투어 기 황후에게 몰려왔다.

"들판에 버려져 짐승의 밥이 될 뻔한 우리 남편의 시신을 거두어 장사를 지내주시니 이 은혜 갚을 길이 없나이다."

"굶주려 죽기 직전인 저희들을 살려주셨습니다. 마마는 우리 원나라의 어머니십니다."

군사들이 내치며 길을 열려하자 기 황후가 손을 들어 제지했다.

"그대로 놔두어라!"

근처로 몰려온 백성들은 마차 앞을 완전히 막고서는 고개를 숙이며 흐느끼고 있었다. 그들 중 상당수는 고려풍의 옷을 입고 있었다. 예전에 보았을 때보다 더 많은 사람들이 고려양식의 저고리와 치마를 입고 있는 게 마치 고려에 와 있는 듯했다. 마차는 몰려든 사람들로 앞으로 나아가지 못하고 있었다. 사람들이 소식을 알고 더 몰려와 인산인해를 이루었다. 그 사람들 중 한 남자가 문득 앞으로 뛰어와 깊이 고개를 숙였다.

"고려에 계시는 가족 분들이 모두 돌아가셨다 들었습니다. 얼마나 상심이 크신지요? 반드시 원수를 갚고 돌아오소서."

그 남자는 진정 기 황후의 아픔을 위로하며 눈물을 흘리고 있었다. 여태 참고 있었던 기 황후의 눈이 크게 흔들리더니 끝내 눈물을 흘리고 말았다.

"너희들의 그 충심을 결코 잊지 않을 것이다."

호위병이 소리치기 전에 먼저 백성들이 하나둘 길을 열기 시작했다. 대도성을 빠져나온 기 황후의 군사들은 곧장 달려 요양으로 향했다. 하지만 그 여정은 무척 힘들었다. 겨울이 시작되면서 추위가 만만치 않았다. 길 곳곳이 얼어붙고, 추위에 견디다 못한 말들이 얼어 죽기도 했다. 거센 눈보라가 몰아쳐 며칠 동안 움직이지 못한 날도 있었다. 그럴 때면 역관에서 준비한 숙소에서 꼼짝없이 갇혀 지내야만 했다. 기 황후는 숙소에서 쉬는 날에도 걱정을 내려놓지 않았다.

"우리가 고려를 정벌한다 하나 그 지리를 잘 모르면 승기를 잡기 어려울 게야."

한숨을 내쉬며 한탄하자 박불화가 밝은 얼굴로 입을 열었다.

"제가 이를 대비하여 사람을 하나 물색해놓았습니다."

"고려인이란 말인가?"

"최유(崔濡)라는 자인데, 고려왕에게 큰 원한을 품고 원으로 도망 온 자입니다. 제가 야속에게 일러 요양에 피신하라고 일러두었습니다. 그곳에 가시면 만날 수 있을 겁니다."

모처럼 구름이 걷히고 눈이 내리지 않아 다시 움직일 수 있었다. 눈이 가득 쌓인 길을 헤쳐 나가느라 느리게 움직일 수밖에 없었다. 그렇게 어렵게 움직여 대도성을 출발한 지 한 달 보름이 걸려서야 요양에 도착했다.

기 황후의 도착 소식을 들은 요양성의 군사들이 사열을 하며 그녀를 맞이했다. 야속은 성문에서 십 리나 앞서 나와 있었다. 그는 화려한 마차를 대기시켜 놓고 깊숙이 고개를 숙였다.

"먼 길 움직이시느라 노고가 많으셨습니다."

기 황후는 준비된 마차를 타고 요양성으로 들어섰다. 이곳은 만주의 대평원 중앙에 위치한 곳으로 요하의 지류인 태자하(太子河) 중류에 있는 큰 성이다. 역사적으로도 유서가 깊어 고구려 시절엔 대당 전쟁의 기지였던 요동성(遼東城)이 있던 곳이기도 했다. 여기서도 기 황후에 대한 소문이 자자하여 백성들이 모두 밖으로 나와 있었다. 그들은 모두 손을 들어 환영했다. 특히 요양성은 예전 고구려와 발해(渤海)의 땅. 발해의 많은 유민들이 많이 살고 있어 기 황후에 대한 그들의 생각은 각별했다. 고려 여인이 원의 황후가 된 것에 큰 자부심을 가지며 맞이하는 것이다. 기 황후는 마치 고려에 입성이라도 한 듯 들뜬 표정으로 손을 흔들어주었다.

여기가 바로 우리 조상의 땅이렸다? 내 원나라를 온전히 손에 넣은 후에 이곳을 고려에 귀속시키리라.

진정 고려 여인으로 수많은 왕들과 장수들이 못한 것을 자신이 하려는 것이다. 고려라는 이름이 어떻게 나왔는가? 고구려를 계승하기 위해 지어진 이름이 아닌가? 왕들이, 신하들이 무능하여 영토가 좁아졌고 원의 지배까지 받는 이 현실을 온전히 자신의 힘으로 바꿔놓고 싶었다. 여인의 힘을, 자신의 이름을 영원히 고려에 남기고 싶었다. 그녀는 모진 다짐을 하며 요양성으로 들어갔다.

야속을 만나 이야기를 하려는 데 한 여인이 얼른 달려와 고개를 숙였다.

"황후 마마, 소인을 알아보시겠는지요?"

기 황후는 처음에 그 얼굴을 알아보지 못했다.

"아니, 너는……."

한참동안 자세히 들여다보고 나서야 감탄사와 함께 눈을 크게 떴다. 바로 고향 친구인 소옥이었다. 소옥은 자신이 대도성에 오기 이태 전에 원나라에 공녀로 끌려가서 그 뒤로 소식을 듣지 못했다.

"네가 어떻게 여기에 있는 것이지?"

어느새 그녀의 입에선 고려 말이 튀어나왔다. 소옥은 더욱 정중하게 고개를 숙였다. 기 황후는 그런 그녀의 손목을 덥석 잡아 쥐었다.

"어떻게 된 것인지 이야기 좀 해봐."

"소인, 공녀로 끌려와 대도성의 외훈원에서 교육을 받고는 이곳 요양성 좌승상(左丞相)인 야속(也速)의 첩으로 오게 되었습니다."

기 황후는 엎드려 있는 소옥을 일으켜 세웠다.

"그랬구나. 이런 곳에서 너를 다시 만나다니……."

"소인, 멀리 떨어진 이곳 요양성에서도 익히 황후 마마의 선정을 들어왔사옵니다."

기 황후는 고개를 끄덕이며 그녀를 자신의 처소로 데려갔다. 오랜만에 고향 친구를 만나니 너무 반가워 시간가는 줄도 모르고 많은 이야기를 나누었다. 이곳 요양성은 고려와 가까워 고국에 대한 소식도 많이 접할 수 있었다. 얘기를 나두던 중 소옥이 문득 물어왔다.

"천수 오라버니께선 황궁에서 잘 지내고 계신지요?"

기 황후가 놀라서 되물었다.

"최천수가 황궁에 있다는 것을 네가 어떻게 아느냐?"

최천수는 박불화나 고용보처럼 특별한 관직이 없었다. 환관의 신분으로 기 황후를 그림자처럼 따랐을 뿐이었다. 따라서 대도성과는 멀리 떨어진 요양에까지 최천수의 소식이 알려질 리가 없었다. 소옥은 최천수가 요양성에 들어와 잡혔던 일과 그를 찾아가 박불화를 찾아가라고 알려주며 몰래 풀어준 사실을 기 황후에게 말했다. 하지만 최천수에게 같이 있어달라고 부탁을 한 것은 말하지 않았다.

"그런 일이 있었구나."

기 황후는 고개를 주억거리며 의문을 표했다.

"왜 나에겐 자네에 대한 이야기를 전혀 하지 않았는지 모르겠구나."

소옥은 의미심장한 미소와 함께 다시 물었다.

"오라버닌 잘 계신지요?"

기 황후는 잠시 고민을 하다가 고개를 끄덕였다.

"작은 관직을 가지고 황궁 일을 맡아보고 있단다."

그녀는 거짓말을 했다. 그를 자신의 호위무사로 삼은 것과 지금은 황궁을 나가 행방이 묘연하다는 사실은 밝히지 않았다. 기 황후는 소옥이 예전 고향에 있을 때부터 최천수를 따라다니며 좋아했다는 것을 잘 알고 있었다. 지금도 여전히 그 마음이 여전하다는 것을 느낄 수 있었다. 잠시 둘 사이에 날선 침묵이 감돌았다. 그때 밖에서 부르는 소리가 들렸다. 박불화가 들어와 기 황후에게 아뢰었다.

"이번 원정의 길 안내를 맡을 자가 밖에서 기다리고 있나이다."

그 소리를 들은 소옥이 자리에서 일어났다.

"소인, 그만 가보겠사옵니다."

기 황후도 일어나 그녀의 손을 꼭 잡았다.

"고려 정벌을 떠나기 전까지 수시로 내 처소를 찾아오너라."

소옥이 나가자 최유가 곧장 안으로 들어왔다. 그는 박불화와 함께 기 황후 앞에 서 있다가 무릎을 꿇었다.

"제가 말씀드린 최유라는 자이옵니다."

최유는 키가 크고 덩치가 우람해서 멧돼지를 연상케 했다. 코가 감자처럼 생겨 거기서 하얀 김이 솟고 있었고, 수염이 고슴도치처럼 자라 우악스럽게 보였다. 그런 최유가 기 황후에게 넙죽 절을 하며 이마를 바닥에 찧고는 곧장 오열을 터뜨리기 시작했다. 눈물을 흘리며 땅을 치는 것이다. 한동안 그의 오열은 그치지 않았다. 굵은 눈물을 뚝뚝 흘리며 손바닥으로 땅을 내리치는데 진정 슬퍼하는 것 같았다. 이런 갑작스런 행동에 박불화도 당황했다. 그는 기 황후의 눈치를 살피며 최유를 얼른 일으켜 세웠다.

"도대체 무슨 일로 그러는 것이야?"

최유는 소매로 눈시울을 닦고는 기 황후에게 다시 고개를 숙였다.

"덕성 부원군의 가족과 저의 가족들이 모조리 몰살되는 걸 똑똑히 지켜보았기 때문입니다."

"우리 가족의 최후를 직접 보았단 말이오?"

"그러하옵니다. 소인은 당시 도지휘사(都指揮使)의 벼슬로서 쌍성의 난을 진압할 책임을 지고 있었습니다. 헌데 난을 일으킨 조도적이 덕성 부원군과 친밀한 관계에 있다는 이유만으로 덕성 부원군까지 난의 주동자로 몰리고 있었습니다. 저는 사건을 소상히 아는바, 덕성 부원군께서는 이번 난과 아무런 연관이 없다고 조정에 알렸습니다. 그런데 조정에서는 저까지 이번 난과 얽어매서 가족들을 모조리 주살하고, 저를 잡아 죽이려 했습니다. 급히 몸을 피해 요양에 숨어 지내다가 이렇게 영록대부와 연락이 닿아 큰 은혜를 입고 있던 터였습니다."

이야기를 듣고 있던 기 황후의 눈시울이 젖어가고 있었다. 사건의 당사자로부터 직접 이야기를 듣고 나니 슬픈 마음을 더욱 금할 길이 없었다. 역시 듣던 대로 자신의 오라비는 이번 난과 전혀 관련이 없었다. 고려왕이 자신의 가족을 내치기 위해 억지로 엮어 모조리 죽여 버린 것이다. 그녀의 슬픔은 이내 분노와 증오로 바뀌기 시작했다. 무고한 가족을 죽인 고려왕에 대한 그녀의 증오는 극에 달해갔다. 급기야 안색이 달라지더니, 이내 눈자위를 파르르 떨었다. 주먹을 움켜쥐고는 벌떡 자리에서 일어나면서 아래를 내려다보았다.

"도지휘사면 그대도 장수였겠구나?"

"그러하옵니다."

옆에 있던 박불화가 나서며 최유에 대한 설명을 덧붙여주었다.

"아주 용맹한 장수이옵죠. 고려에 대한 지리를 잘 아는데다 군사들에 대한 통솔력도 탁월한 자이옵니다."

"좋다. 그대를 대장군으로 임명하겠다. 황태자의 명을 따라 고려 원정의 선봉에 서도록 하라."

"소인 충성을 바쳐 전장에 임하겠사옵니다."

그러면서 최유는 장수를 한 명 더 추천했다. 바로 장작동지(將作同知) 최첩목아(崔帖木兒)였다. 그 또한 고려 출신으로 요양과 고려 의주의 지리에 능숙하고 병법에도 탁월했다. 최유의 추천으로 그에게는 부장군의 직책을 맡겼다. 이들 두 장군을 임명한 기 황후는 야속을 불러 군사를 인수받기로 했다. 하지만 원래의 약속과 달리 야속은 1만 명의 군사밖에 내주지 못하겠다고 알려왔다.

"홍건적의 잔적들이 언제 이곳 요양까지 쳐 올라올지 모릅니다. 많은 군사를 한꺼번에 내기는 힘들 것 같습니다."

"허나 1만 명의 군사로 어찌 고려를 정벌할 수 있단 말이오?"

"고려는 지금 홍건적들에게 연이어 두 번이나 침략을 받아서 군사력이 말이 아닙니다. 그 정도 군사로도 능히 고려왕을 잡아올 수 있습니다."

"그렇다 해도 1만 명의 군사를 이끌고 개경까지 들어갈 순 없어요."

"그럼 조금만 기다렸다 정벌을 하시지요. 홍건적의 이동 상황을 봐서 군사를 내어 드리겠습니다."

야속은 그렇게 말하고는 밖으로 나가 버렸다. 기 황후는 난감했다. 전적으로 요양성의 군사들을 이용하여 고려를 치려했던 계획이 처음부터 차질이 생긴 것이다. 아무리 용맹하다 하나 1만 명의 군사로 정벌하기는 어려운 상황이었다. 박불화와 함께 군사들에 관한 걱정을 한참이나 하고 있는데 야속이 다시 찾아왔다. 그리고는 이렇게 아뢰는 것이다.

"황후 마마의 명대로 2만의 군사를 내어드리지요."

기 황후가 반가운 표정으로 물었다.

"그게 정말이오?"

"가장 뛰어난 정예 군사로 2만을 내어 드리겠습니다."

그녀는 흡족한 와중에도 한 가지 의문이 들었다.

"그렇게 군사를 더 내어줄 수 없다던 그대가 갑자기 생각을 바꾼 이유가 무엇이오?"

야속이 웃으면서 대답했다.

"저의 부인이 군사를 더 내어드리라고 어찌나 성화를 부리는지……."

그러면서 뒷머리를 긁으면서 멋쩍게 웃어 보였다.

"헤헤. 제가 부인 말이라면 꼼짝을 못합니다."

기 황후의 입가엔 능글한 웃음이 물려 있었다. 그녀는 즉시 소옥을 불러 고마움을 표했다.

"너에게 큰 신세를 졌구나. 어떻게 이 은혜를 갚아야 하지?"

소옥이 웃으면서 말했다.

"은혜라니요? 당치도 않사옵니다."

"아니다. 네가 없었다면 이번 원정은 성사되지도 못했을 것이야. 꼭 이 은혜를 갚고 싶구나."

그제야 소옥이 말을 흐리며 대답했다.

"대신 대도성에 계신 천수 오라버니를 잘 보살펴주세요. 멀리서나마 오라버니를 지켜보고 있겠다는 말도 전해주시구요."

순간 기 황후는 낯빛을 흐리며 입술을 앙다물었다. 그녀의 표정에 그늘이 스치며 관자놀이엔 푸른 힘줄이 돋았다. 그 모든 사정을 알고 있는 박불화는 고개를 돌리며 옅은 한숨을 내쉬었다.

기 황후는 애써 표정을 바꾸며 엷게 웃어 보였다.

"네 말대로 천수 오라버니는 책임지고 내가 보살필 것이야."

말은 그렇게 했지만 마음은 무겁기만 했다. 말갛게 풀린 눈동자는 아득한 그리움으로 가늘게 떨리고 있었다. 기 황후는 옆으로 고개를 돌렸다. 이어 눈을 감고 고개를 잘래잘래 흔들다가 얼른 밖으로 나가버렸다. 그때 얼핏 눈가에 눈물이 맺힌 것을 아무도 알아채지 못했다.

2

최유는 야속으로부터 가장 날래고 용맹한 2만의 정예군을 고려 원
정대로 인수받았다. 그들 중 상당수는 발해 유민 출신으로 고려와 피
를 나눈 자들도 많았다. 기 황후의 명성을 익히 들은 자들이 원정에
자원을 해온 것이다.

황후가 이끄는 정벌군은 전열을 정비하여 훈련에 여념이 없었다.
군사를 강력하게 훈련시키고 고려의 지형을 잘 아는 최유가 지도를
꺼내어 공략할 성을 차례로 짚어나갔다. 최유는 빠른 속도로 군사를
훈련시켜 황후와 황태자에게 사열케 했다.

기 황후가 요양에서 고려를 정벌할 것이란 소식은 고려에도 전해졌
다. 막상 기철의 가족을 몰살시킬 때는 자신감이 넘쳤지만 기 황후가
군사를 이끌고 온다는 소식에 공민왕은 크게 겁을 먹었다. 고려의 군사
를 모아 그 원정군을 이겨낸다 해도 그 뒤에는 백만이 넘는 원나라 군
대가 대기하고 있을 것이다. 그는 최영과 이성계를 급히 불러들였다.

"경들은 지금 즉시 남으로 내려가 군사를 모아 오시오."

"허나 군사가 모두 개경으로 모이면 남쪽의 왜구들이 극성을 부릴
것입니다."

"지금 그깟 왜구가 문제가 아니오. 저들을 막아내지 못하면 짐의 자
리가 위험하단 말이오. 속히 군사를 모아 올라오도록 하시오. 고려 조
정의 운명이 그대들의 어깨에 걸려 있다는 걸 명심하시오."

공민왕은 그렇게 군사를 모으게 하는 한편, 기 황후를 설득하기 위
해 사신을 보내기로 했다. 강온전략을 병행하려는 것이다. 그가 고심

끝에 선택한 사람은 계품사(啓稟使) 이공수(李公遂)와 서장관(書狀官) 문익점(文益漸)이었다.

"그대들은 곧장 요양으로 달려가시오. 기 황후를 직접 만나 그 가족들을 죽인 자는 짐이 아니라 알려주시오. 어떡하든 이번 일에 짐이 무관하다는 걸 강조해야만 하오."

둘은 즉시 말을 타고 요양으로 달려갔다. 요양성으로 들어갔을 때는 군사들의 훈련이 한창이었다. 2만의 군사가 일제히 함성을 내지르며 창검을 휘두르는 데 그 기세가 하늘을 찌를 듯 했다. 둘은 위축이 되어 떨리는 몸으로 기 황후를 찾았다. 고려에서 보내온 사신이란 말에 기 황후의 표정이 단번에 싸늘하게 변했다.

"너희는 고려왕이 보낸 사신이렸다?"

기 황후의 서릿발 같은 음성에 이공수는 몸을 심하게 떨며 감히 대답을 못했다. 대신 문익점이 또렷한 목소리로 그 말을 받았다.

"저희들은 국왕 전하의 명을 받잡고 온 사신들입니다. 전하께서는 덕성 부원군의 죽음을 애석하게 여기시며 혹시라도 황후 마마께서 오해를 하고 계실까 염려해 저희들을 보내신 것입니다."

"오해라? 우리 가족을 잔인하게 몰살시켜 놓고 그런 변명을 하는 모습이 너무 가증스럽구나."

"진정 고려를 치시렵니까? 이 고려는 황후 마마의 조국이지 않습니까? 어찌 우리의 금수강산을 피바다로 만들려 하십니까?"

옆에서 듣고 있던 박불화가 엄한 얼굴로 소리쳤다.

"무엄하다, 감히 어느 안전이라고 충고를 하는 게야?"

그러자 기 황후가 손을 들어 제지했다.

"나는 고려를 피로 물들일 생각이 없다. 다만 살인을 일삼는 고려의 왕을 바꾸면 곧장 물러날 것이다. 너는 지금 우리 군사의 길 안내를 맡으라. 왕을 바꾼 후엔 너에게 큰 벼슬자리를 줄 것이야."

문익점은 고개를 숙이며 더욱 목소리를 높였다.

"충신불사이군(忠臣不事二君)이라 했습니다. 하늘에는 두 해가 없고, 백성에게는 두 군주가 없지 않습니까? 소인 국왕 전하의 명을 받고 왔는데 어찌하여 그 명을 거스를 수 있겠사옵니까."

"내 명을 거역하면 죽음에 이를 수도 있는데도 말이냐?"

"전하의 명을 받들다 죽으면 그 또한 가문의 영광이 되겠지요."

기 황후는 문익점의 모습을 가만히 내려다보았다. 두 눈에 푸른 인광이 번쩍이고, 야무지게 입술을 다물고 있는 얼굴이 예사 인물로 보이지 않았다. 천하의 기 황후 앞에서도 전혀 위축되지 않고 당당하게 소신을 펼치며 올곧은 말만 하는 것이 의롭게 보였다. 기 황후는 그런 문익점을 안타까운 표정으로 바라보며 고개를 주억거렸다.

"문익점이라 했느냐? 그 기상은 장하다만 너를 내칠 수밖에 없다. 나를 원망치 말고 국왕을 잘못 만난 탓으로 돌리거라."

옆에 있던 최유가 문득 칼을 빼들었다.

"이들의 목을 고려왕에게 보내어 벌벌 떨게 해야 합니다."

그러면서 칼을 내리칠 기세였다. 기 황후가 손을 들어 말렸다.

"비록 국왕을 잘못 만났다 하나, 그 기상은 장하지 않으냐?"

기 황후는 문익점을 가만히 내려다보았다.

"다시 한번 묻겠다. 왕을 향한 충성을 나에게 바치지 않겠느냐? 원나라에서 너를 크게 사용할 수도 있느니라."

그래도 문익점은 눈 하나 꿈쩍하지 않았다.

"소인은 오직 고려를 위해 살고 죽을 뿐입니다."

"나를 위하는 것이 바로 고려를 위하는 것이다. 이번 정벌은 단지 왕을 바꾸기 위한 것에 불과하니라. 고려를 잘 다스릴 왕을 내세운다면 고려의 백성들도 좋아하지 않겠느냐?"

"차라리 소인을 죽여주시옵소서!"

기 황후는 할 수 없이 고개를 내저었다.

"여봐라! 어서 저들을 끌어내라."

호위군이 즉각 달려왔다. 그들은 엎드려 있는 이공수와 문익점을 끌어내렸다.

"저들을 대도성으로 압송해가라. 나중에 고려왕을 몰아낸 다음 다시 고려로 돌려보낼 것이야."

그렇게 이공수와 문익점은 대도성으로 끌려가 42일 간을 갇혀 지냈다. 그들은 거기서도 불복하니 남방인 운남(云南)으로 다시 유배를 갔다. 운남은 매우 더운 지방으로 지금의 베트남과 가까운 거리에 있었다. 문익점은 그곳 사람들과 친분을 쌓으면서 사람들이 입고 다니는 옷을 유심히 살피며 그 옷감의 원료를 구하고자 노력하였다. 마침내 그것이 목화라는 것을 알아낸 그는 노심초사 그것의 재배법과 활용도를 알아내려고 백방으로 수소문했다.

당시 원나라에서는 목화씨에 대한 감시가 매우 삼엄했다. 절대 나라 밖으로 가지고 나갈 수 없었으며, 가지고 간 사람은 물론 목화씨를 준 사람도 엄한 처벌을 받았다. 그러나 문익점은 목화씨를 어떻게 하면 들키지 않고 안전하게 가져갈 수 있나, 고민을 거듭했다. 그러다가 하나의 꾀를 내게 되었다. 바로 붓의 뚜껑을 열고 목화씨를 숨긴 것이다. 종이로 비벼 막아 흔들리지 않고 소리도 나지 않게 만들었다. 유배에서 풀려나 원에서 돌아오는 길에 삼엄한 조사를 받았지만 붓 속에 있는 목화씨를 아무도 눈치 채지 못했다. 꿈에도 그리던 고국 고려로 돌아온 그는 장인 정천익(鄭天益)과 함께 목화재배에 열을 올려 마침내 고려에서 목화를 재배하는 데 성공하기에 이른다.

문익점과 이공수를 유배 보낸 기 황후는 고려 원정을 더욱 서둘렀다.

"고려왕이 사신을 보내올 정도면 그만큼 다급하다는 증거일 게야."

"그는 교활한 자이옵니다. 분명 남쪽에서 군사를 모으고 있을 겁니다."

"방비를 하기 전에 속히 정벌을 떠나야겠다. 여기 군사도 어느 정도 정비가 끝나지 않았느냐?"

듣고 있던 최유가 무릎을 꿇으며 대답했다.

"군사들은 출정할 날만을 손꼽아 기다리고 있사옵니다."

"알았다. 속히 출정할 준비를 하라."

3

동녘의 야트막한 야산 사이로 아침 해가 떠오르고 있었다. 그 햇살에 비치어 군사들의 기치와 창검 끝이 눈부시게 번쩍였다. 2천의 군마를 앞세운 정병 2만은 한 마리의 커다란 뱀처럼 꿈틀거리며 대오도 정연하게 남으로 향했다.

곧장 나아가자 압록강이 나왔다. 겨울이라 강수량이 줄어 있는데다 썰물까지 겹쳐 어렵지 않게 강을 건널 수 있었다. 국경 부근에 고려의 병사들이 보였지만 그들은 아무런 저항도 하지 못하고 의주성(義州城)으로 도망가기에 바빴고, 미처 몸을 피하지 못한 자들은 창을 던지고 투항을 해왔다. 내처 군사를 몰아 의주성으로 나아갔다.

의주성에서는 모든 군사들이 도열해 성벽에 올라가 있었다. 그들은 긴장된 낯빛으로 북쪽을 바라다보았다. 누런 흙먼지가 걷히자 원나라 군사들의 모습이 조금씩 드러나기 시작했다. 그 위용을 지켜본 장수들은 놀라 입을 다물지 못했다. 원의 군사들이 몰려오고 있는데, 그 수가 너무 많아 지평선을 가득 채우고 있는 게 아닌가? 그들이 일시에 내지르는 함성은 천지를 진동시키는 듯했고, 성벽을 흔들 만큼 크고 웅장했다. 의주성의 장수들은 동요하기 시작했다.

"군사의 수가 족히 10만은 헤아려 보입니다. 우리가 저들을 막아낼 수 있을 지요?"

의주의 도병마사인 홍선(洪瑄)이 결연한 표정으로 중얼거렸다.

"이곳은 고려의 첫 관문이다. 우리가 무너진다면 저들은 거침없이 개경까지 밀고 나갈 것이다. 반드시 막아야만 한다."

"우리의 군사는 겨우 3천이 넘습니다. 저들을 막아내기는 역부족입니다."

"여기 성벽은 고려에서 가장 높고 단단하다. 철옹성과 마찬가지기 때문에 저들도 호락호락 덤비지 못할 것이다."

"허나 저들은 대원 제국의 군사이지 않습니까?

장수 안우경(安遇慶)은 여전히 두려운 빛을 떨치지 못한 채 떨고 있

떨어지는 핏방울, 흩날리는 눈물

었지만 홍선의 의지는 굳건했다.

"무슨 말이 그리 많으냐? 우린 전하의 명을 받은 장수이다. 고려를 침범하는 적은 원이든 홍건적이든 모두 물리쳐야만 한다."

홍선은 결의를 다지기 위해 자신의 칼을 빼어들었다. 그 칼을 높이 들어 애마의 탐스런 갈기 한 움큼을 베어낸 후 높이 쳐들었다.

"여기 이 청총의 갈기 한 줌을 흩트려 군령이 엄히 지켜질 것을 맹세하노라!"

홍선이 애마의 갈기까지 베어 군령을 세우자, 이를 지켜본 장수들에게 숙연한 기운이 감돌았다. 그들은 성안의 백성을 단속하고 화살과 돌을 모아 성벽 위에 모아 놓거나, 뜨거운 물을 끓여 거대한 솥에 담아두기도 했다. 군민이 모두 죽기로 싸울 태세였다.

홍선은 망루 위에 올라 원나라 군사가 달려오기를 기다렸다. 하지만 그들은 좀체 움직이지 않았다. 여기저기 흩어져 있을 뿐, 대열을 이룬 채 가만히 서 있을 뿐이었다. 그 시각, 최유는 기 황후를 찾아와 재촉하고 있었다.

"속히 군사를 내시어 의주성을 함락하셔야 합니다."

하지만 기 황후는 고개를 내젓고 있었다.

"의주성은 높은데다 그 방비도 무척 튼튼해 보인다. 섣불리 공격했다간 우리의 손실도 만만치 않을 게야."

"이대로 보고만 있을 순 없지 않습니까? 우리 군사의 사기가 높을 때 짓쳐 들어가야 합니다."

"가장 좋은 방법은 싸우지 않고 이기는 것이라 했다. 저들도 우리와 같은 고려의 백성 아닌가? 괜히 피를 흘릴 필요는 없다. 싸우지 않고 무혈입성 하는 방법을 고려해 볼 터이다."

황태자는 기 황후의 명을 받아 흩어져 있는 장수들에게 군령을 전달했다. 군사들을 쉬게 하는 한편, 군막을 치고 장수들을 들게 했다. 잠시 후 벌판 여기저기에는 모닥불이 오르고 개울가에 걸린 솥에는 병사들을 먹일 밥과 고깃국을 안치기 시작했다.

한겨울이 되어 날은 매우 추웠다. 밤새 떨며 행군해 온 병사들은 불가에 옹기종기 모여 앉아 언 몸을 녹이며 부르튼 발을 주물렀다.

다음날 이른 아침, 부장군인 최첩목아가 의주성을 향해 떠났다. 그는 성문 앞까지 가서 크게 외쳤다.

"도병마사 홍선은 속히 나와 황후 마마의 명을 받들라."

그러자 홍선이 성벽 위에 나타나 우렁차게 소리쳤다.

"나는 고려의 장수이다. 내가 명을 받을 사람은 오직 우리 국왕 전하뿐이시다."

"우리는 새로운 국왕을 옹립하기 위해 개경으로 가는 길이다. 도병마사는 속히 길을 열어 새 국왕의 명을 받들라."

"원나라가 무엇인데 감히 우리의 국왕을 함부로 바꾼다 말인가?"

홍선은 즉시 활을 들어 시위를 세게 당겼다. 화살이 포물선을 그리며 날아와 최첩목아의 투구에 그대로 꽂혔다. 간담이 서늘해진 최첩목아가 속히 말을 돌렸다.

"이놈, 어디 두고 보자."

그는 홍선에게 모욕당한 사실을 그대로 기 황후와 황태자에게 전했다. 분기탱천하여 속히 쳐들어가자는 말도 덧붙였다. 하지만 기 황후는 여전히 여유 있는 표정이었다.

"가문 겨울이라 성안에서 오래 버티진 못할 것이다. 반드시 저들을 밖으로 유인하여 싸워야만 한다."

기 황후는 탈탈이 고우성을 함락한 전법을 그대로 따르고 있었다. 그때 합마의 계략으로 탈탈을 소환하지 않았다면 고우성에 갇힌 장사성은 그대로 무릎을 꿇었을 것이다. 이번의 경우도 마찬가지라 여겼다. 기 황후는 성 앞에다 진지를 넓게 구축하여 오랫동안 맞설 준비를 했다. 일부러 그들이 보는 앞에서 불을 피워 밥을 하고 고기를 구워먹기도 했다. 그러기를 사흘. 드디어 적진의 성문이 열렸다. 최유가 달려와 상황을 전했다.

"마마, 적들이 외성 바깥쪽으로 몰려 나왔습니다."

"공격하기 위한 것은 아닐 터. 필시 우리 군사를 유인하여 그 틈을 이용해 성안의 군사들이 몰려나올 것이야. 최첩목아는 3천의 군사만 데리고 가서 저들을 몰아내도록 하라."

"분부 받들겠사옵니다."

최첩목아는 말에 올라 탄 채 선두에 섰다. 그는 이번 고려 원정에서 처음 벌어지는 전투라 흥분을 누를 수 없었다. 고려군들은 자욱이 먼지를 일으키며 산굽이를 돌아서고 있었다. 하지만 3천의 최첩목아의 군사만 뒤따를 뿐, 나머지 군사는 일체 움직이지 않았다. 오히려 방비를 하며 성을 더 압박했다.

고려군은 진작부터 싸울 의사가 없어 보였다. 칼을 휘두르기는커녕 화살 하나 날리지 않고 도망가기에만 급급했다. 그것은 원의 군대를 외곽으로 유인하기 위한 술책인 게 분명했다. 뿌연 흙먼지를 날리며 도망가던 고려군은 벌판 한가운데서 멈춰야만 했다. 앞쪽에 이미 황태자가 이끄는 군사가 진을 치고 기다리고 있었던 것이다. 고려군은 꼼짝없이 갇힌 형국이었다. 당황한 고려 장수 정영효(鄭永斅)가 말을 돌리며 칼을 빼들었다.

"공격하라!"

정영효는 기세 좋게 달려들었지만 양쪽에서 협공하는 황태자의 군사들을 당해낼 재간이 없었다. 태반의 고려 군사들이 활을 맞고 쓰러졌고, 용케 그걸 피해 흩어지는 군사들도 원군의 긴 창에 속속 쓰러지고 말았다. 이에 분노한 정영효는 말을 휘몰아 황태자 앞에 바투 다가섰다. 그는 황태자와 단독으로 겨눌 것을 청했다. 황태자가 이에 응하자 그는 양손으로 칼을 쥐었다.

"여긴 우리 고려 땅이다. 속히 물러나 화를 피해야 할 것이다."

그러나 그 입심에 비해 정영효의 무예는 보잘 것 없었다. 미처 말머리가 서너 번도 엇갈리기 전에 황태자의 창에 허벅지를 찔려 말 잔등에서 떨어져버렸다. 주위에 있던 고려의 보졸들이 죽기를 무릅쓰고 구하려 들었으나 소용없었다. 그들은 달려오는 원의 군사를 막기도 벅찼다. 이미 기가 꺾인 군사들을 향해 황태자가 외쳤다.

"칼을 내려놓아라. 목숨은 거두지 않겠다."

고려군들은 말에서 떨어져 고통스러워하는 정영효의 얼굴을 바라볼 뿐이었다. 그의 명령에 따라 싸우다가 죽을 수도 있다는 결연한 표정들을 하고 있었다.

"우리가 고려에 온 것은 결코 너희들을 죽이기 위해서가 아니다. 어서 항복하라."

황태자가 다시 권하자 허벅지의 상처 때문에 일어서지도 못하고 있던 정영효가 잠시 눈을 감았다. 그는 눈을 뜨더니 힘없이 칼을 떨어뜨리면서 나지막이 중얼거렸다.

"너희들도 무기를 버려라."

여기저기서 털썩털썩 무기 떨어뜨리는 소리와 함께 투항자가 늘어났다. 황태자는 군사들을 시켜 항복한 적병들을 수습하는 한편 아군의 피해를 알아보게 했다. 다행히도 적의 턱밑까지 추격했던 기병들은 철갑으로 몸을 보호했기 때문에 화살에 의한 피해는 겨우 몇 십 기에 불과했다. 거기에 비해 적의 군사들은 열에 아홉이 꺾인 셈이었다. 대부분 원의 군사에게 투항해 버렸기 때문에 성으로 되돌아간 고려의 군사는 거의 없었다.

황태자는 사로잡은 정영효를 데려오게 했다. 붉은 수술이 달린 투구를 쓴 적장은 허벅지에 화살을 맞아 매우 고통스러운 표정이었다. 그의 행색은 말이 아니었다. 갑옷은 꿰맨 철실이 떨어져 여기저기가 너덜거렸으며, 투구는 한쪽이 깨져 날아가고, 드러난 얼굴은 멍들고 부풀어 올라 눈뜨고 못 볼 지경이었다. 그 모습을 지켜보던 황태자가 성난 목소리로 보졸들을 꾸짖었다.

"내 이분을 정중히 모시라 했는데, 어찌하여 죄인처럼 옭아서 데려왔느냐?"

그리고는 말에서 내려 손수 밧줄을 끊고 풀어주는 것이다.

"적장은 잘 들으시오. 우리는 절대 고려를 쳐서 당신들을 죽일 생각이 없소이다. 다만 지금의 포악한 왕을 대도성으로 압송하려 할 뿐이오. 우리 황후 마마께서 고려인이란 걸 그대도 잘 알 것이오. 어찌 같은 고려인들의 목숨을 거두고 싶겠소이까? 허나 저항이 거세면 우리도 어쩔 수 없이 칼을 들어야만 하오."

그사이 사로잡힌 포로들이 끌려왔다. 그들은 하나같이 부상을 입은 데다 원나라 군사의 위용에 위축되어 눈을 제대로 뜨지 못하고 있었다. 황태자는 자신의 군세를 과장하며 포로들에게 겁을 주었다.

"우리가 이끌고 온 군사만 해도 10만이 넘는다. 성안의 군사는 채 일만도 되지 않는다고 들었다. 우리가 짓쳐 들어가기만 하면 성안의 군사들뿐만 아니라, 일반 양민들도 무사치 못할 것이다."

포로들은 군사의 수가 10만이라는 말에 벌벌 떨었다. 어떻게든 성 안에서 버티며 지원군이 올 때까지 기다려야 했다. 설마 지원군이 온다 해도 10만의 군사를 당해낼 수는 없을 것이라고 지레 겁을 먹었다. 그들은 얼굴이 붉게 상기된 채, 두려운 낯빛으로 서로를 돌아보았다. 황태자는 손수 그 포로들을 데리고 성 쪽으로 바짝 다가갔다. 그러자 성 위의 군사들이 활을 쏘며 접근하지 못하게 했다. 황태자는 눈을 매섭게 뜨며 사정권 밖으로 물러났다. 그는 장수 정영효를 비롯한 포로들을 향해 엄중한 목소리로 일렀다.

"너희들은 지금부터 성에 남아 있는 부모나 형제, 처자의 이름을 불러라. 그들로부터 절로 두렵고 슬픈 마음이 일게 하여 스스로 성문을 열고 나오도록 하라. 만약 오늘 밤 안으로 그들이 나오지 않으면 성안으로 들어가 모조리 도륙해 버릴 것이다. 가족의 목숨은 너희들의 손에 달려있다는 것을 명심하라."

명을 받은 고려군들은 곧 성을 향해 부모와 형제, 처자의 이름을 불러대기 시작했다. 어느새 해거름이 다 되어 쓸쓸하게 겨울 하늘을 물들이고 있는 노을빛이 그들의 부르짖음을 한층 처절하게 들리게 했다. 과연 성안에서는 조금씩 동요의 기색이 드러나기 시작했다. 화살의 기세가 줄고, 군데군데서 독려하는 소리만 드높았다. 그걸 보며 황태자가 다시 기병과 방패 부대에게 지시했다.

"이제 머지않아 날이 저물면 적들이 대대적으로 밀려올 것이다. 그전에 반드시 성안 백성들의 마음을 흔들어 그 기세를 꺾어 놓아야 한다."

그러나 미처 날이 저물기도 전에 성벽을 메우고 있던 돌담이 허물어지면서 한 떼의 사람들이 쏟아져 나왔다. 도성의 백성들이 원나라 쪽으로 투항해 온 것이다. 몇몇 군사들이 창칼을 휘두르며 제지하려 들었으나 아무 소용이 없었다. 한군데가 헐리자 그 다음은 걷잡을 수 없게 투항자들이 홍수처럼 밀려들었다. 여기저기 돌담이 무너지고 나중에는 성문 한쪽이 크게 열렸다.

"어마 마마, 지금이 바로 성을 칠 때이옵니다."

기 황후가 허락을 하자 황태자가 검을 빼들고 군사들 앞으로 나섰다.

"나를 따르라!"

황태자와 최유는 먼저 기병을 이끌고 성안으로 돌진하고, 뒤이어 방패를 앞세운 보졸들이 함성과 함께 짓쳐 들었다. 성안은 삽시간에 아수라장이 되었다. 누구의 짓인지 여기저기 화광이 충천했고, 군사들의 약탈이 잇따랐다. 그때 황태자가 크게 외쳤다.

"민간을 약탈하는 자는 군율로 엄히 다스리겠다."

그래도 말을 듣지 않자 황태자는 아녀자를 엎고 나오는 군사 하나를 친히 칼로 베어버렸다. 그제야 군사들이 정신을 차리고는 성을 접수하는 데만 몰두했다. 전열을 가다듬은 황태자는 성 가운데 있는 관아로 말을 몰아갔다.

관아에는 고려군이 진을 치고 맞서 싸울 준비를 하고 있었다. 맨 선두에 성의 책임자인 도병마사 홍선(洪瑄)이 말을 타고 서 있었다. 홍선의 손짓에 군사들이 일제히 함성을 내지르며 황태자에게 몰려들었다. 그때 한동안 혼전이 벌어졌지만 결국 고려의 병사들은 어릴 적부터 익혀온 황태자의 신묘한 검술을 막지는 못했다. 대여섯 명이 잇달아 황태자의 칼에 쓰러지자 홍선도 당황한 표정이었다.

"적장은 어서 나와 황후 마마의 성지를 받들라."

황태자가 천둥 같은 호령을 내지르며 바람처럼 말을 몰아갔다. 그러자 홍선이 장검을 높이 치켜들며 눈을 부릅떴다.

"어린놈이 죽고 싶은 게냐? 도대체 너는 웬 놈이냐?"

"나는 대원 제국의 황태자이다.

원나라 황태자라는 말에 홍선은 크게 위축되었다. 그와 싸워 털끝 하나만 건드려도 원의 보복을 받을 것이오, 그렇다고 물러설 수도 없는 상황. 이미 전의를 상실한 홍선을 사로잡는 것은 그리 힘들지 않았다. 말머리가 미처 서너 번도 엇갈리기 전에 외마디 비명과 함께 홍선은 말에서 떨어지고 말았다. 황태자의 창에 허벅지가 찔려 그대로 쓰러진 것이다. 주위에 있던 군졸들이 죽기를 무릅쓰고 그를 구하려 들었으나 소용없었다. 황태자의 창끝에 몰려 우왕좌왕 하는 사이에 원의 군사들이 몇 겹으로 에워싸 버렸다.

"속히 칼을 내려놓아라. 너를 해치고 싶진 않다."

황태자가 말 위에서 부드러운 목소리로 권했다. 홍선을 호위하고 있는 군졸들에게도 엄포를 놓았다.

"너희 주인을 살리고 싶거든 무기를 내려놓아라."

하지만 그들은 쉽게 투항하지 않았다. 홍선의 눈치를 보며 머뭇거렸다.

"우리가 여기에 온 것은 황상 폐하의 명을 전하기 위해 개경으로 향하기 위해서이다. 결코 너희들을 죽이고 싶지 않으니, 속히 항복하라."

황태자가 한 번 더 부드러운 목소리로 권유했다. 어깨의 상처 때문에 고통으로 일그러진 얼굴로 홍선은 잠시 생각에 잠겼다. 그러다가 힘없이 칼을 내려놓고는 자신을 둘러싼 군졸들에게 명을 내렸다.

"너희들도 무기를 버려라."

그제야 군졸들도 분분히 무기를 내던졌다.

"잘 생각하셨소이다."

황태자가 홍선을 향해 빙긋이 웃고는 그들을 둘러싸고 있는 원군들에게 지시했다.

"무기들을 거두어라. 그리고 의주성의 고려 백성들에게 군량미를 풀어 밥을 지어 먹이도록 하라."

이렇게 하여 황태자가 이끄는 군사들은 손쉽게 의주성을 점령할 수 있었다. 원래부터 의주성은 쌍성과 함께 고려보다는 원의 지배를 더 많이 받아왔던 곳이다. 때문에 그들은 원나라 군사들에게 별 저항을 하지 않고 순순히 창칼을 내려놓았다.

다음날 이른 아침, 기 황후는 황태자와 함께 성 한쪽의 야트막한 언덕으로 올라갔다. 그들 뒤로 붉은 적삼을 입은 승려들이 따라왔다.

"이곳이 바로 가족 분들이 묻힌 곳입니다."

그 말에 기 황후는 그만 무릎을 꺾고 주저앉고 말았다. 그녀는 고개를 숙이고 눈물을 흘리지 않기 위해 아랫입술을 꽉 깨물었다. 입술에 얼마나 힘을 주었는지 선홍빛 피가 다 배어 나왔다. 그녀는 두 무릎과 손을 뻗어 무덤을 매만졌다. 무덤이라고 하지만 비석도 봉분도 없을 정도로 초라했다. 시체가 찢겨 여기저기 흩어진 걸 박불화의 부탁을 받은 종복이 겨우 수습해서 여기에 묻은 것이다.

옆에 있는 황태자도 기어이 눈물을 흘리고 말았다. 한번도 보지 못한 외가 식구들이지만, 그 어미의 비통한 모습에 저절로 눈시울을 붉힌 것이다. 그는 기 황후를 부축하며 안았다.

"여기 무덤을 수습하여 성대하게 장례를 치르도록 하겠습니다."

기 황후는 고개를 내저었다.

"아니다. 내 원수를 갚고 나서 고향에다 부모님과 오라비의 묘를 정할 것이다."

떨어지지 않는 발걸음을 간신히 옮기며 그녀는 나직이 중얼거리고 있었다.

"반드시 고려왕을 사로잡아 저 무덤 앞에서 목을 벨 것이야."

황태자도 그 소리를 분명히 들었다. 그는 주먹을 꽉 쥐며 결의를 다지고 있었다.

의주성을 완전히 점령한 원군의 숙영지에서는 다음 공략지를 정하기 위해 고심했다. 군막 안에는 황태자와 최유, 최첩목아가 모여 있었다. 그들은 지도를 펴놓고 개경까지 이어진 지세를 상세히 살폈다.

"속히 군사를 몰아 밀고 내려가야 합니다."

"저들은 홍건적에게 시달리느라 군사의 수가 그리 많지는 않을 것입니다. 한군데 결집하여 대항전을 벌일 게 분명합니다."

지도를 보며 최유가 그 말을 받았다.

"아마도 안주(安州)에 모든 군사를 집결시킬 것입니다. 여기가 뚫리면 곧장 개경까지도 함락될 수 있기 때문에 목숨을 걸고 지킬 겁니다."

"안주에 이르기까지는 무혈입성이 되겠군요."

"그렇지는 않을 겁니다. 우리의 진군을 막기 위해 곳곳에서 산발적으로 저항을 해 올 겁니다."

"속히 군사를 몰아 안주까지 달려가야 합니다."

하지만 황태자는 신중한 표정이었다.

"군사를 모두 몰아가면 적들이 후미를 공격해 의주성을 다시 탈환할지도 모릅니다. 그러면 우리는 양쪽에서 협공을 당할 테지요. 함부로 적진 깊숙이 들어갈 순 없습니다."

"그럼 이렇게 하는 건 어떠한지요? 군사의 반은 여기 남아 의주성을 수비하고, 나머지 반은 내려가 안주를 함락시켜 버리면 저들도 어쩌지 못할 것입니다."

황태자는 최첩목아의 말이 옳다 여겨 그대로 행하기로 했다. 그는 곧장 기 황후의 군막을 찾아갔다.

"뭐라? 나는 여기 의주성에 남아 있으라는 겜니까?"

"청컨대, 여기 의주에 계시며 남은 군사를 통솔해주시옵소서."

"나도 직접 개경에 내려가 고려왕이 무릎 꿇는 것을 보아야 합니다."

"고려왕은 제가 압송해와 어마 마마 앞에 무릎을 꿇리겠나이다."

한참을 황태자를 바라보던 기 황후가 어쩔 수 없이 고개를 끄덕였다.

다음날 황태자는 최유에게 의주성을 맡겨 놓고, 자신은 군사의 반을 거느리고 최첩목아와 함께 남쪽으로 내려갔다. 중간 중간에 고려군의 저항이 있었지만 큰 전투는 한번도 없었다. 고려군은 안주에서 일대 결전을 치르기 위해 모든 군사를 그곳에 집결해 놓고 있었다.

4

의주성이 원군에 넘어가고 황태자가 군사를 휘몰아 내려오고 있다
는 소식은 개경에도 전해졌다. 공민왕은 최영과 이성계에게 전국의
군사를 한데 모아 오도록 명을 내려놓고 있던 터였다. 둘은 때를 맞추
어 군사를 몰아 개경으로 달려왔다.

"소신 전국의 군사를 몰아 입경 하였나이다."

공민왕은 기쁘게 그들을 맞이했다.

"오, 장하구려. 경들은 우리 고려를 살릴 장수들이오."

"전하께선 심려치 마시옵소서. 저희들이 죽기로 싸우면 몇 만의 군
사라도 능히 물리칠 수 있사옵니다."

"문제는 안주성이오. 여기서 그곳까지는 지척의 거리. 안주성이 무
너지면 개경이 함락되는 건 시간문제가 될 것이오."

"목숨을 다해 안주성을 지키겠나이다."

"짐은 경들만 믿겠소. 힘써 싸워 우리 고려의 강성함을 원에 보여줘
야 할 것이오."

공민왕은 최영을 도순무사(都巡撫使)로 봉하고, 이성계를 도지휘사
(都指揮使)로 임명하여 모든 군권을 그들에게 맡겼다. 최영과 이성계
는 말을 몰아 안주로 달려갔다. 가는 동안 둘이 말머리를 나란히 하며
계책을 짜기 시작했다.

"정면으로 저들과 맞닥뜨리면 우리에게 승산이 없습니다. 저들은 수적으로 우리보다 훨씬 우위에 있어요."

"그럼 어떤 계책을 사용하잔 말씀입니까?"

"여긴 우리 고려 땅이 아니오? 지리적인 면을 잘 활용하면 충분히 우리에게 승산이 있습니다."

그러면서 이성계는 지도와 함께 자신의 계책을 내놓았다. 한참동안 듣고 있던 최영은 반신반의하는 표정이었다.

"위험하지 않겠소?"

"어차피 위험을 감수할 수밖에 없습니다. 하늘을 찌를 듯한 저들의 기세를 정면에서 맞설 순 없지 않습니까?"

한참을 생각하던 최영이 고개를 끄덕였다.

"장군의 계책대로 할 테니, 착오 없이 수행하도록 하시오."

이틀 뒤, 황태자가 이끄는 1만의 대군은 안주성 근처까지 다다랐다. 안주성은 의주성 못지않게 성벽이 높고 단단했다. 돌을 깎아 만든 성의 벽면이 얼마나 촘촘한지 종이 한 장 들어갈 틈도 보이지 않았고, 그 높이 또한 만만치 않아 사다리를 놓아도 성 위로 올라서기 힘들었다. 하지만 거침없이 달려온 원의 군사들에겐 그 정도 성벽 따위는 안중에도 없었다. 고려 정벌에 나서 한번도 지지 않고 연전연승을 하며 몰고 온 기세는 그야말로 하늘을 찌를 듯했다. 하지만 황태자는 성 앞에 군대를 멈춘 채 공격 명령을 내리지 않았다. 대신 전군에게 다른 령을 내렸다.

"진군을 멈추고 목책(木柵)을 설치하라!"

질풍 같은 돌격을 예상하고 한껏 흥분에 휩싸여 있던 군사들은 잠시 어리둥절한 눈을 하더니 가까운 산에서 나무를 베어다 목책을 세웠다. 목책이 거의 완성되자 황태자는 그것으로 진을 치고는 각자 흩어지게 했다. 1만의 대군이 계곡과 언덕 곳곳에 진을 치자 그 모습은 일대 장관을 이루었다. 숲과 계곡이 온통 먹빛의 군사들로 그야말로 인산인해를 이루었다.

최첩목화는 이러한 군사 배치에 불안을 느끼고 있었다. 적들이 일시에 달려들면 계곡을 뒤로하고 싸움에 임해야 한다. 이른바 배수진이 되는 것이다.

"여긴 전투를 벌이기 매우 위험한 장소입니다. 뒤로 물러나 진을 치시지요."

"우리에게 위험하면 저들에게도 위험한 법이오. 고려의 모든 군사들이 저기 안주성에 모여 있소이다. 우리가 함부로 달려들어서는 쉽게 이길 수가 없지요."

"그럼 어떤 계책을 쓰시려는 지요?"

"주위에는 벌판보다 협곡이 많지 않소이까? 적을 밖으로 유인하여 협곡에 매복하여 일시에 공격하면 승산이 있어요."

"적들이 순순히 나올까요?"

"물론 쉽게 나오지 않겠지요. 허나 내게 다 수가 있소이다."

황태자는 수레로 잔뜩 실어온 군량미를 풀어 군사들을 배불리 먹이라고 명했다. 그날 밤 안주성 앞에 진을 친 원나라 진영 곳곳에서 불을 피워 밥을 짓고, 고기를 굽느라 피워내는 냄새가 안주성 일대를 가득 메웠다.

한편, 안주성으로는 전국에서 몰려온 고려 군사들이 속속 들어서고 있었다. 황태자의 군과 대치하고 있는 맞은편 성문으로 그들은 진을 치며 들어왔다. 그 일대는 협곡과 언덕으로 되어 있어 황태자의 군이 매복하기도 힘들었다. 개경과 안주성을 잇는 유일한 통로가 그렇게 천연의 요새를 이루고 있었다.

최영은 성안의 군사를 모아 도열케 했다. 그 수가 족히 1만은 넘어 보였다. 모두들 창과 검을 높이 들고 결연한 표정으로 결전을 다짐했다. 안주성이 무너지면 개경이 함락되리라는 걸 모두 잘 알고 있었다. 죽음을 각오하고 창과 칼을 힘껏 쥔 군사들의 두 손에는 추운 날씨인데도 흥건하게 땀이 고였다. 햇빛을 받아 번쩍이는 투구와 갑옷은 눈이 부셨고, 내뿜는 하얀 입김은 차가운 공기를 뜨겁게 달굴 정도였다. 최영은 칼을 높이 빼들고 군사들을 향해 외쳤다.

"고려의 운명은 우리의 손에 달려 있다. 한낱 공녀 출신의 계집에게 당할 순 없다. 반드시 이 성을 사수해 고려의 사직과 위엄을 지켜내도록 하라."

1만의 군사들이 일제히 함성을 내질렀다. 그 소리가 어찌나 큰 지 멀리 성 밖의 원나라 군들이 깜짝 놀랄 정도였다. 도열을 마친 고려의 군사들은 일제히 성벽 위로 올라갔다. 칼과 장창을 든 군사가 맨 앞에 서고, 그 뒤로 궁수들이 화살을 잔뜩 재어 놓고 시위 당길 준비를 했다. 나머지 군사들은 성벽 밑으로 떨어뜨릴 돌과 끓는 물을 준비하고 있었다. 적을 맞이할 만반의 준비가 되어 있는 것이다. 하지만 황태자의 원나라군은 좀체 움직일 기미가 보이지 않았다. 근처에 목책을 쳐 놓고는 꼼짝도 하지 않았던 것이다.

최영은 척후병을 보내 상대의 상황을 알아오도록 했다. 척후병은 정탐을 하고는 늦은 밤에 성으로 돌아왔다.

"저들은 계곡 사이사이에 목책을 친 채로 진지를 구축하고 있습니다."

"계곡 사이에 진지를 구축했다? 이는 심히 어리석은 짓이 아니냐? 계곡 위에서 휘몰아쳐 버리면 순식간에 무너뜨릴 수 있을 것이다."

옆에서 듣고 있던 도체찰사(都體察使) 이순(李珣)이 자신의 의견을 내놓았다.

"이는 필시 우리를 유인하기 위한 전략입니다. 성밖으로 나오게 한 후에 전투를 벌이려는 술책입니다."

"성밖에서 전투를 벌이기 위해 그런 위험한 짓을 한다 말이냐?"

"병법을 모르지 않고는 그런 어리석은 전법을 사용할 리가 없습니다."

"그렇다면 몇몇 군사를 내보내 한번 유인해보는 게 어떻습니까? 저들의 병법을 파악해보는 겁니다."

"나도 그러고 싶지만 많은 군사를 낼 순 없는 노릇. 그렇다고 적은 군사로 나갔다간 살아 돌아오기 힘들 것이야."

그러자 이순이 자청하여 나섰다.

"소장에게 군사 5백만 주신다면 계곡에 만들어진 목책을 무너뜨려 저들의 병법을 알아보겠습니다."

최영은 고개를 끄덕이며 그에게 군사 5백을 내주었다.

이순은 야음을 틈타 군사를 내어 적진으로 향했다. 소리 없이 성을 나왔다가 적진에 다가가서는 큰 함성과 함께 진지를 공격하기 시작했

떨어지는 핏방울, 흩날리는 눈물

다. 계곡에 구축한 진지는 위에서 거세게 치고 내려오는 이순의 군사를 당해낼 재간이 없었다. 순식간에 진지가 무너지며 원나라의 군사들이 계곡으로 내몰렸다. 계곡 막다른 곳은 높은 바위가 솟아 있어 피할 곳이 없었다. 군사들이 갈 곳을 잃고 허둥대는 사이, 고려군은 긴 창을 마구 휘둘러 계곡을 붉은 피로 물들였다.

전투가 벌어진 것을 알고 근처에서 구원군이 달려왔으나 길이 좁고 험해 제대로 나아갈 수 없었다. 이순의 군사는 한쪽 진지를 완전히 짓밟아 버리고는 급히 빠져나갔다. 이곳 지리에 익숙한 그들은 원의 군사들을 저만치 따돌리고는 성으로 돌아왔다. 한 명의 전사자도 없는 완벽한 승리였다. 최영은 기쁜 표정으로 이순을 맞았다.

"역시 도체찰사의 주장이 맞았나 보오."

"그러하옵니다. 저들은 이곳 지형을 잘 몰라 진지를 제대로 구축하지 못하고 있사옵니다."

"저들이 진지를 옮기기 전에 속히 군사를 내어 몰아붙입시다."

"이미 우리에게 당했으니 전열을 다시 가다듬을 것입니다."

"이곳은 우리가 있는 성을 제외하고는 모두 험준한 산악이오. 진지를 다시 구축한다 해도 뾰족한 방책을 찾지 못할 게요."

최영은 동이 채 트기도 전에 모든 군사를 성안에 도열케 했다. 그들은 수십 개의 부대로 나뉘어 신속히 성문을 통해 빠져나갔다. 좁고 험한 지형에 맞도록 작은 단위로 군사를 편재해 내보낸 것이다. 모두 흩어져 원나라의 진지를 한꺼번에 공격했다. 최대한 효과를 높이기 위해 일제히 함성을 지르며 계곡으로 내려갔다. 창과 칼을 앞세우고 사납게 내려갔는데, 왠지 느낌이 이상했다. 한 군관이 자세히 다가가 살피고는 놀란 얼굴로 뒤를 돌아보았다. 진지가 텅 비어 있었던 것이다. 당황하여 우왕좌왕하는 사이 건너편 계곡에서 난데없이 불빛이 떠올랐다. 그 불빛은 순식간에 수백·수천 개로 변하더니 검은 하늘을 가득 덮으며 쏟아져 내렸다. 불화살이었다.

황태자의 군사들이 건너편 계곡에 매복했다가 일제히 불화살을 날리고 있었다. 그들은 이미 진지에서 나와 건너편 계곡에 숨어 고려군이 내려오기만을 기다리고 있었던 것이다. 불화살이 쏟아지자 바짝 말라 있던 나무와 풀에 불이 옮겨 붙었다. 주위는 삽시간에 불이 옮겨붙어 계곡은 뜨거운 열기와 검은 연기로 휩싸였다.

"후퇴하라! 속히 위로 올라가라!"

최영은 다급히 소리치며 군사를 위로 몰았다. 하지만 내려올 때와 같은 속도로 오를 수는 없는 노릇. 수많은 병사들이 화살에 맞아 쓰러지고, 옷에 불이 붙어 비명을 질러댔다. 군사들은 사력을 다해 위로 올라갔지만, 그 수는 반도 되지 않았다. 최영은 남은 군사를 급히 몰아 성안으로 들어갔다. 살아 돌아온 군사는 채 반도 되지 않았고, 그나마 그 군사들도 태반이 화상을 입거나 화살을 맞아 피를 흘리고 있었다. 한마디로 대패였다.

"이럴 수가……."

그는 분함에 치를 떨며 주먹을 움켜쥐었다. 도병마사(都兵馬使) 박춘(朴椿)도 화살을 맞아 피를 흘리고 있었다.

"우리가 완전히 당했습니다."

"적이 그렇게 빠른 속도로 매복을 할지 몰랐다."

최영이 분통을 터뜨리고 있는 동안, 성 밖의 원나라 군사들은 큰 승리에 환호성를 내지르며 들떠 있었다. 황태자의 작전이 온전히 적중하여 적의 반을 무찌른 것이다. 계곡에는 죽은 고려군의 시체가 가득했고, 그들이 흘린 피로 시냇물은 붉은 핏빛을 띠고 있었다. 최첩목아는 아직 피가 묻은 칼을 든 채 단단한 자신감을 드러내고 있었다.

"내처 성안으로 짓쳐 들어가야 합니다. 적의 예기가 꺾여 있을 때, 바짝 몰아붙여야 합니다."

하지만 황태자는 신중했다.

"우린 결코 성안으로 들어가서는 안 되오. 적을 온전히 소탕하고 난 후에 무혈 입성해야 합니다."

"허나 적들은 호되게 당했기 때문에 절대 밖으로 나오지 않을 것입니다."

"안으로 들어갔으면 반드시 밖으로 나가는 게 상책 아닙니까? 조금만 기다려 봅시다."

최첩목아는 고개를 숙이면서도 못내 황태자의 처신이 못마땅했다. 자신은 전장에서 잔뼈가 굵은 장수라 은근히 부아가 치밀었다. 이에 비해 황태자는 아직 어린 티도 채 벗지 못한데다가 구중궁궐에서 병서만 뒤적였지 않은가? 실전경험이 없다는 것이 여간 못미더웠다.

날이 밝아오자 황태자는 오히려 몇십 보나 뒤로 물러 진지를 다시 구축하도록 했다. 적이 재침하는 걸 방지하기 위해서였다. 최첩목아는 그 명령이 좀체 이해가 되지 않았다.

"그렇게 호되게 당한 놈들이 어찌 다시 나온단 말인가?"

목책을 다시 세우고 토성을 쌓으면서 최첩목아는 불만이 가득한 표정으로 스스로에게 반문하고 있었다. 이번 싸움의 공적을 황태자가 온전히 가져간다면 자신은 대도성에 가서도 큰 벼슬을 얻기 힘들 듯했다. 그는 휘하 장수들을 군막으로 불러들었다.

"적들은 이미 반이나 전사했다. 우리가 공격하면 제대로 저항도 하지 못하고 우리에게 무너질 것이야."

"황태자께서 일체 성을 공격하지 말라 하시지 않았습니까?"

"정면으로 들어가지만 않으면 된다. 적의 퇴로를 차단한다는 명목으로 성 뒤쪽으로 돌아서 치면 황태자도 알지 못할 것이다."

그는 황태자에게 달려가 거짓으로 보고했다.

"이번에 크게 전세를 잃어 필시 이를 보충하려 들 것입니다. 개경에서 적군들이 지원 올 것을 차단하기 위해 성 뒤쪽을 지키겠나이다."

황태자는 쉽게 허락했다.

"길목만 차단 할 뿐, 절대 성 쪽으로 들어가서는 아니 되오."

"분부 받들겠나이다."

최첩목아는 군사 3천을 이끌고 안주성 뒤쪽으로 가서 진을 쳤다. 성이 타원형을 이루고 있어 최첩목아의 진지가 황태자 쪽에서는 하나도 보이지 않았다. 뒤쪽을 지켰지만 원군으로 올 고려군은 아직 보이지 않았다.

"필시 고려의 군사가 모두 저기에 모여 있다. 더 이상 원군이 오지 않을 것이야."

그는 가뜩 기가 올라 손이 근질근질했다.

성안의 최영은 최첩목아가 성 뒤쪽에 진을 치고 있다는 보고를 접했다. 그는 손수 망루에 올라 주위를 살폈다. 바로 앞에는 황태자의 군사가, 뒤에는 최첩목아의 군사가 주위를 포위한 형국이었다.

"오히려 잘 된 일인지 모른다. 적의 세력이 분산되었으니 하나씩 쳐

나가면 될 것이야."

"성 밖으로 나가 싸우자는 말씀입니까?"

"아니다. 저들을 유인하여 성벽을 기어오르게 한 후에 내치면 된다."

망루에서 내려온 최영은 직접 최첩목아의 진지 근처를 찾았다. 그는 크게 소리치며 내려다보았다.

"몽고족 오랑캐는 들어라. 이곳은 고구려 시대부터 대륙을 지배해 온 우리의 전초 기지이다. 감히 너희 같은 오랑캐가 이 신성한 땅을 더럽히려는 게냐?"

"무엇이라? 오랑캐라 했느냐?"

몽고인들이 제일 듣기 싫어하는 말이 바로 오랑캐라는 말이었다. 한족 중심의 중화사상에서 북쪽의 민족들은 오랑캐라는 말로 멸시 당해왔다. 하지만 원이 중원을 정복하고부터는 이 말이 온전히 사라졌다. 원에서 한족이 오랑캐라는 말을 사용했다가는 그대로 끌려가 태형에 처해질 만큼 가혹했다. 그런데 여기서 오랑캐라는 말을 들으니 크게 흥분하지 않을 수 없었다. 그는 얼른 활을 들어 시위를 당겼다. 활이 포물선을 그리며 날아갔지만 성벽에도 이르지 못하고 바닥에 툭 떨어졌다.

"하하하, 무엇이 그리 무서워 멀찍이 비켜서 있는 게냐? 이 오랑캐들아!"

최첩목아는 활을 내던지고 허리에 찬 칼을 뽑아들었다.

"내 반드시 그 혀를 뽑아 씹어 먹으리라."

그는 함성을 내지르며 앞으로 나아갔다. 하지만 군사들은 뒤에 선 채 주춤거리기만 했다.

"무엇들 하느냐? 속히 달려가 저 성을 박살내버려라."

"하지만 황태자 폐하께서 절대 성을 공격치 말라 하셨지 않습니까?"

"그건 우리가 패할 경우를 염두하고 하신 말씀이다. 성을 점령해 완전히 도륙해 버리면 황태자께서도 우릴 칭찬하실 것이다."

그러면서 성 앞에 진지를 구축하고 있는 3천 군사를 온전히 몰고 앞으로 나아갔다. 사다리를 세우고, 수레를 높이 들어 가까이 갔다. 하지만 성벽은 높았고 단단했다. 군사들이 채 오르기도 전에 화살과 돌이 날아왔다. 큰 바위가 떨어지며 수십 명의 군사들이 한꺼번에 당했고, 뜨거운 물이 쏟아져 많은 군사들이 화상으로 비명을 내질렀다. 이때 성문이 열렸다. 원나라 군사들이 우왕좌왕하는 사이 성에서 몰려나온 고려군이 창과 칼을 마구 휘둘렀다. 성 위에서는 돌과 화살이, 옆에서는 창과 칼이 휘몰아치니 최첩목아의 군사들이 당해낼 재간이 없었다. 도망가려 했으나, 이미 퇴로가 막혀 꼼짝도 할 수 없는 형편이었다.

멀리서 큰 함성을 듣고 황태자는 급히 군사를 보내 성 뒤쪽을 살피게 했다. 곧 최첩목아의 군사가 당하고 있다는 소식이 전해졌다. 그는 목책 뒤로 진지를 치고 있는 군사들에게 일렀다.

"모두 갈 수 없으니 군사의 반을 내어 최첩목아를 구하러 간다."

황태자가 친히 군사를 이끌고 성 뒤쪽으로 달려갔다. 최첩목아는 이미 군사들 태반을 잃고 있었다. 황태자가 이끌고 간 3천의 군사가 합세하자, 일방적으로 밀리기만 하던 원군이 전열을 가다듬고 고려군과 팽팽한 대치상태를 이루었다. 그때 성 밖으로 몰려나왔던 고려군들은 이미 성 안으로 들어가 버린 후였다. 성벽 위에서 새까맣게 화살만이 날아올 뿐이었다. 원나라 군사들은 급히 화살의 사정거리 밖으로 물러났다. 그제야 최첩목아가 숨을 돌리며 머리 숙였다.

"어찌 그리 무모하게 달려들었던 게요?"

"황송하옵니다. 저들의 계책에 말려들었습니다."

"지체할 새가 없소이다. 우리 진지가 반은 비어 있으니 급히 달려가야 할 것이오."

막 군사를 정비하여 원래의 진지로 달려가려는 데 그쪽에서 큰 함성이 들려오는 게 아닌가? 얼른 말을 몰아가니 고려군이 성문에서 나와 원군과 한바탕 일전을 벌이고 있었다. 최첩목아와 황태자의 군사가 모두 빠져나왔으니 수적으로 열세일 수밖에 없었다. 살아남은 군사들은 뒤로 후퇴하기에 급급했다.

"우리가 온전히 당한 것 같다."

황태자는 난감했다. 달려가 맞서 싸우기엔 전세가 이미 기울어 있었고, 여기서 성 안으로 짓쳐 들어가는 것도 무리였다. 뒤쪽으로 높은 바위산이 버티고 있어 완전히 포위된 형국이었다. 그렇게 고심하고 있는 사이, 성에서 다시 군사들이 몰려나오기 시작했다. 그와 동시에 정문 쪽의 고려군들도 몰려왔다. 그들이 크게 함성을 내지르는 소리가 천지에 가득했다. 황태자는 긴 한숨을 내쉬며 칼을 빼들었지만 자신이 없어 두 팔이 크게 떨리고 있었다.

4

의주성을 점령한 지 일주일밖에 지나지 않았지만 성안은 빠르게 평온을 되찾았다. 원래 원과 가까운 지리적 조건 탓에 원나라에 대한 반감이 적은데다, 군사들 또한 전혀 해를 끼치지 않았다. 더구나 기 황후가 가져온 식량과 재물을 성안에 풀어놓자 백성들이 감탄하며 그녀의 인덕을 칭송하기까지 했다.

기 황후는 시간이 날 때마다 가족이 묻힌 무덤을 찾아가 그 원혼을 달래곤 했다.

"반드시 이 원수를 갚은 후에 고향 땅에 모시겠습니다."

군막에 돌아온 그녀는 남쪽 소식을 간절히 기다렸다. 안주성에 전령을 보냈지만 여태 소식이 없었다. 그때 성 밖에서 누런 먼지가 일었다. 기 황후는 너무 반가워 망루 쪽으로 달려갔다.

"황태자가 날 데리러 오는 게 아니냐?"

그녀는 눈을 부릅뜨고 자세히 살폈다. 하지만 몰려온 것은 황태자의 군사가 아니라 고려의 군사였다. 그들은 엄청나게 수가 많아 보였다. 한 발은 더 길어 보이는 긴 창대에 꽂힌 창날은 한결같이 햇빛에 번득이고 있었고, 갑주가 부딪쳐 철거덕거리는 소리는 멀리서도 간담을 서늘하게 할 정도였다. 빠른 속도로 달려오던 그들은 금방 이쪽으로 몰려올 기세였지만, 문득 행군을 멈추었다. 그리고는 우렁찬 함성을 내지르며 창칼을 높이 쳐들었다. 그 소리가 어찌나 큰지 성 전체를 흔드는 듯했다.

기 황후는 미간을 심하게 찌푸리며 다급한 표정으로 물었다.

"저들이 여기까지 왔다면 도대체 우리 황태자는 어떻게 되었단 말이냐?"

최유가 척후병을 적진으로 보냈다. 세 명의 척후병은 그날 밤 늦게야 돌아왔다. 그들이 가져온 소식은 충격 그 자체였다.

"황태자께서 이끄셨던 군사들이 안주성에서 대패하여 전멸하였다 하옵니다."

기 황후는 다급히 물었다.

"그럼 우리 황태자는……, 황태자는 어떻게 되었다 하더냐?"

"아뢰옵기 황공하오나, 전사하셨다 하옵니다."

"무엇이라……."

기 황후는 아, 하는 탄식과 함께 그만 정신을 잃고 말았다. 궁녀가 얼른 그녀를 일으켰지만 여전히 정신을 차리지 못했다.

"우리 황태자가……, 황태자가 죽었단 말이냐?"

이런 소리만 되풀이 할 뿐이었다. 최유는 한참을 서성이며 기 황후 가 깨어나기를 기다렸다가 말했다.

"마마, 즉시 이 성에서 후퇴해야 합니다. 적의 수는 무려 3만이 넘 는다 하옵니다."

"난 죽어도 여기서 떠날 수 없다. 우리 가족을 모두 몰살하고, 그것 도 모자라 나의 아들마저 죽인 그들이다. 여기서 뼈를 묻는 한이 있어 도 떠나지 않을 것이다."

그녀는 입술을 깨물며 각오를 다졌다.

"마마께선 옥체를 보존하셔야 합니다."

"난 여기서 저들과 맞서 싸울 것이다."

그러자 최유가 다른 의견을 내놓았다.

"우선은 마마께서 압록강을 건너가 계십시오. 저희는 여기서 저들 과 맞서 싸워 승기를 굳힌 후에 다시 모시도록 하겠습니다. 여차하면 요양의 야속에게 지원군을 요청할 수 있지 않겠습니까?"

기 황후는 한참동안 생각을 하다가 고개를 끄덕이고 말았다.

"나는 잠시 압록강을 건너가 있는 게야. 반드시 저들을 무찔러 다시 부르도록 하라."

"소인 죽기를 각오하고 싸우겠나이다."

최유는 군사 1천을 내어 기 황후를 호위하게 했다. 그들은 깊은 밤을 택해 몰래 의주성을 빠져나왔다. 곧장 달려 압록강을 향했고, 물에 흠뻑 젖은 채로 도강했다.

성에 남은 최유는 군사들을 점검했다. 남아 있는 군사는 8천도 채 되지 않았다. 불안한 것은 밖에 진을 치고 있는 고려군의 규모였다. 성을 빙 둘러 포위하고 있는 그들의 수를 좀체 알 수 없어 답답했다. 군사가 대등하다면 한번 겨뤄볼 만 하지만, 그보다 수가 월등히 많다면 자신이 없었다. 그는 밤에 몰래 첩자를 보냈다. 새벽에 돌아온 첩자의 소식은 그야말로 놀라운 내용들뿐이었다.

"저들의 수가 3만이 넘는다고 합니다."

"지금 남쪽에서 지원군들이 속속 몰려오고 있답니다."

"북쪽의 홍건적까지 합세한다는 소문이 들려오고 있습니다."

최유는 겁을 먹지 않을 수 없었다. 저들의 군세가 자신보다 세 배가 넘는데다, 조만간 지원군까지 몰려온다면 죽기를 각오하고 싸워도 승산이 없을 듯했다. 그는 성을 버리고 퇴각하기로 했다. 하지만 기 황후에게 단단히 약속을 한 터라 압록강을 건널 순 없었다. 생각다 못해 그가 택한 곳이 바로 함신진(咸新鎭)이었다. 함신진은 압록강과 가까워 여차하면 뒤로 후퇴하기에도 알맞았다. 그들은 몰래 군사를 몰아 뒷문으로 빠져나왔다. 말들은 발굽을 헝겊으로 싸고 재갈을 물렸으며 군사들도 모두 입에 두 개의 굵은 밤(栗)을 문 침묵의 행군이었다.

얼마 가지 않아 최유는 다시 놀라지 않을 수 없었다. 허겁지겁 성을 빠져나온 그들 앞에는 고려군이 버티고 서 있었던 것이다. 고려군은 여태 매복하고 원군을 기다리고 있었다. 하지만 원군은 고려군의 규모를 알지 못했다. 그믐의 깊은 밤이라 칠흑 같은 어둠에 가려 앞을 분간하기 어려웠다.

"우와!"

고려의 군사들이 일제히 내지르는 함성이 천지를 진동했다. 최유의 군사들은 겁을 집어먹고 우왕좌왕했다. 지리도 어두워 어디로 가야할지 몰랐다. 잠시 후, 군사들이 비명을 내지르며 쓰러지기 시작했다. 어둠 속에서 활과 창이 날아왔고, 쇠뇌가 피아(彼我)를 가리지 않고 비 오듯 쏟아졌다. 뒤얽혀 도망가던 군사들이 짚단처럼 쓰러졌다.

"물러서라!"

당황한 최유는 황급히 말머리를 돌리면서 외쳤다. 그들은 방향을 정해놓지 않고 무작정 달렸다. 그렇게 해서 도착한 곳이 바로 철주(鐵州)였다. 그들은 지리를 몰라 민가에 물어보고는 겨우 위치를 파악할 정도였다. 이곳은 공교롭게도 의주성보다 더 남쪽이었다. 위쪽으로 의주성을 쳤던 고려군이 달려올 기세였고, 아래쪽으로는 황태자를 물리친 안주의 고려군이 포진하고 있는 형국이었다.

급히 인마를 점검해보니 4천도 채 되지 않았다. 반이 넘는 군사를 고려군의 매복으로 잃은 것이다. 날이 밝으면서 철주의 지형을 살피게 했다. 서쪽으로는 바다가 접해 있고, 동으로는 산맥의 끝 부분이 마을로 뻗어 있어 구릉의 기복이 심했다. 높은 고산지대라 천연의 요새라 칭할 만 했다. 그는 우선 이곳을 지키며 기회를 엿보기로 했다.

한편 의주성을 탈환한 이성계는 기 황후가 남기고 간 양식으로 성대한 잔치를 베풀고 있었다. 불을 피워 밥을 짓고, 많은 고기로 군사들의 배를 채웠다. 이성계는 제장들에게 술잔을 돌리며 승전을 축하했다.

"저들이 저토록 어리석을 줄은 몰랐소이다."

"그러게 말입니다. 척후병들에게 지원군이 온다는 거짓 소문을 퍼뜨리니 그것을 믿고 곧장 내빼는 꼴이라니……."

"아마 우리의 군사가 5천도 채 되지 않는 걸 알았으면 땅을 치며 통곡을 할 겁니다."

술잔을 기울이던 도지휘사(都指揮使) 안우경(安遇慶)이 물었다.

"마저 달려가 최유의 군사를 박살내야 하지 않겠습니까?"

"서두를 것 없소. 저들은 이미 독 안의 든 쥐나 다름없으니 천천히 몰아붙이면 될 것이오."

그러면서 이성계는 근심 어린 표정으로 낮게 중얼거렸다.

"문제는 안주성 근처의 황태자인데 말이야……."

5

거친 수풀과 험한 바위산을 헤치고 나가자 낭떠러지가 나타났다. 밑으로 개울이 흐르는 까마득한 높이였다. 마침 낭떠러지 사이로 좁은 길이 보였다. 그 길을 따라 한참을 걸어가자 평지가 나타났다. 멀

떨어지는 핏방울, 흩날리는 눈물

리 높은 산봉우리가 첩첩이 펼쳐져 있는 게 보였다. 그는 들고 있던 칼을 내려놓고 즉시 부관을 불렀다.

"남아 있는 군사가 얼마나 되느냐?"

"지금 곳곳에 흩어져 있어 파악하기가 힘듭니다."

"우선 군사들을 이곳에 모아라. 낭떠러지로 이어진 길로 오면 적들이 쉽게 덤비진 못할 것이다."

부관은 즉시 흩어진 군사들을 모았다. 그 수를 헤아려 보니 5천은 족히 넘어 보였다. 그들은 험준한 산악지대를 지나오느라 말을 모두 버리거나 칼로 베어 죽였다. 오직 걸어서 여기까지 온 것이다. 군사의 수를 파악하고는 이곳의 위치를 파악토록 했다. 곧 장수 한 명이 달려왔다.

"무엇이라, 이곳이 서주(舒州)란 말이냐?"

"개경이 바로 지척의 거리에 있사옵니다."

황태자는 눈을 감고 계책을 세워보았다. 안주성에서 최영에게 불의의 일격을 당한 그들은 정신없이 여기까지 달려왔다. 다행히 급히 피한 덕분에 큰 손실은 입지 않았다. 오히려 말을 타고 달린 덕분에 개경에 훨씬 가까이 다가갈 수 있었다.

최첩목아가 황태자 옆으로 다가왔다.

"어떡할까요? 내처 개경을 쳐버리는 게 좋을 것 같습니다."

하지만 황태자는 신중한 표정이었다.

"우리가 어렵게 개경을 친다 해도 최영이 이끄는 군대가 위쪽에서 에워싸면 꼼짝없이 갇힌 꼴이 되고 만다."

"그렇다고 위로 올라가기도 힘든 상황이 아니옵니까?"

"여긴 산세가 험하고 계곡을 끼고 있어 천연적인 요새를 이루고 있다. 여기서 버티고 있는 동안 최유에게 지원군을 요청하면 될 것이다."

황태자는 아직 최유의 군사가 의주성에 주둔하고 있는 줄 알고 있었다. 의주성을 공략한 이성계가 황태자가 죽고, 고려의 지원군이 몰려온다는 거짓 소문을 퍼뜨려 최유를 몰아낸 것을 여태 모르고 있는 것이다. 그는 최유의 군사만 합세한다면 능히 개경을 쳐서 고려왕을 사로잡을 수 있을 것으로 여겼다.

황태자는 안유희에게 날랜 군사 다섯을 주며 의주성에 가 원병을 요청하라 일렀다. 그들은 제일 뛰어난 혈마를 타고 채찍질하여 급히 달려갔다. 하지만 안유희가 사흘 동안 달려 의주성에 도착해서 본 것은 고려의 군사들이었다. 이상한 낌새를 채고는 성 안으로 들어가지 않고 근처 민가를 찾았다. 사람들은 최유가 의주성에서 나와 철주로 쫓겨간 것을 잘 알고 있었다. 안유희는 급히 말을 몰아 철주로 달려가 최유를 만났다.

"황태자께서 전사하지 않았단 말이냐?"

"그러하옵니다. 비록 패하긴 했으나 아직 5천의 군사를 거느리고 있습니다."

최유는 주먹을 불끈 쥐고는 탁자를 내려쳤다.

"이런……, 저들의 거짓 소문에 꼼짝없이 당하고 말았구나."

안유희는 황태자의 뜻을 전했다.

"속히 군사를 몰아 서주로 내려오시라는 분부입니다.

"앞뒤로 고려의 군사들이 버티고 있는데 어찌 내려가란 말이냐?"

안유희는 최유를 올려다보았다.

"하오면 황태자 전하를 적진 깊숙이 그대로 두시렵니까?"

"그렇다고 우리마저 개죽음을 당할 순 없지 않느냐?"

최유는 고민 끝에 황태자의 지원 요청을 거절하고 말았다. 철주에서 고려의 군사를 막기도 힘들다는 게 그 이유였다. 안유희는 몇 번에 걸쳐 설득을 했으나 최유는 군사를 낼 뜻이 없다는 말만 되풀이 했다. 할 수 없이 안유희는 말머리를 다시 돌려 서주로 향했다. 그는 황태자를 만나 의주성이 무너진 사실과 기 황후가 압록강을 건넌 일, 그리고 최유가 대패하여 철주에 갇혀 있는 소식을 모두 전했다. 황태자는 크게 놀라 주먹을 부르르 떨었다.

"그깟 거짓 소문에 놀라 도망가다니, 내 이 원정이 끝나거든 그를 엄히 벌하리라."

곧 이성을 회복한 황태자는 진작 궁금한 사항을 물었다.

"최유는 언제쯤 이곳으로 지원을 올 것이라 하더냐?"

"아뢰옵기 황공하오나 지원을 오지 않을 거라 하옵니다. 사방에 고려군이 겹겹이 포위를 하고 있어 움직일 수 없다는 것입니다."

"무엇이라, 그럼 적진 깊숙이 있는 나를 그대로 두고 볼 것이란 말이냐?"

황태자는 양 주먹을 꽉 쥐며 아랫입술을 깨물었다. 분노가 머리끝까지 오르는 것과 동시에 배신감으로 온몸의 맥이 탁 풀렸다. 하지만 언제까지 정신을 놓고 있을 순 없었다. 그는 제장들을 모아놓고 계책을 의논했다. 황태자는 생각을 바꾸어 개경을 공략하자고 주장했다. 승부를 걸어보려는 것이다. 하지만 최유의 군사가 지원하지 않는 상황에서 선뜻 그 주장에 찬동하는 장수는 아무도 없었다. 모두들 반대하고 나서니 황태자도 뜻을 굽혀야만 했다. 비록 개경을 친다 해도 뒤에서 지원하지 않으면 다시 무너질 수밖에 없다는 그들의 말도 일리가 있었다. 그는 고심 끝에 결단을 내렸다.

"할 수 없다, 철수를 하자. 요양으로 회군하여 군사를 몰아 다시 원정을 하면 될 것이다."

즉시 군사를 수습하여 철군 준비를 했다. 한편 안유희를 최유에게 다시 보내 철군을 위해 적을 유인하여 길을 터 달라는 명을 내렸다. 수천의 군사들이 하룻밤을 꼬박 밝히며 낭떠러지 길을 어렵게 내려왔다. 마침 최영의 군사가 아직 달려오지 않아 원군은 쉽게 서주를 떠날 수 있었다. 하지만 곳곳에 고려군들이 포진해 있어 그걸 뚫고 가기가 막막했다. 기대를 걸 수 있는 건 오직 최유뿐이었다. 그가 철주에서 나와 적을 유인해야만 쉽게 헤쳐 나갈 수 있는 것이다.

안유희는 최유를 만나 군사를 낼 것을 다시 요청했다. 하지만 최유는 여전히 망설이고 있었다. 황태자를 살리기 위해 자신이 죽을 수 없다고 판단했다. 우선은 자신의 목숨을 부지하는 게 급했다. 그는 고심 끝에 깊은 밤이 되기를 기다려 몰래 안유희를 죽여버렸다. 그때 적의 동태를 살피던 군사가 급히 달려왔다.

"적들이 모두 사라졌습니다. 뒤쪽으로 아무도 보이지 않습니다."

"필시 황태자의 군사를 치기 위해 남하했을 것이다. 회군하기에는 더 없는 기회이다."

그는 속히 군사를 정비하여 철주를 빠져나왔다. 앞을 막는 고려 군사가 하나도 없어 쉽게 나올 수 있었다. 그는 군사를 몰아 단숨에 압록강 변에 도착했다.

최유는 급한 마음에 주위를 둘러볼 사이도 없이 강으로 뛰어들었다. 얼다 만 강물이 뼛속까지 스밀 정도로 차가웠지만 그걸 신경 쓸 여유가 없었다. 조금만 달려가면 요양 땅이 나온다. 그곳으로 가면 우선은 목숨은 보전할 수 있어 급히 물을 건넜다. 그런데 문득 앞이 소란스럽더니 횃불이 일제히 불을 밝히는 게 아닌가? 그 불빛 사이로 고려군들이 모습을 드러냈다. 이성계가 말을 몰아 앞으로 나섰다.

"이놈 최유야! 감히 살아서 고려 땅을 떠나려 했더냐?"

뒤를 돌아보자 강변 쪽에도 고려군이 포진해 있는 게 보였다. 급한 마음에 주위를 살피지 않고 곧장 강물에 뛰어든 게 실수였다. 꼼짝없이 강 한가운데 갇힌 형국이었다.

"쳐라!"

이성계가 소리치는 것과 동시에 고려군이 일제히 달려들었다. 최유의 군사는 모두 물에 갇혀 움직임이 자유롭지 못했다. 그에 비해 고려군은 활을 쏘며 거리를 좁혀오더니 긴 창을 사정없이 휘둘렀다. 수많은 군사들이 활에 맞고, 창에 찔러 그대로 쓰러졌다.

최유는 덜덜 떨며 싸우기를 포기한 채 강물 속으로 몸을 숨겼다. 그는 깊이 잠수해 헤엄쳐 나아갔다. 겨우 반대편 강변에 다다라 강 쪽을 바라보니, 지옥이 따로 없었다. 물 위에 시체가 둥둥 떠다니는데 은백색 원군의 피복이 물에 잠겨 부풀러 오른 것이 마치 허옇게 죽어 물에 떠오른 고기떼를 보는 것 같았다. 시뻘겋게 피로 물든 강물 위에 시체들이 둥둥 떠 있는 광경은 등골을 오싹하게 했다. 그는 곤경에 빠진 군사들을 그대로 놔둔 채 급히 요양 땅을 향해 달려갔다.

한편 간신히 서주를 빠져나온 황태자는 쉽게 북상하지 못했다. 적들의 규모를 알 수 없는데다 원병을 요청한 최유의 소식조차 감감하여 답답하기만 했다. 그렇다고 언제까지 무작정 기다릴 순 없는 노릇. 불안하긴 했지만, 위험을 무릅쓰고 군사들을 정비해 북으로 올라갔다. 철주 부근에 다다르자 최영의 군사들이 길목을 막고 기다리고 있었다. 그 기세에 겁먹은 최첨목아가 나아가기를 주저했다.

"군사의 수가 우리보다 우세합니다. 우선 퇴각하셔야 합니다."

"퇴각을 한다 해도 고려군이 뒤에서 버티고 있을 게 아니오. 이왕이면 북쪽을 향해 나아갑시다."

황태자는 망설임 없이 뚫고 나가기로 했다. 짓쳐 들어가 단숨에 길을 여는 수밖에 없었다. 군사들도 이미 죽을 각오가 되어 있었다. 황태자의 신호와 함께 철기가 먼지를 일으키며 달려 나가자 최영의 군사들에게도 약간의 동요가 일었다. 처음 황태자는 그것이 기병들의 세찬 기습에 고려군이 위압감을 느낀 것으로 여겼으나, 그게 아니었다. 잠시 후에 보니 고려군은 속을 비운 두터운 원진(圓陣)으로 변해 있었다.

둥근 고리 같은 고려군의 진은 황태자의 군사가 접근하자 미묘하게 변하기 시작했다. 강력한 기병의 일단이 부딪쳐 오면 그 고리가 끊어지며 길을 내주는 것이다. 그러다가 달려온 기세에 밀려 그 안으로 뛰어들면 이내 열렸던 진의 고리가 굳게 닫히며 군사들을 가둬 버렸다. 그 원진의 위험을 뒤늦게 깨달은 황태자는 소스라쳐 놀랐다. 미처 어떤 신호를 보내기도 전에 철갑부대가 원진 속에 갇혀버린 것이다. 원진 안에서 빠져나오려고 안간힘을 쓰다가 말 등에서 떨어져 죽어가는 군사가 부지기수였다. 완전히 포위된 형국이었다.

죽기를 각오하고 맞서 싸웠지만 지세가 워낙 불리했다. 낭떠러지와 계곡 쪽에서 활을 쏘며 응수를 해오자 칼을 제대로 휘두를 수도 없었다. 철갑으로 몸을 감싸고 있다고 하나 화살은 소나기처럼 쏟아지고 있었다. 황태자도 그만 화살에 허벅지를 맞고 말았다. 그는 화살이 박힌 채로 말에 채찍질했다. 어떻게 해서든 이곳을 빠져나가야 했다. 장검을 휘두르며 앞을 막고 있는 고려 군사들을 닥치는대로 베어가며 나아갔다. 황태자는 엄호하는 군사들 덕분에 겨우 원진을 빠져나왔지만 나머지 대대수의 원군은 아직 갇혀 창과 화살의 세례를 그대로 받고 있었다. 되돌아가 군사를 구하려 했지만 최첨목아가 겨우 말렸다.

"우선은 무사히 여길 빠져나가셔야 후사를 도모하실 수 있사옵니다."

황태자는 눈물을 머금고 돌아서야만 했다. 한참을 전장을 지휘하던 최영이 황태자를 발견했다.

"황태자가 도망간다. 어서 쫓아가라!"

뒤에서 고려 군사들이 말을 휘몰아 달려왔다. 황태자는 있는 힘을 다해 채찍질하며 말을 내몰았다. 군사들은 적었지만 말은 원의 것이 훨씬 우수했다. 한혈마의 힘찬 달음질을 고려 말이 당해낼 재간이 없었다. 정신없이 달려 의주를 지나 압록 강변에 다다랐다. 막 강을 건너려고 하다가, 황태자가 소스라치게 놀라며 뒤로 물러섰다. 강물 위에는 온통 죽은 시체들로 가득했다. 물살이 거세지 않아 바위와 나무에 걸린 시체가 부지기수였다. 살펴보니 모두 이번 정벌에 나섰던 군사들이었다.

"이럴 수가⋯⋯."

황태자는 너무 충격이 커 강변에 그대로 주저앉고 말았다. 자신이 몰아갔던 군사 1만이 모두 무너지고, 후방을 방비하던 최유의 군사 1만도 모조리 몰살당하고 만 것이다. 그는 군졸의 부축임을 받고서야 겨우 강을 건너 요양 땅에 다다랐다.

황태자가 죽은 줄로만 알았던 기 황후는 반갑게 아들을 맞이했다.

"이렇게 살아 돌아오다니 꿈만 같습니다."

하지만 황태자는 전혀 기쁜 빛이 없었다. 그는 자책감에 고개를 숙이고는 눈물만 흘렸다. 그리고는 곧장 군막으로 달려갔다. 그의 손에는 어느새 칼이 뽑혀 있었다.

"네 이놈 최유야! 어서 나오너라."

최유가 벌벌 떨면서 밖으로 나왔다. 그는 황태자를 대하자 고개를 숙이며 무릎을 꿇었다.

"소신, 황태자께서 전사하신 줄로만 알고 그만……."

그렇게 변명을 했지만 소용이 없었다.

"내 분명 안유희를 보내 원병을 명했건만 너만 살자고 도망을 했겠다? 그것도 압록 강변에서 적을 만나 군사를 모두 잃고 무슨 면목으로 살아 돌아왔느냐?"

황태자는 칼을 높이 들어 내리치려 했다. 하지만 기 황후가 달려와 이를 막았다.

"전장에서 패한 것은 황태자 또한 마찬가지거늘, 어이하여 분란을 일으키려 합니까."

황태자는 기 황후의 만류에 못 이겨 칼을 내려놓고 말았다. 그는 오열하며 땅을 내리쳤다. 눈물을 흘리기는 기 황후도 마찬가지였다. 부모님의 원수를 갚지 못하고 그 많은 군사를 모조리 잃지 않았는가. 살아 돌아온 자는 겨우 몇 백. 완전한 패배였다.

　그녀의 고려 정벌은 처참한 실패로 끝이 났다. 그들은 흐르는 눈물을 감추지 못한 채 비감 어린 표정으로 대도성으로 향했다.

3장

역풍 逆風

1364년 여진족 삼선(三善), 삼개(三介)가
고려를 침입하자 이성계가 함경도
화주에서 이를 물리치다

1

참으로 초라한 귀경이었다. 요동 땅을 떠날 때 위풍당당하게 몰고 갔던 수백 마리나 되는 한혈마의 행렬은 간 데 없고, 수레를 끄는 말만이 겨우 남아 있었다. 자정원의 군사들도 반이나 줄어 백여 명 밖에 되지 않았다. 그나마 자정원 군사들은 기 황후를 호위하는 임무를 맡아 희생이 적은 편이었다. 모두들 지치고 피로한 기색이 역력했다. 기 황후는 일부러 늦은 밤을 택해 여정문을 통해 대도성으로 들어갔다. 대도성을 출발할 때와는 전혀 다른 분위기였다. 백성들의 대대적인 환영을 받으며 출발했던 그들은 야음을 틈타 은밀히 성 안으로 들어가야만 했다.

홍성궁으로 들어온 기 황후는 시녀와 환관을 나가게 한 후 문을 걸어 닫았다. 그리고는 아무도 들어오지 못하게 했다. 그녀의 칩거는 사흘이나 이어졌다. 그동안 음식을 일체 거부했으며 궁녀 옥분을 통해 물만 겨우 안으로 들이게 했다.

걱정이 된 박불화가 물을 가지러 밖으로 나온 옥분에게 물었다. 하지만 그녀는 고개만 내저을 뿐이었다.

"마마께서 아무런 말씀도 하지 말라 하셨습니다."

옥분은 이런 말만 남기고는 안으로 들어가 버렸다.

기 황후의 칩거는 나흘이나 계속되었다. 박불화는 기 황후의 상심을 충분히 이해할 수 있었다. 가족들 뿐 아니라 친지까지 모조로 몰살을 당하고, 그 원수를 갚기 위해 출정했던 2만의 군사까지 몽땅 잃어버리지 않았는가? 여태 그녀에게 이런 시련은 한번도 없었다. 치밀하고 빈틈없던 황후였다. 주도면밀하게 일을 진행하여 설사 일이 실패하더라도 큰 피해를 입지 않도록 만반의 준비를 해왔었다. 하지만 이번 일은 완전한 패배였고, 회복할 여지가 없어 보였다. 그만큼 기 황후의 상심이 컸고 그 충격이 오래갈 것이리라 박불화는 염려했다.

나흘이 지나서야 침전의 문이 열렸다. 박불화는 얼른 안으로 들어가 무릎을 꿇었다. 그동안 기 황후의 얼굴은 많이 초췌해져 있었다. 두 눈이 움푹 들어가고 볼에 살이 빠져 광대뼈가 드러날 정도였다. 하지만 눈빛만은 형형한 빛을 내뿜고 있었다. 박불화는 무릎을 꿇은 채 떨리는 목소리로 입을 열었다.

"마마! 얼마나 심려가 크신지요."

그는 잠시 아랫입술을 깨물었다가 말을 이어갔다.

"이대로 물러서실 순 없습니다. 당장 황상 폐하께 달려가 군사를 달라 하십시오. 백만의 군사를 몰아 고려를 쑥대밭으로 만들어 놓아 이 치욕을 갚아야 할 게 아닙니까?"

기 황후는 아무 말 없이 잠자코 듣고만 있었다. 걱정과는 달리 그녀의 표정은 평온했다. 박불화의 말에 눈을 가늘게 뜨며 옅은 미소까지 지었다.

"영록대부는 나흘 동안 내가 이 방에서 무엇을 했다고 생각하느냐?"

"………."

"이를 갈며 복수할 방법을 강구하고 있을 줄 알았느냐?"

박불화는 말없이 고개를 끄덕였다.

"아니야."

기 황후는 고개를 내저으며 천천히 말을 이어갔다.

"나흘 동안 불공을 드리었다. 곡기를 끊고 참선을 하며 내 죄를 다스리고 있었느니라."

박불화는 무슨 소린 줄 몰라 어리둥절한 얼굴로 고개만 내밀 뿐이다.

"나의 가족들이 죽은 것은 정말 안타까운 일이다. 해서 뼈에 사무치는 원한과 분노를 다스리지 못해 군사를 일으켰지. 하지만 이는 어디까지나 내 개인의 사사로운 일이거늘, 그 복수를 위해 2만의 군사를 잃었고, 고려의 이름 없는 수많은 군사들 또한 비명에 죽어갔다. 단지 가족들의 영혼을 위로하기 위해서라는 명목으로 많은 사람들이 죽은 것이다. 내 가족들의 목숨이 소중하면, 다른 이들의 목숨 또한 소중한 것을. 나는 그것도 깨닫지 못하고 섣불리 군사를 일으켜 많은 사람들을 죽음에 몰아넣은 것이야. 태산 같은 그 죄를 씻을 수 없어 나흘 동안 곡기를 끊고 부처님 앞에 엎드려 참회를 한 것이다."

듣고만 있던 박불화는 어느새 눈물을 흘리고 있었다.

"마마, 소인이 어리석었습니다. 소인이, 소인이 그 같은 마마의 깊으신 뜻을 이해하지 못하고……."

그는 새삼 기 황후의 그릇이 크며, 보통 사람의 성정이 아님을 깨달
았다. 극한 인내와 절제로 대의를 위해 사사로운 감정을 통제할 줄 알
았다.

"이제부터는 사람을 죽이는 정치가 아니라, 살리는 정치를 할 것
이야."

기 황후는 곧장 일어나 옥분이 가져온 죽을 들었다. 그리고는 대전
으로 나아가 어전회의를 개최했다. 황제는 여전히 계급무계궁에 빠져
있는지라, 황태자가 앞에 나서고 기황후는 장막 뒤에 앉았다.

황태자는 기 황후가 건넨 조서를 문무백관 앞에서 읽어 나갔다.

"여태 부정기적으로 실시했던 과거를 매년 실시할 것이며 그 인원
도 훨씬 많이 늘릴 것이오. 향시(鄕試), 회시(會試), 전시(殿試)를 부활
시켜 능력 있는 인재를 등용할 것이오."

그러자 노적사가 앞으로 나왔다. 그는 계급무계궁에 있으면서 합마
편에 섰지만 탈탈을 죽이는데 가담하지 않아 아직 관직을 유지하고
있었다. 자신의 관직이 위태로울지 몰라 노적사는 반대부터 했다.

"모든 자에게 문호를 열었다간 한족들이 이 조정을 장악할 지도 모
르옵니다.

"그렇다고 언제까지 저들을 억압하고 탄압만 할 것입니까? 경은 지
금 우리 원의 상황이 어떻게 돌아가고 있는 지 알고나 있소이까? 장
사치인 서수휘(徐壽輝)는 호북성(湖北省)을 함락시켜 황제라 칭하고
있고, 양자강(揚子江) 하류의 강소성(江蘇省)과 소주(蘇州)를 함락시
킨 장사성은 오국(吳國)이라는 나라를 세우고 있어요. 이들에게 우리

원의 군대는 범접조차 못 하고 있소이다. 이처럼 원 제국 곳곳에 반란
이 일어나는 원인이 무엇인줄이나 아십니까? 저들 한족을 너무 억누
르고 탄압했기 때문이오. 반란을 일으키는 자들은 과감히 처단해야
하지만, 그렇지 않은 일반 백성들을 감싸 안아야만 우리 원 제국이 유
지될 수 있을 거란 말이오."

　황태자의 지엄하고도 논리적인 언변에 노적사도 고개를 숙일 수밖
에 없었다. 이리하여 형식적이고 부정기적으로 실시되던 과거제도가
본격적으로 부활하여 대대적으로 실시되었다.

　원래 원나라의 건국 초기에는 과거제도가 없었다. 후에 과거제도를
도입한 것은 순전히 고려 때문이었다. 고려의 충선왕이 원에 만권당
(萬卷堂)을 세우고는 과거를 실시할 것을 주청하여 황제인 인종이 이
를 받아들인 것이다. 겨우 과거를 치렀지만 그 허용 대상은 일부에 불
과했고, 그나마 백안이 이를 폐지하면서 다시 사라져 버렸다. 그러다
가 탈탈이 과거를 다시 부활했지만 그 시기가 불규칙했고 응시 자격
도 무척 까다로웠다. 기 황후는 황태자를 시켜 과거제도의 정례화와
아울러 그 문호를 모두에게 열어놓게 했다. 과거시험의 응시자격이
고려인들에게도 주어진 것은 물론이다.

　기 황후는 연보라색 망사 휘장 뒤에 앉아 장원(壯元)의 자리를 놓고
겨루는 선비들을 관찰했다. 마침내 조정은 능력 있는 인재들을 찾아
문을 활짝 열어놓았다. 명문가의 자제들뿐만 아니라 한족과 색목인들
도 과거에 응시했다. 그중 높은 비율을 차지한 자들은 단연 고려 출신
의 선비들이었다. 원래 고려는 문사의 나라였다. 천하의 중심, 대도성
으로 고려의 인재들이 몰려들었고, 기 황후가 고려인들을 각별히 대

해준다는 소문이 고려에 퍼지면서 원에 유학하는 게 유행이 되다시피 했다. 많은 고려의 인재들이 속속 조정으로 들어와 관직을 차지했다. 그들이 기 황후를 따르는 것은 너무나 당연한 일이었다. 이리하여 조정에는 기 황후 일파라는 말까지 생겨나게 되었다.

상당수 한인(漢人)들이 과거에 응시하면서 그들의 불만도 많이 수그러들었다. 이 여세를 몰아 그녀는 상업을 장려했다. 특히 운하에 관심이 많아 이를 대대적으로 정비하여 물자수송을 원활하게 했다. 원나라는 매년 동남 지역에서 대도성으로 대량의 곡물과 기타 물자들을 운반해왔다. 예전의 수당대운하(隋唐大運河)는 항선(抗線)이 구불구불하고 수원도 부족하여 운행에 지장이 많았다. 그러던 것을 원나라가 들어서면서 대대적으로 운하 공사를 시작하여 수십 년 만에 남북을 관통하게 만들었다. 이는 남쪽 끝인 항주(杭州)를 시작으로 대도성의 적수담(積水潭)까지 이어졌는데, 그 길이가 무려 5천 리에 달했다.

그 운하를 통해 대규모의 물자를 이동시키고, 곳곳에 역관을 만들어 유통을 자유롭게 했다. 덕분에 상인들의 거래가 원활했고, 그들의 재산도 늘어갔다. 까마득한 옛날부터 상인은 사회적으로 가장 천한 계층으로 취급받아왔다. 기 황후는 그들의 위상을 높여 부를 축적한 만큼의 권한을 갖게 했다. 관리들이 상인을 수탈하지 못하게 했고, 나라에 내는 세금도 줄어주어 조정에 대한 신뢰를 높여갔다. 그 신망은 곧바로 기 황후에 대한 존경으로 이어졌다. 자정원이 원나라의 모든 상업 거래를 관리하고 있으므로 그녀의 재산 또한 엄청나게 늘어났다. 그 밑에 소속되어 거래를 하는 상인만 해도 수천에 이르렀다.

기 황후는 여기서 한발 더 나아가 예전부터 집중해오던 서역과의 교역량도 늘려갔다. 우선 서역과의 교역로를 정비케 했다. 대도성에서 몽골초원을 거쳐 천산남로(天山南路)로 이어지는 길과, 항주에서 해로(海路), 경원(慶元), 천주(泉州), 광동(廣東)으로 통하는 남해항로를 개척했다. 이 통로를 통해 서역의 수많은 물자들이 들어왔고, 원의 귀한 비단과, 화약, 나침반, 서책 등이 전해졌다. 원나라의 상업로는 유라시아 대륙을 한 고리로 하는 무역선에 직접 이어져 있었기 때문에 역사상 유례없이 번영을 누릴 수 있었다.

남쪽과 서쪽은 반란군들이 차지하고 있었지만 그 기세가 많이 꺾여 있었다. 서로의 세력 싸움으로 군세가 많이 약해져 있었으며 내분까지 겹쳐 중원을 위협할 수준은 아니었다. 이로서 나라 전체와 조정은 다소 안정기에 들어갔다. 황제가 계급무계궁에 빠져 있는 동안 황태자와 기 황후가 정치의 전면에 나서면서 오히려 더한 치세를 누리게 된 것이다. 자신감을 얻은 기 황후는 진작부터 생각해왔던 계획을 밝혔다.

"황상 폐하를 계급무계궁에서 나오시도록 해야겠다."

하지만 박불화는 반대했다.

"황상 폐하께서 그곳에 계시는 게 더 좋지 않습니까? 그래야만 황태자 전하와 마마께서 이 조정을 마음대로 이끌 수가 있습니다. 조금만 더 기다리셨다가 아예 양위하도록 하시지요."

"단지 우리의 권력만을 유지하기 위해 황상을 저렇게 놔둘 순 없다. 황상 폐하는 모름지기 이 원나라, 아니 천하의 아버지가 아니더냐? 주색에 빠져 있는 걸 백성들이 알면 천자의 체면이 서지 않을 것이야. 더구나 노적사와 독견첩목아가 폐하와 함께 계급무계궁에 있는 동안 온갖 감언이설로 그 심기를 어지럽게 하고 있다. 당장이라도 그들로

부터 떼어놓아야 할 것이야."

"그럼 무슨 방도라도 가지고 계신지요?"

"아껴 놓은 한 가지 방법이 있지 않느냐?"

"그렇다면……."

기 황후가 고개를 주억거리며 말했다.

"내가 직접 만나서 말을 해놓았다. 찾아가서 내 뜻을 전하기만 하면 되느니라."

박불화는 고개를 끄덕이며 얼른 밖으로 달려갔다.

2

계급무계궁을 나온 황제는 연천각으로 향하고 있었다. 오늘은 무리를 했는지 발걸음이 다 허청이고 있었다. 한꺼번에 다섯 여자를 품에 안았으니 방중술을 익힌 황제라도 힘이 부칠 수밖에 없었다. 모처럼 침전에 들어 잠을 자기 위해 걸어가는데 문득 붉은 꽃송이가 하늘에 떠 있는 게 보였다. 자세히 다가가 보니 한 궁녀가 그네를 타고 있는 게 아닌가? 붉은 치맛자락이 바람에 나풀대며 허공을 가르는 게 마치 한 떨기 꽃잎 같았다.

수행하는 환관이 나서려는 것을 황제는 팔을 휘저어 막았다. 가까이 갔지만 그녀는 황제가 온 지도 모르고 천진한 미소를 지은 채 그네 타기에 열중했다. 크게 도약하여 하늘 위로 오를 때마다 해맑은 웃음과 함께 탄성을 내질렀다. 긴 치맛자락과 옷고름이 바람에 날리는 것과 동시에 달큰한 향취가 전해져 왔다. 그 모습을 보며 황제는 마치 하늘에서 하강한 선녀를 보는 듯 했다. 한참이 지나서야 황제를 발견한 궁녀는 허겁지겁 그네에서 내렸다. 너무 서두르는 바람에 그네 줄에 발이 걸려 그만 황제의 옷자락을 붙잡았다.

"어머나, 이를 어째!"

옷자락을 너무 세게 붙잡았던지 찢어지고 말았다. 궁녀는 당황한 표정으로 귓불을 붉히며 어쩔 줄 몰랐다. 손가락을 입에 문 채 발을 동동 구르는 게 아이처럼 천진해 보였다.

황제는 한참동안 그녀의 모습을 가만히 건너다보았다. 10대의 한창 나이였던 그 옛날부터 오늘에 이르기까지 수많은 미녀를 접해왔던 황제였다. 그녀들은 모두 미모가 뛰어났다. 더구나 몇 년 동안 계급무계궁에서 지내는 동안 여자라면 질릴 정도로 많이 접해온 그였다.

하지만 눈앞에 있는 이 궁녀는 달랐다. 보통 궁궐의 여자들에게서 발견할 수 없는 도발적인 아름다움과 매력이 있었다. 길게 치켜 올라간 두 눈은 호기심으로 반짝이고 있었다.

"너의 이름이 무엇이냐?"

"선지라 하옵니다."

박선지(朴善智)는 박불화의 사촌 여동생이었다. 고려에서 사촌 오라비인 박불화의 명성을 듣고 스스로 원에까지 찾아와 궁녀가 되었다. 미모가 뛰어나고 학문에도 조예가 깊어 기 황후는 그녀를 특별히 아꼈다. 자정원에서 은밀히 키우며 때를 엿보다가 황제에게 선을 보인 것이다. 선지의 외모라면 충분히 황제를 유혹할 수 있으리라 여겼다. 이목구비가 뚜렷했고, 특히 눈과 입이 오종종하여 매우 육감적이었다.

이 무렵 기 황후를 정점으로 한 고려파들의 정치적 위상이 높아지면서 과거처럼 강제로 공녀를 끌고 오는 일은 거의 없었다. 대신 입신양명을 위해 이들 고려파들에게 선을 대 원나라에 오려는 이들은 점차 늘어나고 있었다.

기 황후의 예상은 적중했다. 황제는 선지를 보자마자 주저 없이 자신의 침소로 들 것을 명했다. 그녀는 다른 궁녀에게 이끌려 어느 전각으로 들어가 황제를 맞이할 준비를 했다. 침실의 등불은 희미했으므로 평소보다 짙게 화장을 하고 새로 마련한 옷을 입었다. 분홍빛 비단으로 만든 옷은 속이 훤히 드러날 정도로 얇았다. 짙은 화장으로도 감출 수 없는 여리고 섬세한 피부가 애처로울 정도로 아름다웠다.

황제가 침소에 들자 그녀는 스스럼없이 옷을 벗었다. 그녀의 앳된 알몸은 부드럽고 가냘파 보였으며 살결은 값비싼 양지옥(羊脂玉)처럼 매끄럽고 차가웠다. 황제는 이처럼 총명함과 관능적인 아름다움이 묘하게 뒤섞인, 마치 선녀 같은 소녀를 만나보기는 처음이었다. 어릴 적 그가 처음 사랑에 빠져들었던 그 느낌, 기 황후에게서 취했던 그 불같은 열정이 다시 되살아나고 있었다. 황제는 신비로움에 도취되며 그녀를 지그시 껴안았다.

다음날도 황제는 일찍부터 박선지를 찾았다. 우윳빛 아침 안개가 햇살을 받아 주위를 부드럽게 감싸면 둘은 연춘각(延春閣) 근처 연못에 나와 배를 띄우고 시간을 보냈다. 이슬을 머금은 홍백의 연꽃이 피어나는 광경은 아름다웠다.

낮에는 난탕(蘭湯)으로 목욕을 하고, 발을 늘어뜨린 수각(水閣)에서 빙실(氷室)에 저장해 둔 시원한 포도주를 마시며 더위를 식히고는, 오수의 단꿈에 취하곤 했다. 밤이면 은촉의 밝은 불빛 아래 악인들이 연주하는 비파소리를 들으며 박선지는 황제와 더불어 시를 읊었다. 이도 싫증이 나면 어상(御狀) 베갯머리에 꽃꽂이 해 놓은 쟈스민 꽃잎에서 피어나는 달콤하고 부드러운 향기에 취해 사랑과 애욕의 정담을 나누기도 했다.

녹음이 짙게 우거진 후원으로부터 흐르는 맑은 물소리와 울창한 나무 사이를 스쳐 부는 바람, 이름 모를 작은 새들의 청명한 울음소리가 들리는 연춘각 전원에서 박선지는 황제의 심신에 새로운 활력을 불어넣었다.

그러던 어느날 박불화가 은밀히 박선지를 불렀다.

"네가 고려인이란 걸 잊지 말아야 한다."

"여부가 있겠습니까, 오라버니."

"나는 사사로이는 너의 오라비지만, 우리가 한뜻으로 모셔야 할 분은 황후 마마라는 것도 절대 잊어서는 안 된다. 이곳 황궁에서 우리들의 운명은 황후 마마를 어찌 보필하느냐에 따라 달라진다는 것도 한시도 잊어서는 아니 된다. 황후 마마를 위하는 것이 곧, 우리 고려를 위하는 것이니라."

"어찌 그것을 잊겠습니까? 염려치 마세요."

박선지는 박불화에게 고개를 숙이며 시선을 낮추었다. 이윽고 기황후가 내실로 들어왔다. 얼른 무릎을 꿇으며 박선지가 옆으로 비켜섰고, 이를 지켜 본 기 황후가 자세히 내려다보았다.

"그동안 더 예뻐졌구나. 황상께서 한눈에 빠질 법도 하다. 역시 여자는 꾸미기 나름인 게야."

"황공하옵니다."

"폐하를 잘 모셔야 할 것이야. 네가 하기에 따라 이 원나라의 운명도 바뀔 수가 있다. 다시는 황상께서 계급무계궁에 출입하지 못하도록 단단히 붙들어 매어야 한다. 알겠느냐?"

"네, 마마."

"일어나 내 앞에 편히 앉도록 해라."

박선지는 사절하는 법도 없이 대담하게 기 황후의 맞은편에 앉았다. 당차고 야무진 모습이 좋아 보였다. 기 황후는 옥호병 자기에서 뜨거운 차를 따랐다. 김이 모락모락 나는 검붉은 빛깔의 차였다. 그걸 한참동안 들여다보다가 선지에게 건넸다.

"이건 너에게 하사하는 차이니라. 쭉 들이키도록 해라."

박선지는 두 손으로 차를 받아들고는 한 잔을 온전히 비웠다. 그녀는 쓴맛이 나는지 인상을 찌푸리며 입술을 앙다물었다. 그러다가 문득 배를 움켜쥐더니 비명과 함께 쓰러졌다.

"아악!"

박선지는 고통스런 표정으로 바닥을 데굴데굴 굴렀다. 박불화가 당황한 얼굴로 그녀를 일으키며 밖을 향해 소리쳤다.

"어서 의원을 불러오너라."

그러자 기 황후가 가볍게 미간을 찌푸리며 손을 내저었다.

"그럴 필요 없다. 잠시만 견디면 곧 나아질 것이다. 방으로 데려 가거라."

궁녀들이 달려와 박선지를 업고 밖으로 나갔다. 기 황후의 얼굴엔 차가운 기운이 감돌았다. 묵묵히 앉아 찻잔을 기울이고 있었다. 박불

떨어지는 핏방울, 흩날리는 눈물

화가 의문을 담은 눈으로 기 황후를 올려다보았다.

"마마, 어떻게 된 것이 온 지……."

기 황후가 한숨을 내쉬며 눈을 홉떴다.

"저 아이에게 약을 탄 차를 먹였다."

"약이라 하오시면?"

"수태를 못하게 태문을 닫게 하는 약이다. 비록 저 아이가 고려인이고 자네의 사촌누이라고는 하나 수태라도 하게 되면 마음이 변할지도 모르지 않느냐? 그러면 나뿐만 아니라 저 또한 평탄치 못할 게야."

박불화는 잠시 표정이 굳어졌으나 이내 고개를 끄덕였다. 결연한 모습으로 양 볼을 실룩이며 박선지가 머무는 처소로 급히 갔다.

박선지는 꼬박 사흘을 앓아누워 있다가 자리에서 일어났다. 그 후로 그녀는 언제 그랬냐는 듯 건강한 몸으로 황제와 함께 지냈다. 그녀와 함께 지내면서 황제는 계급무계궁에 더는 출입하지 않았다. 황제는 박선지의 아름다움에 완전히 사로잡혔다.

3

계급무계궁을 멀리하면서 황제는 정무에 다시 몰두했다. 여태 밀렸던 문서와 상소문을 처결하고, 오랜만에 어전회의를 주최하기도 했다. 그동안 황태자가 앉았던 자리에 황제가 다시 올라가 앉은 것이다.

어전회의에서 주로 다룬 내용은 남쪽과 서쪽의 반란군에 관한 것이었다. 여태 잠잠하던 그들이 다시 세력을 넓히고 있다는 보고가 이어졌다. 송(宋)나라를 세우고 스스로 황제에 올라 연호를 용봉(龍鳳)이라 칭했던 한림아는 황하강(黃河江) 유역에까지 그 영역을 넓히고 있었다. 남쪽의 주원장 또한 크게 세력을 넓히며 백성들의 신망을 얻어갔다.

태평이 먼저 나서며 이들을 진압하자고 주창했다.

"속히 군사를 내어 폭도들의 세력이 더 커지기 전에 토벌해야 하옵니다."

노적사도 옆에서 거들었다.

"이대로 놔두었다간 원 제국 전체가 흔들릴 수 있사옵니다."

건너편에 앉은 삭사감이 이들을 반대하고 나섰다.

"우리의 군사가 그들을 진압할 만큼 많다고 생각하시오? 섣불리 군사를 내었다간 오히려 더 큰 피해를 입게 됩니다."

"그럼 이대로 두고 보잔 말씀입니까?"

"사태를 지켜보면서 군사를 모아야겠지요."

그 대답을 예상하고 있던 태평이 목소리를 더욱 높였다.

"이게 다 고려를 정벌 한답시고 군사를 몽땅 잃어서 그런 게지요."

옆에 있던 노적사도 덧붙였다.

"황상 폐하. 기 황후 마마께오선 고려 정벌에 실패하여 2만이나 되는 대군을 잃고 오셨습니다. 이는 우리 군사력에 엄청난 손해를 끼친 것이옵니다."

듣고만 있던 황제가 드디어 입을 열었다.

"그래서 짐더러 어쩌란 말이오?"

"고려 정벌을 주도한 사람들을 마땅히 처벌해야 하옵니다."

"황후를 처벌하잔 말이오?"

"그건 아니옵고, 이번 원정에 함께 한 박불화를 비롯한 고려출신의 관리와 자정원 관리들을 처벌하시면 되옵니다."

"부모의 원수를 갚지 못한 황후의 심정이 어떠하겠소? 가슴이 찢어질 듯 아플 것이오. 그런 와중에 그의 수족들을 자르는 것은 너무 잔인한 게 아니겠소?"

하지만 태평은 더욱 단호한 어조로 목소리를 높였다.

"그냥 넘어가서는 아니 되옵니다. 어떤 식으로든 처벌을 내리셔야 차후에 이런 일이 발생하지 않을 것이옵니다."

참다못한 황제가 버럭 언성을 높이며 일어났다.

"어허, 그만두려도! 경은 어찌 그리 잔인한 게요? 부모의 원수를 갚지도 못하고 쓸쓸히 입경한 황후의 심정을 조금이라도 헤아려 보셨소이까? 더구나 그 군사들은 모두 황후가 직접 모은 군사들이 아니오? 우리 군사력에는 전혀 손실이 없었단 말이오. 앞으로 더 이상 이를 거론하지 말도록 하시오."

어전회의 내용을 보고 받은 기 황후는 분노와 증오에 부르르 몸을 떨었다.

"그들이 끝끝내 내 약점을 물고 늘어졌단 말이지?"

박불화와 삭사감이 심각한 표정으로 고개를 끄덕였다.

"남쪽의 반란군을 들먹이면서 군사를 잃은 책임을 들고 나왔습니다."

"우리가 군사를 직접 모으지 않고 야속의 군대를 몰아갔다는 걸 만약 그들이 알게 된다면 치명상을 입을 수밖에 없습니다."

"사전에 아예 기를 꺾어놓아야 합니다."

기 황후도 사태의 심각성을 느끼고 있었다.

"이를 가만 두고 볼 수가 없구나."

기 황후가 옆의 삭사감을 돌아보았다.

"경은 태평의 무리들이 저리 날뛰는 게 무엇 때문이라 생각하시오?"

"태평은 그 관직이 좌승상이라 하나, 그를 따르는 무리가 많지 않고, 노적사와 독견첩목아 또한 계급무계궁에서 황상 폐하와 독대를 했으나 이제는 그 기회마저 잃고 말았습니다."

"그렇다면 저들이 무얼 믿고 저리 자신만만한 게요?"

"대동에 있는 패라첩목아의 군세를 믿고 날뛰는 것 같사옵니다. 패라첩목아는 탈탈 이후로 가장 용맹한 장수로서 군권을 대부분 장악하고 있습지요. 그가 버티고 있으니 황상 폐하께서 함부로 대하지 못할 것을 알고 막말을 하는 것입니다."

"그렇다면 그 패라첩목아의 기세를 꺾어 놓으면 되겠구나."

기 황후는 다시 한번 삭사감을 건너다보았다.

"경은 황상께 건의하여 홍건적들을 치기 위해 패라첩목아를 보내야 된다고 주창하시오."

"그게 무슨 말씀이온 지요? 지금 군세로 보아선 그들을 쳐서 이길 승산이 없사옵니다."

"이길 승산이 없기 때문에 그런 제안을 하자는 게요."

삭사감은 그게 무슨 소린가 해서 턱을 앞으로 내밀었다. 기 황후의 말이 이어졌다.

"군사를 이끌고 전장에 나가는 자는 승상이 아닌 패라첩목아가 아닙니까? 그가 모든 전장을 지휘한단 말입니다."

"그가 승산이 없는 싸움에 나가지 않을 수도 있습지요."

"우린 바로 그 점을 노리자는 겁니다. 현재 홍건적의 기세는 하늘을 찌를 듯 합니다. 홍건적 토벌에 실패한다면 패전의 책임을 물어 그를 제거하면 됩니다. 물론 그 토벌에서 전사라도 하게 되면 우리는 손대지 않고 코를 푸는 격이 되지요. 만약 출정 자체를 거부한다면 그 불충함을 들어 쫓아내면 되는 것입니다."

당시 홍건적을 이끌고 있던 주원장은 군사력을 강화하여 대대적으로 집경(集慶)을 공격하고 있었다. 집경을 함락하는데 성공한 주원장은 그 이름을 응천부(應天府)로 바꾸고 이곳에 군사 정권을 수립하였다. 이를 근거지로 남중국 전역을 장악해가고 있었다. 주원장은 그곳 응천부에서 다음과 같은 포고문을 내리기도 했다.

"내가 남경에 온 것은 오로지 백성들을 위하여 난을 제거하기 위함이라. 그러니 백성들은 안심하고 생업에 종사하라. 어진 자는 예로써 대접하여 등용하고, 몽고놈들이 만든 모든 악법은 즉시 폐지할 것이다. 우리들은 원의 관리들처럼 포악하게 굴지는 않을 것이다."

주원장은 백성들의 민심까지 다독이며 급격히 세력을 확장해갔다. 이에 위기감을 느낀 황실에서는 어사대부 복수(福壽)를 파견하여 주원장을 진압토록 했다. 복수가 이끄는 군대는 10만에 달하는 엄청난 대군이었다. 원군은 남경에 진격하여 거의 함락 직전에까지 싸움을 유리하게 이끌어갔으나, 갑자기 나타난 홍건군이 양쪽으로 협공을 해와 대패했다. 복수 또한 적에게 화살을 맞고 그 자리에서 죽고 말았다. 이로 인해 원에서는 섣불리 남경을 진압할 수가 없게 되었다. 게다가 진압을 지원하는 장수조차 없었다.

기 황후는 패라첩목아가 남경의 주원장을 토벌하도록, 삭사감에게 주청을 올리라고 명하고 있었다. 하지만 삭사감은 여전히 기 황후의 계책이 만족스럽지 않았다.

"만약에 패라첩목아가 전장에서 승리를 한다면 어떡합니까?"

"그것도 우리에게 나쁠 건 없지요. 우선 원 제국을 괴롭히던 홍건적을 물리쳐 나라 전체에도 큰 이익이 됩니다. 거기다 홍건적을 토벌하자고 주창한 사람은 어디까지나 승상이지 않습니까? 승상의 건의에 따라 홍건적을 쳐서 이겼기 때문에 그 공로는 온전히 승상에게 돌아오게 될 것입니다."

"패라첩목아에게도 공로가 돌아가지 않을까요?"

"그렇긴 하겠지요. 하지만 내가 직접 나서 승상의 공을 치켜세우고, 패라첩목아에게는 조그만 상만 내리도록 할 것입니다. 그러면 불만을 품고 반란을 꾀할 지도 모릅니다. 우린 그때 일시에 군사를 몰아 그를 제거해버리면 됩니다."

듣고 있던 삭사감은 기 황후의 계책이 빈틈없다고 여겨 그대로 따를 것을 다짐했다. 삭사감은 다음날 어전회의에서 남쪽에서 일고 있는 반란에 대한 상황을 설파했다.

"진우량은 스스로를 한왕(漢王)이라 칭하고 호북성(湖北省) 우창(武昌)을 근거지로 서부지역을 장악하고 있사옵니다. 장사성은 스스로를 오왕(吳王)이라 칭하고 동부의 평강(平江)에서 반란을 일으키고 있고, 주원장이라는 자는 집경을 함락하여 남부 지역을 완전히 손아귀에 넣고 있습니다. 황상 폐하, 더는 간악한 폭도들을 저리 내버려둬서는 아니 되옵니다."

"그건 어제 어전회의에서도 논한 이야기가 아니오? 마땅히 이를 진압할 장수가 없어 고민 중인 게요."

그 말을 기다렸다는 듯이 삭사감이 다시 나섰다.

"원나라에서 가장 용맹한 장수 패라첩목아를 중용하소서. 그에게 총사령관직을 주어 반란군들을 모조리 쓸어버리게 하면 됩니다."

"그에게 어느 곳을 진압하라는 말이오?"

"마땅히 남으로 군사를 몰아 주원장을 주살하고 반란군을 완전히 궤멸시켜야 하옵니다."

그러자 맞은편의 태평이 나섰다.

"지금 주원장의 기세가 하늘을 찌를 듯한데 어찌 함부로 군사를 낸단 말이오. 이는 섶을 지고 불길에 뛰어드는 것과 다름이 없소이다."

"경은 어찌 그렇게 쉽게 말을 바꾸시는 게요. 어제의 말과 다르지 않습니까? 당장 달려가 반란군을 무찔러야 된다, 그리 주청하지 않으셨소?"

"그건 군사를 몰아가기보다는 겁을 주자는 말이었지요."

"반란군이 각지에서 날뛰고 있는데 언제까지 두고만 보잔 말입니까? 원의 장수라면 마땅히 황상 폐하의 명을 받아 전장에 나서야지요."

"승산이 없는 전투를 벌였다가 군사만 잃을 수 있단 말이오."

"당신같이 문약한 신하가 있기에 오늘날 우리 원나라가 이렇게 된 것이 아니요?"

"무엇이라?"

태평은 벌떡 자리에서 일어나 삭사감을 노려보았다. 곧 달려가 주먹이라도 내지를 기세였다. 황제는 눈살을 찌푸리며 이를 제지했다.

그는 둘의 의견을 한참동안 듣고 있다가 한 가지 방안을 내놨다.

"반란군의 위세를 그대로 두고 볼 수는 없으니, 우선 저들의 기세를 꺾어두어야 할 것 같다. 허나 남쪽 주원장의 군세는 워낙 강한바, 섣불리 그를 치기보다는 서쪽의 진우량부터 제거하도록 하라. 이를 진압할 총 책임자로 패라첩목아를 임명하노라."

삭사감은 당황하지 않을 수 없었다. 남쪽의 주원장과 맞서 싸운다면 대패할 것이 명약관화 하지만 진우량이라면 사정이 달랐다. 진우량은 평소 성정이 포악하고 군사들을 제대로 돌볼 줄 몰라 평판이 좋지 않았다. 강서(江西), 호남(湖南), 호북(湖北)을 장악하고 있지만, 자신이 모시던 황제 서수휘를 잔인하게 죽인 뒤라 이에 반감을 가진 세력 또한 많았다.

황제의 교지는 즉시 패라첩목아에게 전해졌다. 그는 자신이 거느린 10만 대군을 이끌고 서쪽으로 진군했다. 진우량은 그 소식을 접하고 잔뜩 겁을 집어먹고는 덜덜 떨었다. 주원장에게 밀려 그 영토가 매우 좁아졌으며 군사들의 사기 또한 떨어질 대로 떨어져 있었다. 패라첩목아에게 밀려 멀리 달아나 안휘성(安徽省)에서 원나라 군사를 방어하기에 급급했다. 패라첩목아는 쾌재를 불렀다. 배후의 홍건적이 뒤를 받치고 있어, 더 내려가지 못했지만 진우량이 장악하고 있던 영토 상당부분을 회복할 수 있었다.

"이 정도면 홍건적에게 나 패라첩목아의 위력을 충분히 보여주고도 남았다."

패라첩목아는 군사를 정비하여 대도성으로 회군했다. 그의 반란 진압은 대성공이었다. 수많은 홍건적을 섬멸하고 보무도 당당하게 대도성에 입성했다. 황제는 기뻐하여 그에게 상아로 만든 투구와 함께 보석으로 장식한 보검까지 하사했다.

"장하구나. 그대가 없었다면 반란군의 기세가 하늘을 찌르며 여기 대도성까지 위협했을 게야. 경 때문에 한동안은 반란군이 기를 펴지 못할 듯 하구려. 가히 천하제일의 용장이로다."

황제는 패라첩목아에게 평장정사(平章政事) 겸 태위(太尉)의 직위까지 하사했다. 실질적인 군권을 준 것이다. 그 후 패라첩목아의 위세는 당당했으며 자신의 근거지인 대동에 돌아가지 않고 대도성에 남아 며칠 동안 연회를 베풀기까지 했다. 이를 묵묵히 지켜보던 삭사감이 참다못해 기 황후를 다시 찾았다.

"혹 떼려다 혹 붙인 격이 되고 말았습니다. 패라첩목아의 위세가 더욱 높아지지 않았습니까?"

당황하기는 기 황후도 마찬가지였다.

"나도 그가 승전하리라 예상하지 못했소이다. 그는 억세게 운이 좋은가 봅니다. 막강한 주원장 대신 진우량과 붙게 되어 어렵지 않게 승리한 것이 아니요?"

"이대로 두고 보실 겁니까? 태평이나 노적사가 패라첩목아의 권세를 믿고 더욱 날뛸 것입니다."

기 황후는 묵묵히 듣고만 있다가 조용히 고개를 끄덕였다.

"내 이를 대비하여 생각해 놓은 계책이 있소이다. 승상은 잠자코 가서 기다리도록 하세요."

삭사감은 여전히 미덥지 못한 표정으로 물러갔다. 기 황후는 즉시 박불화를 불렀다.

"전에 말해 놓았던 자를 찾아 놓았느냐?"

"패라첩목아가 이기고 돌아올 때부터 미리 대기시켜 놓고 있었습니다."

"속히 그를 데려 오라."

박불화는 대도성을 나가 자신의 사가에 머물고 있는 한 병사를 급히 데려왔다. 그는 기 황후를 대하자 바닥에 이마가 닿을 정도로 크게 절을 했다.

"소인 황후 마마를 뵙게 되어 큰 영광이옵니다."

"너도 고려인이라 했더냐?"

"고향이 평촌이옵니다. 고려왕의 횡포를 견디지 못해 이곳 대도성으로 들어와 용병으로 지내고 있사옵니다."

"패라첩목아의 이번 진압에도 참전했겠다?"

"소신이 목숨을 걸고 싸워 수많은 반란군의 목을 베었사옵니다."

기 황후는 고개를 끄덕이며 그 병사에게 주머니 하나를 던졌다.

"안을 열어보아라."

무릎걸음으로 다가간 병사는 주머니를 열어 보고는 크게 놀라 입을 떡 벌렸다.

"아니, 이것은……."

"순금덩어리다. 그것만 있으면 네 가족은 평생을 호화롭게 살 수 있을 게야. 또한 사람을 보내 고려에 있는 가족들을 이곳에 데려와 편안히 살게 할 것이다."

병사는 황송한 표정으로 다시 고개를 숙였다.

"이 은혜를 결코 잊지 않을 것이옵니다."

떨어지는 핏방울, 흩날리는 눈물

기 황후는 찬찬히 고개를 내저었다.

"이번 일로 네 목숨을 잃을 수도 있다. 왕후장상이나 일개 촌부나 목숨이 소중한 건 매한가지다. 진정 네 목숨을 바칠 수 있겠느냐?"

"황후 마마를 위하는 길이라면 어찌 이 목숨을 아끼겠사옵니까? 황후 마마를 위한 일이 곧 고려를 위한 일임을 이놈 무식하지만 잘 알고 있사옵니다."

병사는 다시 한번 바닥에 이마를 찧으며 자신의 충성을 맹세했다. 기 황후는 고개를 끄덕이면서도 측은한 표정을 감추지 못했다.

4

대도성 남쪽에 위치한 태평의 집은 크고 화려했다. 집 앞 정원에는 거대한 연못이 유독 눈길을 끌었다. 연못을 파낸 흙으로 언덕을 쌓았는데, 그 꼭대기에는 대도성을 한눈에 굽어볼 수 있는 높은 누각을 지었다.

지금 연못에는 배를 띄워놓고 그 뱃머리에서 악사들이 노랫가락을 연주하고 있었다. 다리 위에는 무희들이 긴 소매를 빙글빙글 돌리며 춤을 추었고, 배의 돛 꼭대기에서 곡예사들이 허공을 가로지르며 아슬아슬하고 멋들어진 장면들을 연출했다.

패라첩목아는 배 한가운데 앉아 태평과 노적사, 그리고 독견첩목아가 건네는 술을 연이어 받아 마시고 있었다. 노적사는 호탕하게 웃으며 춤까지 추었다.

"삭사감이 땅을 치며 통곡을 할 것입니다."

"내가 반란군에게 패할 줄 알고 전장으로 밀어냈겠지요. 그렇게 쉽게 이길 줄은 생각도 못했을 겁니다. 이번 기회에 그의 코를 납작하게 만들어 놓았지 뭡니까?"

"장군에 대한 황상의 총애가 남다릅니다. 이번 기회에 기 황후와 삭사감을 바짝 몰아 붙여야 합니다."

함께 웃던 태평이 문득 걱정스런 표정으로 물었다.

"그나저나 대동으로 가시지 않아도 되는지요?"

"거긴 내 밑의 장수들이 잘 지키고 있소이다. 당분간 여기 대도성에 머물면서 대신들과 교류도 좀 하고, 황상과도 친분을 더 쌓아둘 생각이오."

"변방에만 있으면 아무래도 대도성의 소식을 자세히 접할 순 없지요. 실컷 계시다가 회포를 풀고 가시지요."

그들은 무희의 춤을 따라 어깨춤을 추며 한껏 흥취에 젖어갔다. 그런데 문득 호수 주위가 수런거리기 시작하더니 누런 먼지가 일어나는 게 아닌가? 태평이 놀라 건너편을 보니 호숫가에 한 떼의 말과 군사들이 도열해 있는 게 보였다. 그 선두에 선 장수가 말에서 내리며 크게 외쳤다.

"역적 패라첩목아는 어서 나와 황상 폐하의 성지를 받들라!"

호수 가운데 있던 패라첩목아는 처음에 그 소리를 못 알아들었다. 장수가 한 번 더 호통을 질렀을 때야 그는 불에 댄 듯 놀라며 벌떡 일어났다.

"역적이라니? 그 무슨 망발인가?"

"이쪽으로 건너와 직접 황상 폐하의 성지를 받들라."

패라첩목아는 지체 없이 배를 저어 호숫가에 내려섰다. 그는 믿기지 않는 표정으로 따지듯 물었지만 장수는 표정 하나 변하지 않고 성지를 쳐들었다. 당황한 패라첩목아는 우선 무릎을 꿇으며 성지를 받들었다.

> 짐이 특별히 아껴 애총 했거늘 그 은혜도 모르고 오랫동안 도성에 머물며 역모를 꾀한 패라첩목아를 용서할 수 없다. 마땅히 죽음으로 다스려야 하나 반란군을 진압한 공 또한 적지 않으니 그 벼슬을 한 단계 낮추고 한동안 근신하는 것으로 짐의 인자함을 보이려 하노라.

패라첩목아는 상기된 표정으로 고개를 절레절레 흔들었다.

"이건 말도 되지 않는 소리다. 내가 무엇이 답답해서 역모를 꾀한단 말이냐?"

하지만 장수는 여전히 날선 표정으로 명을 내릴 뿐이었다.

"그대는 속히 황상 폐하의 명을 받아 그 죄를 달게 받으라."

이렇게 이르고는 데리고 온 군사들을 향해 손짓을 해보였다. 패라첩목아는 오랏줄에 몸이 묶인 채 수레에 태워졌다. 수레는 곧장 달려가 패라첩목아를 이문소(理問所)에 가두었다. 다음날 어사대부(御史大夫)가 나와 그를 문초했다.

"그대는 어찌하여 역모를 꾀하였소이까?"

"역모라니요? 당치도 않은 소리요. 나는 황상 폐하를 위해 목숨을 바쳐 싸운 죄밖에 없소이다."

"그대가 역모를 일으키려 했다는 명백한 증거가 있소이다."

"그 증거를 한번 대어 보시오."

어사대부는 당황한 표정으로 입을 다물었다. 패라첩목아가 잡혀온 즉시 어사대의 관리들이 그의 처소를 샅샅이 뒤졌지만 명백한 증거가 나오지 않았다. 그 죄를 물을 마땅한 명분이 없었지만, 그렇다고 증인이 분명히 있는 상황에서 그냥 풀어줄 수도 없었다.

어사대부는 조사한 내용과 함께 그 증인에 대한 것을 적어 황제에게 보고했다. 황제는 그냥 풀어주려 했지만 여전히 미심쩍은 표정이었다. 고민 끝에 패라첩목아를 풀어주어 대동에 계속 주둔케 했다. 대신 달로화적(達魯花赤)을 붙여 그 동태를 면밀히 감시토록 했다. 달로화적이란 추밀원에 소속된 군사기관으로, 지방관을 감독하는 직책이었다. 반란군이 벌벌 떠는 패라첩목아를 내칠 수는 없고, 그렇다고 역모의 혐의가 있는 그를 그냥 놔둘 수 없어 취한 고육책이었다.

패래첩목아는 죄수의 옷을 벗고 다시 갑옷을 입었다. 수치와 분노가 가슴에서 끓어올랐지만 억지로 누르고는 대동으로 향했다.

패라첩목아가 낭패한 모습으로 대도성을 나가는 걸 지켜보며 삭사감은 쾌재를 불렀다. 반란군을 진압하여 하늘 높은 줄 모르고 날뛰던 그가 한 번에 무너져 버린 것이다. 그와 연결된 태평과 노적사도 당분간 기를 펴지 못할 것이다. 이제 조정의 주도권은 확실히 자신에게 돌아왔다. 삭사감은 새삼 기 황후의 계략에 감탄하지 않을 수 없었다.

그 시각. 기 황후는 태액지 부근의 뜰을 거닐고 있었다. 모처럼 만에 바깥을 나오니 상쾌한 공기와 부드러운 햇살이 폐부를 자극했다. 막 피어나기 시작한 꽃잎과 파릇한 신록이 짙어가며 계절의 정취를 더해주었다. 뜰을 자유롭게 날아다니는 종달새의 소리가 맑고 청아하게 들려왔다. 하지만 그녀에게 봄 풍경은 좀체 눈에 들어오지 않았다. 양 손바닥으로 얼굴을 세수하듯 문지르자 얼굴색이 미농지 빛깔로 변했다. 한숨을 내쉬며 옆의 박불화를 돌아보았다.

"그자는 어찌 되었다고 하더냐?"

"고문을 이기지 못하고 끝내 목숨을 잃고 말았습니다."

기 황후는 안타까운 표정으로 고개를 주억거렸다.

"장사를 지내어 양지 바른 곳에 고이 묻어주어라. 그 가족들을 속히 불러들여 대도성에서 편히 살도록 자네가 직접 챙기게나."

그러면서 혼잣말로 나직이 중얼거렸다.

"언제까지 이렇게 내 사람들을 희생시켜야 한단 말인가?"

그녀는 물기 젖은 눈으로 한동안 허공을 바라보며 미동도 않고 가만히 서 있기만 했다.

지금으로부터 사흘 전.

한 병사가 대도성에서 가장 용하기로 소문난 점쟁이 집을 찾았다. 점쟁이는 라마승 출신으로 예전 태황태후와 절친한 사이기도 했다. 태황태후가 그 라마승을 이용해 기 황후의 침소에 미리 짚 인형을 숨겨두고 그녀를 모함했던 것이다. 그 승려는 승복을 벗고 대도성에서 점집을 차렸고, 그 소문이 근방에 퍼지자 손님들이 문정성시를 이루었다.

병사는 한참을 기다려서야 점쟁이를 만날 수 있었다. 밖에는 여전히 기다리는 손님이 많아 벽을 사이에 두고 안의 목소리가 다 들릴 정도였다. 처음 점쟁이는 병사의 낡은 군복을 보고는 다소 놀라는 눈치였다.

"전장에서 왔구나. 아직 피 냄새가 나."

병사는 점쟁이의 말에 고개를 끄덕이며 용하다고, 추켜세웠다.

"날 찾은 걸 보니, 필시 다음 전장에서도 살아남을지 점을 치러 왔 겠다?"

하지만 병사는 고개를 내저었다.

"전쟁에 나선 병사는 모름지기 살고 죽는 것에 연연하면 안 되지요. 나라를 위한 충성으로 싸우다 죽는 것도 영광 아닙니까요?"

"그렇다면 무슨 연유로 나를 찾아왔는가?"

병사는 잠시 말이 없다가 주위를 둘러보고는 목소리를 바짝 낮추 었다.

"난 패라첩목아 장군의 부하요. 들어 아시겠지만 우리 장군께서는 승승장구하시어 한번도 패해본 적이 없으십니다. 혹 반란을 꾀해도 성공할 수 있을지 알아보기 위해 선생을 찾아왔습니다."

점쟁이의 얼굴이 순식간에 굳어지며 양쪽 볼이 부르르 떨렸다. 그 는 눈자위를 희번덕거리며 턱까지 받치는 숨소리를 겨우 고르고 있 었다.

"그 장군이 시켜서 온 것이냐?"

"시킨 것은 아닙니다. 구체적인 계획을 짜고 계시기에 혹 실패할 것 같으면 미리 몸을 피하려고 이리 찾아 온 것입니다. 꼭 한번만 점을 쳐주시지요."

점쟁이의 눈가에 기이한 빛이 번득였다. 그는 한참동안 생각을 하 다가 긴 한숨을 내쉬었다.

"나는 그런 점을 봐줄 수가 없다."

그러면서 불쑥 큰 소리를 내질렀다.

"어서 안으로 들어와 이 사람을 붙잡아 가거라. 역모의 점을 치러 온 자이다."

점쟁이를 시중하는 사내와 손님들이 우르르 방으로 들어왔다. 그리고는 병사의 양팔을 잡아 관가로 끌고 갔다. 병사의 이야기는 점쟁이뿐 아니라, 바깥의 손님들도 모두 듣고 있었다. 증인이 많으니 병사는 꼼짝없이 당할 수밖에. 그들의 증언을 바탕으로 패라첩목아가 역모를 준비하고 있다는 사실이 알려졌고, 이는 즉시 황제에게 전해졌다.

그 병사는 어사대에서 모진 고문을 받으면서 패라첩목아가 역모를 꾀하려 한다는 말을 내놓았다. 하지만 고문이 절정에 달할 무렵, 스스로 혀를 깨물고 자결하고 말았다. 그는 자신이 고통에 못 이겨 해서는 안 될 말을 자백할까 두려웠다. 고려 출신의 병사는 자신의 가족과 기 황후를 위해 스스로 죽음을 택한 것이다.

5

패라첩목아가 대동으로 쫓겨나면서 삭사감의 위세는 다시 높아졌다. 패라첩목아를 중심으로 한 축을 이루던 태평과 노적사, 그리고 독견첩목아는 치명타를 입고 잠시 물러서 있었다. 기 황후가 선제공격을 하고, 거기에 온전히 당하고 말았으니 우선은 물러나 대책을 논할 수밖에 없었다.

"저들의 계략에 우리가 보기 좋게 당하고 말았습니다."

"언제까지 이렇게 있을 겁니까?"

하지만 태평은 크게 염려하지 않고 있었다. 오히려 태연한 표정이었다.

"얼마 전에 패라첩목아 장군으로부터 전령이 왔소이다. 조만간 좋은 소식을 하나 보낼 것이라며 잠시만 기다리라 했소이다."

"좋은 소식이라니요?"

"나도 자세한 건 모르오. 확실한 사항을 알게 되면 곧 알려준다고만 알려왔소."

이틀 뒤, 그들이 기다리던 패라첩목아의 전령이 말을 몰아 대도성으로 들어왔다. 전령은 곧장 달려와 태평과 노적사를 찾았다. 그리고는 패라첩목아가 보낸 서찰을 바쳤다. 그 내용을 읽어가던 태평과 노적사는 놀라서 크게 입을 벌렸다.

"이게 과연 사실이란 말입니까?"

"그가 직접 조사한 내용이니 분명 사실일 겁니다."

"이 정도면 기 황후에게 치명타를 입히고도 남겠는 걸요."

"치명타뿐이겠습니까? 아예 황후의 자리에서 영원히 쫓아낼 수도 있겠지요."

그들은 희색이 만연한 얼굴로 서로를 바라보았다.

"어서 황상 폐하께 달려갑시다."

황제는 계급무계궁을 멀리하면서 모든 상소문을 친히 챙겨 읽고 있었다. 태평이 장문의 상소를 적어 올리니 황제는 곧 그 내용을 읽었다. 한참동안 상소문을 읽던 황제의 눈이 커지더니 이내 미간이 좁혀졌다.

"이게 모두 사실이란 말이냐?"

"패라첩목아 장군이 직접 사람을 보내 확인한 사실입니다."

황제의 얼굴이 노여움으로 붉게 물들었다. 그는 잠시 망설이다가 옅은 한숨과 함께 외쳤다.

"속히 영록대부를 불러 오라."

박불화가 편전으로 들자 황제는 들고 있던 상소문을 그 앞에 내던 졌다.

"그걸 한번 읽어보아라."

박불화는 무릎걸음으로 나아가 상소문을 집어 들었다. 상소문을 급히 읽던 그의 눈자위가 파르르 떨렸다.

"그 상소문의 내용이 모두 사실이더냐?"

고개를 숙인 채 덜덜 떨고 있던 박불화가 겨우 대답을 했다.

"그러하옵니다."

황제가 주먹으로 탁자를 내려쳤다.

"이럴 수가……."

그리고는 주위를 향해 외쳤다.

"속히 기 황후를 들라 해라. 아니, 짐이 직접 갈 것이다."

황제는 자리에서 벌떡 일어나 친히 흥성궁을 찾았다. 기 황후는 갑 작스런 황제의 행차에 놀라 얼른 한쪽으로 비켜섰다. 황제는 노기 띤 얼굴로 그런 기 황후를 내려다보았다.

"사실대로 말해보시오. 그게 정말이오?"

"무슨 말씀이온 지요?"

"황후께선 요양에 가서 직접 군사를 모으신다고 하지 않았소? 그런 데 어찌하여 야속의 군사를 동원하여 고려를 정벌했던 게요?"

"그걸 어떻게……."

"왜 날 속였던 것이오, 황후께선 원의 군사를 한 명도 데려가지 않겠다고 하지 않았소? 야속의 군사 또한 짐의 군사이거늘, 2만이나 되는 군사를 잃었다니, 어디 말해보시오."

당황한 것도 잠시, 기 황후는 즉시 고개를 숙이며 이마를 바닥에 찧었다.

"소인 죽여주시옵소서. 하지만 처음부터 속일 뜻은 없었나이다. 요양에서 군사를 모으는 게 여의치 않아 할 수 없이 야속에게 손을 벌렸던 것이옵니다."

황제는 얼굴을 붉히며 아랫입술을 깨물었다.

"이를 그대로 묵과할 순 없소. 고려 정벌을 주도한 영록대부는 엄벌을 받아야 할 것이오."

"이 모든 일은 제가 주도한 것이옵니다. 제 밑의 사람들은 아무 잘못도 없나이다."

"이를 막지 못한 신하가 더 나쁜 게요. 영록대부는 즉시 관직을 박탈하고 유배를 보낼 것이오. 또한 황후께서도 당분간은 근신을 하세요."

그리고는 등을 돌려 밖으로 나가버렸다. 뒤에서 찬바람이 생생 불었다. 옆에 있던 박불화는 잠자코 고개를 숙였다.

"소신이 모든 책임을 지고 물러나겠습니다."

하지만 기 황후는 고개를 내젓고 있었다.

"자넨 물러날 필요가 없네. 그 요망한 태평과 그 일당들을 모조리 쓸어버릴 것이야."

"하오면 무슨 계책이라도 있으신지요?"

"계책이라? 이번엔 계책 따윈 쓰지 않을 게야. 바로 밀어붙일 것이야."

다음날 평장정사(平章政事) 원후량(元後亮)이 선위사 태평의 집을 찾았다. 평장정사는 우승상 다음가는 높은 벼슬로서 조정을 실질적으로 책임지는 막중한 자리였다. 원후량이 갑자기 찾아오자 태평은 당황할 수밖에 없었다. 하지만 그는 찾아온 이유를 선뜻 이야기하지 않고 술이나 같이 하자고 얼버무렸다. 태평은 얼른 술상을 차려오게 했다. 둘은 한동안 술잔을 기울이며 조정에 관한 이런저런 이야기를 나누었다. 그러다가 원후량이 태평의 눈치를 보며 무언가 망설이는 표정을 지었다.

"공께선 내게 할 말이 있나봅니다?"

"그게 저……."

원후량은 쉽게 대답하지 못하고 말끝을 흐렸다.

"무언가 걱정이 있으시면 사양 말고 말씀해 보시구려. 내가 지금은 선위사에 머물고 있지만 한때는 우승상을 지냈지 않았소이까? 무엇이든 말씀하시면 다 들어드리리다."

"그 일은 선위사라 할지라도 해결하기 힘들 것입니다."

"무슨 소리를 그렇게 하시오? 내가 할 수 없는 일이 뭐가 있단 말이오?"

"그럼 제가 고민을 말씀드릴 테니 우선 들어주시지요."

"물론이지요. 한번 말씀해보세요."

"실은 어떤 죄인이 하나 있는데 만만찮게 고집을 부리고 있습니다.

잔꾀가 아주 많은 놈인데다 모반의 의혹이 농후하지만 결정적인 증거가 부족하여 애를 태우고 있습니다. 전례대로 고문을 좀 해보았지만 잘 먹혀들지 않습니다. 어떤 방식으로 문초를 하면 그의 입에서 바른 말이 나올 수 있을까, 고민이 되어 좀체 잠이 오지 않습니다 그려."

한참을 듣고 있던 태평이 크게 웃었다.

"겨우 그만한 일로 고심을 했던 게요? 어쨌든 말씀을 하셨으니 내 한 가지 방도를 알려드리지요."

그러면서 은근한 음성으로 목소리를 낮추었다.

"우선 큰 독을 준비하고 잘 마른 숯불로 독 주위를 뜨겁게 달구세요. 그런 다음 죄인에게 그 독 안으로 들어가라 명령하는 겁니다. 그렇게 하면 아무리 독한 놈이라도 당장 자백을 하게 될 것이오. 예전에 이 방법을 한 번 써보았는데 금세 밖으로 뛰쳐나와 실토를 하던 걸요."

"오, 그래요? 과연 선위사이십니다."

원후량은 감탄해 마지않으며 고개를 숙였다.

"그럼, 잠시만 실례하겠습니다."

그러더니 자리에서 일어나 밖으로 나갔다.

얼마 후 다시 나타난 원후량의 뒤에는 건장한 군사 수십 명이 큰 독을 짊어지고 있었다. 또 다른 군사들은 새빨갛게 타고 있는 숯불이 산더미처럼 담긴 거대한 화로를 옮겨오고 있었다. 그것을 바닥에 놓고는 큰 독을 화로 위에 얹었다. 이 어이없이 광경을 지켜보고 있던 태평 앞으로 원후량이 다가와 깊이 고개를 숙이더니 냉정한 목소리로 말했다.

"선위사, 청컨대 독 안으로 들어가 주시지요."

아직도 반신반의하면서 뭔가 심상찮은 사태를 눈치 챈 태평의 얼굴이 새파랗게 질렸다. 그는 카랑카랑한 목소리를 높여 부르짖었다.

"평장정사, 이거 장난치고는 너무 심한 것 아니오?"

"장난이 아니오. 속히 독 안으로 들어가 바른대로 실토를 하시지요."

"바른 대로 실토를 하라니요? 그게 무슨 소립니까?"

"얼마 전 대동으로 쫓겨난 패라첩목아와 함께 역모를 꾀하려 하지 않았소? 그 휘하의 군사가 점집을 찾아와 모반을 실토한 건 선위사께 서도 잘 알고 있겠죠?"

"그건 모함입니다. 설사 사실이라 해도 나와는 상관이 없는 일이 외다."

"역시 잔꾀가 많고 고집이 세군요. 아무래도 독 안에 들어 갈 수밖에 없나보오."

원후량이 날선 표정으로 외쳤다.

"여봐라! 어서 선위사 나리를 독 안으로 모셔라."

군사들이 득달같이 달려들어 태평의 양 겨드랑이를 붙잡고는 독 안으로 밀어 넣었다. 시뻘겋게 달구어진 독 안으로 끌려들어간 태평은 살이 타오르자 비명을 내질렀다.

"제발 살려주시오."

"이제 바른대로 실토를 하시려오?"

"난 모반을 꾀한 적이 없소이다."

"아직도 정신을 못 차렸구나. 독 안으로 더 바짝 밀어 넣어라."

태평은 독에 몸이 닿을 때마다 연신 비명을 내질렀다.

"알았소. 내가, 내가, 모반을 꾀하였소이다."

그제야 태평은 군사의 손에 이끌려 밖으로 나올 수 있었다. 독 안에서 발버둥을 치느라 태평의 손과 발은 화상을 심하게 입었고, 벌겋게 달아오른 상처에서 진물이 흘러내렸다.

"이제야 실토를 하는군. 어서 이문소로 끌고 가라."

태평이 역모를 실토하고 이문소로 끌려갔다는 소식은 곧장 기 황후에게 전해졌다. 그녀는 삭사감을 불러놓고 지시를 내렸다.

"속히 교지를 작성하여 그의 죄를 다스리시오."

"허나 황상 폐하께서 허락을 해 주시련 지요?"

"황상께선 지금 선지와 함께 소탕산(小湯山)의 구화산장(九貨山庄)에서 온천을 즐기고 계세요. 황궁에 오시려면 이틀을 더 기다려야 합니다. 그 전에 속히 처리를 하세요. 나중에 역모를 꾀해서 급히 처리를 했다고 전하면 될 것입니다."

"알겠습니다, 마마."

태평과 그 일당을 더 이상 두고 볼 수 없었던 그녀는 바로 정공법으로 나갔다. 이전에 패라첩목아에게 덮어 씌웠던 역모의 죄를 태평에게도 씌워 곧바로 제거에 나선 것이다.

이문소에서 취조를 받은 태평은 모진 고문을 견디지 못 하고 결국 역모를 꾀했다고 털어놓았다. 취조가 끝나자 태평은 곧장 변양으로 유배 보내졌다. 그것도 안심이 되지 않은 기 황후는 몰래 사람을 보내 변양으로 향하는 길에 태평을 독살시켜 버렸다. 그리고는 태평이 죄책감에 못 이겨 자살했다고 거짓 발표를 했다.

같은 패거리인 노적사와 독견첩목아에게도 같은 죄를 덮어 씌었다. 노적사는 대도성 외각 고루(鼓樓)에 숨어 있다가 어사대부의 군사들에게 잡혀 이문소로 끌려왔다. 하지만 독견첩목아는 이미 도성을 빠져나간 뒤였다. 군사들이 샅샅이 대도성을 뒤졌지만 그 행방을 알 길이 없었다.

다음날 소탕산에 가 있던 황제가 입궁했다. 어전회의를 주재하는 자리에서 삭사감은 역모 사건에 대해 황제에게 고했다.

"태평이 역모를 꾀했다는 게 도무지 믿어지지 않구나."

"그는 패라첩목아와 짜고 대동의 군사를 움직여 반역을 도모하려 하였사옵니다. 노적사와 독견첩목아도 그 역모에 가담했다 하옵니다."

"뭐라, 노적사까지?"

노적사는 몇 년 동안 황제와 계급무계궁에서 함께 지내왔다. 그들은 여러 여인들을 함께 취하기도 했고, 술잔을 나누며 허물없는 시간을 보냈다. 황제와는 꽤 절친하게 지냈던 노적사가 반란에 가담했다는 게 믿어지지 않았다. 하여 즉각 처리하지 않고 우선 그를 데려오게 했다. 노적사는 초췌한 얼굴로 황제 앞에 끌려오자마자 눈물을 흘리며 하소연했다.

"황상 폐하, 소신은 아무 죄가 없사옵니다. 이건 순전히 모함입니다."

그러자 옆에 있던 삭사감이 나섰다.

"모반의 우두머리 격인 태평이 모든 걸 실토하고 죽었다. 어찌 변명을 하는 게냐?"

"선위사께선 고문에 못 이겨 거짓 자백을 한 것이옵니다, 폐하."

"어느 안전이라고 감히 변명을 하는 게냐?"

듣고 있던 황제는 매우 곤혹스러운 표정이었다. 계급무계궁에서 허물없이 지냈던 시간이 적지 않아 그를 선뜻 버리고 싶지 않았다. 황제

169
역풍:逆風

는 고심 끝에 명을 내렸다.

"모반을 꾀한 죄는 죽어 마땅하나, 그간 짐과의 관계도 있고 하니 목숨은 거두지 않겠다. 모든 관직을 박탈하고 옹주(雍州)로 유배를 떠나도록 하라."

옹주는 호북성(湖北省) 양양(襄陽) 땅으로 대도성과는 만여 리나 떨어진 곳이었다. 노적사는 다시 억울함을 호소했지만 태평의 증언에 얽혀 즉시 유배지로 보내졌다.

며칠 후 독견첩목아의 행방이 알려졌다. 대동에 있는 패라첩목아에게 도망을 갔다는 것을 알아낸 박불화가 심각한 얼굴로 기 황후에게 보고했다. 깜짝 놀란 그녀는 즉시 삭사감을 불렀다.

"그들이 한데 모이면 정말로 모반을 꾀할 지도 모릅니다."

"대동은 여기서 그리 멀지 않은 곳입니다. 패라첩목아가 나쁜 마음을 품으면 대도성이 위험할 수도 있습니다."

다급해진 기황후가 명을 내렸다.

"속히 흠차대신(欽差大臣)을 파견해 독견첩목아를 압송해 오세요."

흠차대신으로 파견된 조명원(趙明遠)은 대동에 도착해서 깜짝 놀라지 않을 수 없었다. 패라첩목아 군영에는 독견첩목아 뿐 아니라, 노적사까지 함께 있었던 것이다.

"경은 어이하여 옹주로 유배를 떠나지 아니한 것이오?"

노적사 대신 패라첩목아가 나서며 대답했다.

"날씨가 너무 추워 길이 얼어붙었습니다 그려. 옹주로 가는 길이 모두 막혀 꼼짝도 못하고 있어 잠시 기다리고 있는 게요."

"무슨 소리를 하는 겁니까? 대도성에서 여기까지 내 아무 탈 없이 왔거늘, 무슨 길이 막혔다고 하는 게요?"

"그럼 그대가 직접 옹주까지 가보시지요."

패라첩목아는 눈을 부라리며 냉정한 어투로 말했다. 할 수 없이 조명원은 이야기를 다른 쪽으로 돌렸다.

"그럼 여기 숨어 있는 독견첩목아를 내주시오. 그는 대역죄인으로 즉시 대도성으로 압송해가야 합니다."

"독견첩목아는 지금 큰 병에 걸려 자리에 누워 있소. 병이 완치되면 보내도록 하지요, 뭐."

"아니, 이보시오 장군. 어찌 그렇게 죄인들을 두둔하기만 하는 게요? 황상 폐하께서 이 사실을 아시면 크게 노하실 것이외다."

패라첩목아는 피식 웃음을 터뜨리며 조롱하듯 말했다.

"황상 폐하께서 노하시는 게 아니라 기 황후 마마가 성정을 부리는 거겠지."

지극히 싸늘하고 냉정한 말투였다. 조명원은 그 오만한 말투에 무어라 이야기하려 했지만 패라첩목아가 마저 말을 이어갔다.

"그대는 그냥 대도성으로 돌아가시오. 이 둘은 여건이 되면 내가 알아서 보내도록 할 것이오."

조명원은 거의 쫓겨나다시피 패라첩목아의 군영에서 나왔다. 밖을 나서자 군사들이 창칼을 들고 매섭게 노려보고 있었다. 그 기세에 질려 허겁지겁 대도성으로 달려가 이 사실을 기 황후에게 알렸다. 그녀는 무릎을 치며 탄식을 했다.

"패라첩목아 그자를 살려 보낸 것이 화근이 되었구나."

옆에 있던 박불화가 나섰다.

"지금이라도 늦지 않았습니다. 속히 군사를 내어 그 두 죄인뿐 아니라, 패라첩목아까지 압송해 와야 합니다."

하지만 삭사감은 이에 반대했다.

"패라첩목아는 이 나라 군권(軍權)을 장악하고 있는 자입니다. 섣불리 나섰다가 그가 역심을 품고 그 칼끝을 황실에 돌리면 오히려 우리가 당하고 맙니다."

"우승상 말이 옳아요. 그가 데리고 있는 군사만 해도 10만이 넘으니, 힘으로만 눌러서는 아니 될 것이오."

"그렇다고 이대로 놔둘 순 없지 않습니까? 그들이 모여 무슨 작당을 할지, 그게 염려됩니다."

기 황후는 말없이 한참동안 생각에 잠겼다. 한 손으로 턱을 매만지며 눈을 감고 있다가 무슨 생각이 들었는지 번쩍 눈을 떴다. 그러면서 옆의 박불화를 돌아보았다.

"자정원 밑의 군사가 몇이나 되느냐?"

"고려 원정에서 잃은 인력을 아직 채워놓지 못했습니다. 다 모으면 백여 명 쯤은 됩니다."

"즉시 그들을 무장시켜 출정시키도록 하라."

"마마, 고작 백여 명으로 패라첩목아를 치시겠단 말씀입니까?"

"그들이 칠 곳은 패라첩목아가 아니야."

"그렇다면 어디를……."

박불화가 물었으나 기 황후는 대답 없이 의미심장한 웃음만 지을 뿐이었다.

6

"무엇이라 안풍(安豊)이 위험하단 말이냐?"

주원장은 탁자를 손으로 내치며 입술을 깨물었다. 그 서슬에 부장 서달이 덜덜 떨며 고개를 숙였다.

"그러하옵니다. 유복통(劉福通)이 점령하고 있는 안풍이 조만간 원군에게 떨어질지 모른다 하옵니다."

주원장이 집경을 함락하여 남부 지역을 완전히 장악할 수 있었던 것은 같은 홍건적인 유복통이 북쪽에 버티고 있었기 때문이었다. 이들이 원나라 군사의 남하를 막아준 것이다. 유복통은 1355년 한림아(韓林兒)를 황제로 추대하여 송(宋)나라를 세우고 연호를 용봉(龍鳳)으로 했다. 그리고 그 자신이 승상이 되어 세도를 부리며 원나라 군대를 여러 차례 격파하며 송나라의 전성기를 이루었다.

하지만 확곽첩목아가 군사를 내어 유복통의 군대를 대패시키면서 그 권세가 많이 약해졌다. 대부분의 군사를 잃은 유복통은 소명왕(小明王) 한림아(韓林兒)만 데리고 기병 일백 기와 함께 겨우 개봉을 탈출했다. 그 후 패잔병들을 모아 다시 웅거한 곳이 바로 안풍이었다. 그런데 그 안풍마저 다시 확곽첩목아에게 당할 위기에 처해 있으니 남쪽의 주원장이 놀라고 있는 것이다.

확곽첩목아는 원래 성이 왕(王)이고, 이름은 보보(保保)였다. 그는 일찍이 변방을 주름잡던 찰한첩목아(察罕帖木兒) 휘하에서 잔뼈가 굵었고, 홍건적의 백불신(白不信), 대도오(大刀敖), 이희희(李喜喜) 부대를 제압하는데 큰 공을 세우면서 찰한첩목아의 양자(養子)가 되었다.

그런데 얼마 후 양아버지인 찰한첩목아가 홍건군 왕사성(王士誠)에게 죽임을 당하고 말았다. 크게 분개한 확곽첩목아는 대군을 이끌고 익도(益都)를 포위했고, 땅굴을 파서 지하도를 통해 성을 공격해 왕사성을 체포했다. 그 즉시 그는 왕사성의 배를 갈라 양부의 혼을 위로했다. 이 소문을 접한 홍건적들은 확곽첩목아의 이름만 들어도 부들부들 떨며 도망가곤 했다. 그런 확곽첩목아가 안풍을 치려하니 주원장은 걱정이 되지 않을 수 없었다. 만일 안풍이 함락된다면 원군 주력부대의 진공(進攻)은 불을 보듯 뻔했다. 사기가 치솟은 확곽첩목아의 군대와 정면으로 맞서 싸운다면 현재 주원장의 군세로는 막아내기가 힘들었다. 주원장은 온갖 방책을 다 동원할 수밖에 없었다. 우선 원군과의 전면전을 피하는 게 급선무였다.

주원장은 고민 끝에 장막 뒤에 숨겨둔 상자 하나를 꺼냈다.

"너는 속히 이걸 가지고 확곽첩목아를 찾아가거라."

주원장의 명을 받은 서달은 말을 타고 확곽첩목아가 있는 진영으로 달려갔다. 그리고는 주원장이 내준 상자를 내밀었다. 조심스럽게 금칠을 한 뚜껑을 여니 마노(瑪瑙; 보석의 일종)를 정교하게 조각해 만든 술잔이 황홀한 빛을 발했다. 확곽첩목아의 입에서 절로 탄성이 터져나왔다. 서달이 마노 술잔에 술을 따르니 녹색의 액체가 비치는 곳에 두 마리의 용이 빨간 구슬을 맞물고 날아오르는 형상이 드러났다.

"이 술잔을 장군께 드릴까 하오니 변변치 않지만 받아주시길 바랍니다."

확곽첩목아는 술잔이 탐이 났지만, 그렇다고 선뜻 받을 수도 없었다.

"적장이 왜 내게 뇌물을 바치는 것인가?"

"뇌물이 아니라 조공이옵지요. 장군의 위세 밑으로 저희가 들어가려는 겁니다."

"이걸 나에게 바친다면 다른 요구가 있을 게 아닌가?"

서달은 기다렸다는 듯이 용건을 말했다.

"안풍을 점령하지 마시고 잠시만 여기서 머물러 주시지요. 여기서 유복통의 군사가 움직이지 못하도록 꽁꽁 묶어주십시오. 그동안 우리는 진우량이 점령하고 있는 강주 일대를 공격하겠습니다."

"뭐라, 강주를 그대들이 먹겠다고?"

"아니옵니다. 우리가 원하는 건 진우량의 목입니다. 그를 처단하고, 그가 점령하고 있는 강주를 온전히 장군께 바칠 것입니다."

"진우량이나 주원장이나 그대들은 다 같은 한인들 패거리가 아닌가? 그런데 내게 그 말을 순순히 믿으라는 소린가?"

"그건 아닙니다, 장군. 진우량은 위인이 졸렬하고 협소해 같은 한인이라고 할 수도 없는 자옵지요. 게다가 저희 주군과는 같은 하늘 아래서 함께 할 수 없는 철천지원수랍니다. 우리의 최대 목적은 그를 제거하는 것입니다."

확곽첩목아는 잠시 생각을 정리했다. 그들이 철천지원이라고? 그렇다면 주원장의 제의가 크게 나쁠 건 없었다. 안풍을 치지 않는 대신 강주(江州)를 먹을 수 있지 않은가? 그것도 자신의 군사는 전혀 피를 흘리지 않고 주원장의 군사가 대신 진우량을 몰아낸다고 하니 그야말로 손 안 대고 코푸는 격이었다.

"알았소. 우린 안풍을 치지 않을 테니, 그동안 그대들의 군사는 강주를 치도록 하시오."

"현명하신 판단입니다."

서달은 주원장에게 돌아가 이 사실을 알렸다. 확곽첩목아가 군사를 내지 않고 있는 동안 주원장은 대규모의 군사를 이끌고 강주로 나아가 그곳을 완전히 점령해 버렸다. 하지만 그는 애초의 약속과는 달리 점령한 강주를 원나라에 내놓지 않았다.

확곽첩목아는 이를 따지기 위해 호부상서(戶部尙書)인 장창(長昶)을 주원장에게 보냈다. 하지만 장창은 방국진에게 잡혀 억류되고 말았다. 주원장이 은밀히 사람을 보내 방국진으로 하여금 그 사신을 잡아두라 명했던 것이다. 그 사이 주원장은 군사를 더욱 늘려 인근 도시를 차례로 장악해 가니, 어느덧 확곽첩목아조차 대적할 수 없을 만큼 군세가 커져버렸다. 이제 와서 강주를 돌려달라고 따질 수도 없었다.

확곽첩목아는 분함을 못 이겨 탁자를 거세게 내리쳤다.

"이런 간사한 놈을 보았나? 내게 어찌 그런 속임수를 쓴다 말이냐?"

하지만 후회를 해도 소용이 없었다. 점점 커진 주원장의 군세는 이제 원나라를 위협할 지경이었다. 유복통을 치자니 주원장의 세력이 두려워 함부로 군사를 낼 수도 없었다. 확곽첩목아로서는 군사를 단단히 훈련시키며 때를 기다려야 했다. 그런 그에게 또 다른 나쁜 소식이 전해졌다.

"장군, 패라첩목아의 군사가 우리 진영을 침범해왔습니다."

"무엇이라, 패라첩목아의 군사가?"

"백여 명의 군사가 기녕(冀寧)을 침범하여 우리의 군량미를 약탈해 갔다 합니다."

"이런 우라질 놈들……."

순간 확곽첩목아의 얼굴이 붉으락푸르락 해지며 숨을 거칠게 내쉬었다. 그렇지 않아도 주원장의 술책에 속아 화가 머리끝까지 치솟아 있던 참이었다. 둘은 예전부터 철천지원수 사이. 그는 즉시 군사를 일으켜 대동으로 달려갔다. 이 소식은 즉각 패라첩목아에게 전해졌다.

"확곽첩목아의 군사가 침범해왔단 말이지?"

"그쪽의 군사 3천이 이쪽으로 달려오고 있다합니다."

"이것이 간덩이가 부었구나. 주원장에게 그리 당하더니 이제 머리가 돌아버린 게 아니냐?"

패라첩목아는 수하 장수 오마아(烏馬兒)와 은광조(殷光祖)를 출정시켰다. 이들도 3천의 군사를 이끌고 기녕으로 달려갔다. 확곽첩목아도 지지 않고 직속의 최고 정예병을 직접 거느리고 오마아와 은광조를 맞아 일대 격전을 벌이는 한편, 기병으로 하여금 양 측면을 돌아 대동을 협공하게 했다. 이에 패라첩목아는 대패했고, 오마아와 은광조는 탈출로를 찾지 못해 확곽첩목아에게 사로잡히고 말았다.

패라첩목아는 패잔병들을 수습해 대동의 군영으로 돌아왔지만 군사들의 사기가 많이 꺾여버렸다.

이 전황을 보고 받은 기 황후는 내심 쾌재를 불렀다.

"이제야 패라첩목아를 내칠 때가 되었다."

사실 기 황후가 자정원의 군사를 내어 공격을 명한 곳은 패라첩목아가 아니었다. 그 반대편의 확곽첩목아의 진영이었다. 패라첩목아의 군사로 위장해 확곽첩목아를 자극했던 것이다. 이 둘은 원나라를 대표하는 명장들이었지만, 평소에도 반목이 심해 사사건건 의견대립을 하며 서로를 증오했다. 기 황후의 예측대로 이들은 상잔(相殘)을 벌이며 치명타를 입었다. 비록 홍건족의 기세가 커져 나라를 위태롭게 할 지경이지만, 내부적으로는 이를 빌미로 군벌들이 세력을 키우며 황실을 위협하는 것도 기 황후로서는 우려하지 않을 수 없었다. 그런 조짐은 패라첩목아를 통해 벌써 나타나고 있었다. 그녀는 홍건적과 군벌이라는 안팎의 우환을 동시에 처리할 수밖에 없었다.

기 황후는 고삐를 바짝 조이기로 했다. 군사를 대동으로 몰고 가서 패라첩목아를 아예 제거할 생각이었다. 하지만 박불화가 신중한 얼굴로 반대하고 나섰다.

"확곽첩목아에게 군사를 많이 잃었다 하나 그의 군세는 아직 무시할 수준이 아니오옵니다. 그리고 아직은 그를 칠 명분도 부족한데다, 지방 군벌들의 눈도 의식하지 않을 수 없사옵니다. 게다가 여기서 대동까지는 거리까지 멀지 않습니까? 자칫 대도성이 위험에 빠질 수도 있습니다, 마마 재고해 주옵소서."

"그럼 어찌 하는 게 좋겠는가?"

"우선은 흠차대신을 보내 한 번 더 패라첩목아를 설득해 보는 게 좋을 듯 합니다. 노적사와 독견첩목아를 대도성으로 압송하라고 말이옵니다."

"그래도 내 말을 듣지 않으면?"

"그때 군사를 내시어 패라첩목아를 소환하면 됩니다. 그땐 황명을 거역한 이유를 들면 되니, 지방 군벌들의 반발도 무마시킬 수 있습니다. 거기다가 패라첩목아에게 적대적인 확곽첩목아가 뒤에서 마마의 뜻을 도울 것입니다."

"영록대부의 말이 일리가 있네. 그럼 흠차대신으로 누굴 보내면 좋을 것 같은가?"

"역지아불화(逆支兒不花)가 좋을 것 같습니다."

"역지아불화라?"

"그는 패라첩목아의 숙부이지만 성정이 곧고 충성심이 남다른 사람입니다. 그러면 잘 설득해 두 역적을 수월히 압송할 수 있으리라 봅니다. 패라첩목아도 역심을 품지 않는 한 제 숙부의 말을 따를 것이옵니다."

"알았네. 속히 역지아불화를 대동으로 보내도록 하지."

1363년 겨울, 기 황후는 패라첩목아에게 최후통첩을 보내기 위해 역지아불화를 흠차대신으로 임명해 대동으로 급파했다.

7

"흠차대신이 간지 얼마나 되었소?"

"한 달하고도 보름이 지났습니다."

기 황후는 아무래도 불길한 느낌이 들어 걱정을 감출 수 없었다.

"그 정도면 대동까지 충분히 왔다 갈 수 있는 시일이 아닙니까?"

"말을 타고 달려가면 오가는데 보름도 채 걸리지 않습니다."

"그자가 설마 자신의 숙부에게 무슨 짓을 하진 않았을 테지."

역지아불화는 흠차대신으로 대동에 간지 한 달 보름이 지났지만 아직 돌아오지 않고 있었다. 대동까지는 그리 멀지 않은 거리였다. 하지만 쉽게 사람을 보낼 수도 없었다. 각지에서 한인들의 반란이 들불처

럼 일고 있었고, 이를 막기 위해 비대하게 커진 패라첩목아의 군세가
장악하고 있는 지역이라, 조정의 통치권이 제대로 미치지 못했다. 섣
불리 들어갈 수도 없는 상황이었다. 하지만 흠차대신이 아무 소식이
없는 걸 그대로 두고 볼 순 없었다. 고민 끝에 기 황후는 진상 조사를
위해 서굉림(徐宏林)을 다시 대동에 파견했다.

서굉림은 다수의 군사들을 이끌고 대도성을 출발했다. 혹시 있을지
모를 사태를 대비하기 위해 군사들을 둘로 나누어 이끌고 갔다. 서굉
림에게 무슨 일이 생기면 후미의 군사가 즉시 대도성으로 달려가 보
고토록 했다. 그만큼 기 황후는 패라첩목아를 믿지 못하고 있었다.

그들은 말을 재촉해 일주일 만에 대동에 도착했다. 패라첩목아를
만난 서굉림은 즉각 찾아온 용건을 말했다.

"대동에 갔던 장군의 숙부 흠차대신 역지아불화가 여태 도성으로
돌아오지 않고 있습니다. 혹 아직도 여기에 계신 지요?"

그러자 패라첩목아가 놀란 표정으로 되물었다.

"흠차대신이라니요? 이곳으로는 그간 개미 새끼 한 마리 온 적이
없소이다."

"그럴 리가 있습니까? 분명 흠차대신이 군사 몇을 이끌고 이곳으로
왔을 텐데요."

"여기 대동에는 아무도 오지 않았소이다. 그대는 날 못 믿는 게요?"

서굉림은 패라첩목아가 그렇게 우기는 데 더 이상 따져 물을 수도
없었다. 그는 역지아불화 문제는 잠시 접어두고 화제를 다른 곳으로
돌렸다.

"날이 풀려 길 위의 눈과 얼음이 많이 녹았더군요. 이제 노적사를

동승주(東昇州)로 보내시고, 여기 숨어 있는 독견첩목아도 속히 대도성으로 압송케 하시지요."

"길이 많이 녹았다 하나 동승주까지는 만 리 길이지 않소이까? 날이 더 풀리면 내가 직접 보내도록 하겠소. 독견첩목아 또한 병세가 호전되지 않아 요양을 더 해야 될 것 같소이다."

"황상 폐하의 교지가 내린 지 오래인데 언제까지 그런 변명을 늘어놓기만 하시는 겁니까? 속히 그들을 내놓으시지요."

"그대는 흠차대신이 아니라 진상 조사를 위해 온 우승이 아니오? 그건 그대가 상관할 바가 아니오."

패라첩목아는 그렇게 버럭 소리를 지르고는 자신의 처소로 가버렸다. 서굉림은 난감한 표정으로 그 자리에 서 있을 뿐이었다. 그는 우선 근처 객잔(客棧)으로 자리를 옮긴 후 함께 온 군사들과 여독을 풀었다.

자리에 누웠지만 좀체 잠이 오지 않았다. 역지아불화는 분명 이곳 대동에 온 것이 분명해 보였지만 패라첩목아가 오지 않았다고 저렇게 딱 잡아떼니 어쩔 수 없었다. 그렇다고 숙부인 역지아불화를 그가 해칠 리는 없다 여겼다. 어딘가에 붙잡아 놓고 있다고 판단한 서굉림은 즉시 자리에서 일어나 군사들을 불렀다.

"이대로 있을 순 없다. 너희들은 장사치들로 변복하고 이곳 주위를 샅샅이 뒤져보아라. 흠차대신께서 어딘가에 갇혀 지낼 지도 모른다. 그 소재를 파악해야 하느니라."

서굉림도 자는 것을 포기하고 밤새 대동 일대를 뒤졌다. 하지만 역지아불화의 종적을 전혀 찾지 못했다. 그들이 대동 일대를 샅샅이 뒤지고 다니는 걸 패라첩목아도 알고 있었지만 별다른 제지는 하지 않았다.

다음날 서굉림은 패라첩목아를 만나 떠날 것을 알렸다.

"아무래도 흠차대신께선 이곳에 안 계신 듯합니다. 오시는 도중에 무슨 사고라도 당하신 건 아닌지 모르겠군요."

"나도 밤새 숙부 걱정을 했소. 나중에라도 소식을 알게 되면 내게 꼭 전해주시오."

서굉림은 군사를 이끌고 대도성으로 향했다. 그는 만약의 사태를 대비하기 위해 후미에 군사들을 주둔시키고 있던 터였다. 패라첩목아 가 위협을 가하면 그 군사들은 즉시 대도성으로 달려가 구원병을 요청하도록 사전에 약속이 돼있었다. 서굉림의 일행이 후미에 대기하고 있던 군사들과 합류했다.

"무사히 오셔서 다행입니다.

"그동안 별일은 없었느냐?"

"별 일이라기 보단 한 가지 이상한 점을 발견했습니다."

"이상한 점? 그게 무슨 말인가?"

"잠시 따라 오시지요."

서굉림이 간 곳은 대동에서 갈라지는 길목이었다. 오른쪽으로 향하면 대도성으로 가는 길이고, 왼쪽으로 꺾어 내려가면 확곽첩목아가 있는 태원이 나오게 된다. 그 길을 따라 덤불숲으로 들어가자 막 부패하기 시작한 시체 몇 구가 헤쳐진 흙구덩이 안에 있었다.

"까마귀 떼가 하늘을 자꾸 맴돌기에 이상히 여겨 여기 땅을 파보았습니다. 아니나 다를까, 다섯이나 되는 사람들이 묻혀 있었습니다."

서굉림은 혹시나 하는 마음으로 그 시체들 가까이 다가갔다. 그중 관복을 입은 시신 한 구를 옆으로 돌리는데, 너무 놀라 그만 뒤로 자빠지고 말았다. 그렇게 찾고 있던 역지아불화가 참혹하게 살해당해 암매장 돼 있을 줄이야. 서굉림은 즉시 그 시체들을 수습해 수레에 실었다. 그리고는 패라첩목아에게 달려갔다.

"흠차대신 역지아불화가 이렇게 죽어 있더군요. 어떻게 된 일이죠?"

패라첩목아는 놀란 표정으로 고개를 내저었다.

"숙부님이 어떻게 이럴 수가……."

이를 지켜보던 서굉림이 딱한 표정을 지어 보였다.

"장군은 이 일을 모르고 있었단 말이오?"

"우리 숙부께서 이런 변괴를 당한 걸을 알았다면 내 가만 있었을 것 같소?"

"그럼 누가 감히 황상 폐하의 흠차대신에게 이런 짓을 했단 말입니까?"

"우리 숙부의 시체가 어디서 발견되었다 했소?"

"태원으로 가는 길목 부근에 있었습니다."

"태원이라, 그렇다면 확곽첩목아가?"

"설마, 그럴 리가요?"

"아니오, 확곽첩목아 그자가 우리 숙부인줄 알고 나에게 복수를 하기 위해 이런 짓을 한 게 분명하오."

서굉림은 진중한 표정으로 고개를 끄덕였다.

"알겠소이다. 일단은 대도성에 들어가 황상 폐하께 보고하여 자세한 내용을 따지기로 하겠소이다."

서굉림은 근처에서 관을 구해 시신을 수습해서 수레에 실었다. 대도성으로 다시 향하는데 그 시체들을 발견했던 장수 하나가 고개를 갸웃했다.

"아무래도 이상합니다."

"뭐가 이상하단 말이냐?"

"확곽첩목아가 흠차대신 일행을 살해했다는 것이 말이 되지 않습니다. 그들은 조카의 일로 서로 껄끄럽기야 했겠지만, 평소 교분이 두터웠던 걸로 압니다. 더구나 흠차대신께선 패라첩목아의 죄를 묻기 위해 대동으로 간 것이 아닙니까? 그를 죽일 이유가 전혀 없다는 겁니다."

서굉림도 그 말을 옳다 여겨 수레를 멈추게 하고는 처음 시신이 발견되었던 길목으로 다시 향했다. 주위에는 오래 전에 흘렸던 피가 말라붙어 검붉게 변해 있었고, 곳곳에 그들이 지녔던 물품들이 흩어져 있는 게 보였다.

"무슨 이유로 사신 일행이 대동으로 가지 않고 반대쪽인 태원으로 갔을까?"

서굉림의 의문은 그 점에 집중되었다. 그는 주위를 자세히 살폈다. 시신이 있던 길목뿐만 아니라, 근처 잡목과 수풀도 샅샅이 뒤졌다. 모든 군사들이 흩어져 혹시 단서가 될 만한 것들을 찾았다. 그러다가 어느 지점에 멈춰선 서굉림은 너무 놀라 아, 하는 탄식과 함께 그 자리에 멈추어 섰다. 그의 두 눈이 충혈 되는 것과 동시에 양쪽 볼이 경직되고 말았다.

"무엇이라? 그게 정말이란 말이냐?"

"그러하옵니다, 황후 마마."

"이럴 수가……."

기 황후는 양 주먹을 세게 쥐고는 아랫입술을 깨물었다. 패라첩목 아가 평소 오만방자하다고 생각했지만 친족까지 죽일 정도로 잔혹할 지는 몰랐다. 그녀의 미간이 심하게 떨리면서 분노로 치를 떨었다. 옆 에 있던 박불화가 다가왔다.

"어떻게 하실 건지요?"

"이런 놈을 어찌 가만 두고 볼 수 있단 말인가? 황상 폐하의 교지를 받아 압송해야 할 것이야."

기 황후는 즉시 황제를 찾아갔다. 가서 서굉림이 조사한 내용을 알 리자 황제도 크게 놀라며 분노를 감추지 못했다.

"내 이를 가만히 놔둘 순 없다. 속히 군사를 내어 패륜아 패라첩목 아를 체포하도록 하라."

황제의 명이 떨어지자 추밀원(樞密院)에서 즉시 도성의 군사를 소 집했다. 총책임은 황태자가 맡았다. 군사를 이끄는 추밀사(樞密使)는 원래 황태자가 겸임하여 자연스럽게 그가 모든 군사를 이끌게 되었 다. 기 황후는 출정하는 황태자에게 단단히 일러두었다.

"고려에서의 원정 실패를 이번 기회에 단단히 만회하여야 합니다. 원의 운명은 황태자의 어깨에 달려있어요."

"잘 알겠나이다. 황후 마마."

황태자는 대도성 앞에 도열한 대규모 군사들을 사열했다. 금빛 투 구를 쓰고 은색 갑옷을 입은 황태자를 태운 말은 갈기를 세운 자주색 으로 기백이 넘쳐흘렀다. 맨 앞에 대오를 갖춘 기마대는 각양각색으 로 구성되었다. 백설을 빚어 만든 것 같은 백마 위에 앉은 기사(騎士) 들은 복색도 백색 갑옷에 은빛 창을 꼬나들고 기세 좋게 도열해 있었다. 붉은색 홍마(紅馬)는 마치 활활 타오르는 화롯불을 보는 것만 같았다. 역시 그에 걸맞게 붉은 투구, 붉은 갑옷을 입은 기사들이 청동 망치를 휘두르며 무적의 위엄과 용맹을 과시했다. 황태자는 용천검을 뽑아 전방을 가리키며 한껏 사기를 북돋웠다.

"역적 패라첩목아를 사로잡아 원 제국과 황실의 위엄을 세우라."

마침내 황태자가 이끄는 10만 대군이 대동으로 진군해갔다. 1364년 4월. 전국 각지에서 들불처럼 번진 한족들의 반란뿐만 아니라, 그들을 막기 위해 과도하게 힘을 키워온 군벌들에게까지 위협을 받아야 했던 기 황후의 고육지책이었다. 내분을 종식시켜 힘을 하나로 만들기 위한 어쩔 수 없는 선택. 그러나 바야흐로 원 제국의 내분은 이제 전면적인 전쟁으로 격화될 양상이었다.

8

대도성에서 군사를 내어 대동으로 향하고 있다는 첩보는 곧장 패라첩목아에게 전달됐다. 그는 수하 제장들과 함께 노적사와 독견첩목아를 불러모았다.

"어찌하여 그들이 군사를 내어 나를 친다 말이오?"

장수 유자화(劉子華)가 고개를 숙이며 대답했다.

"서굉림이 역지아불화가 어떻게 죽었는지 알아낸 것 같사옵니다."

"죽은 연유를 그가 어떻게 알았단 말이냐?"

"시신을 묻었던 곳을 유심히 살핀 것 같습니다. 제가 다시 가보니 그 주위에 시신을 운반했던 수레바퀴 자국이 나 있었습니다. 당시엔 눈이 내리고 있었는지라, 바퀴자국이 남을 거란 생각을 못했습니다."

또 다른 장수가 보고했다.

"그 바퀴자국이 우리가 있는 대동에서 태원으로 향해 있었습니다. 게다가 피를 흘린 자국까지 희미하게 남아 일을 우리가 꾸민 걸 알아낸 듯 하옵니다."

"이런 멍청한 놈들 같으니라구."

패라첩목아는 주먹으로 탁자를 내리쳤다. 그는 날랜 수하들을 시켜 흠차대신인 역지아불화와 그 일행을 무참히 살해했었다. 그 죄를 확곽첩목아에게 덮어씌우기 위해 태원으로 가는 길목에 시체를 건성으로 묻었던 것이다. 조정에서 조사 나온 관리들이 쉽게 발견할 수 있는 곳에 두면 확곽첩목아를 제거할 수 있으리라 믿었다. 이는 모두 노적사의 머리에서 나온 계략이었다. 기 황후와 확곽첩목아의 끈을 끊어 둘을 대립시킬 계획이었다. 하지만 뒷수습이 서툴러 모두 발각되었으니 일은 걷잡을 수 없이 커질 수밖에. 당연히 이를 수습하고자 나선 자도 노적사였다. 그는 간사한 눈을 번득이며 주위를 돌아보았다.

"어쩌면 잘 된 일인지도 모릅니다."

"잘된 일이라뇨?"

"어차피 황상 폐하께선 장군을 역적으로 몰아 내칠 기회만 노리고 있었습니다. 이번 기회에 군대를 몰고 대도성으로 달려가 담판을 짓는 게 상책입니다."

옆에 있던 독견첩목아도 나서서 거들었다.

"대도성에 들어가서 황상 폐하를 직접 만나 누가 잘못했는지, 과연 우리가 역모를 꾀하려 했는지를 따져 묻는다는 명분을 만들면 됩니다."

"그랬다간 정말로 우리를 역도로 몰 것이 아니오?"

"그건 우리가 질 경우에 말이지요. 대도성을 점령하고 기 황후와 황태자, 그리고 간적 박불화와 삭사감 등을 모두 몰아내고 장군께서 그 자리에 오르시면 됩니다. 까짓 황제가 별 겁니까, 버러지 같은 한족들도 힘을 모았다고 너도나도 제왕을 자처하는데, 이 천하는 힘 있는 자가 다스리는 게 아닙니까?"

노적사와 독견첩목아는 더 이상 물러설 곳이 없었다. 조정의 힘에 밀려 옹주로 유배를 떠나거나 대도성으로 압송되면 죽음을 면할 수 없게 된다. 언제까지 패라첩목아 밑에 숨어서 버틸 수도 없었다. 모름지기 승부수를 던져 성공하면 천하를 호령하는 것이고, 실패하면 어차피 죽을 운명이 아닌가. 그렇게 판단한 둘은 집요하게 패라첩목아를 자극하여 이 위기를 벗어나려 했다.

"장군 밑에는 천하제일의 용맹한 군사들이 있습니다. 반란군과 싸우면서 실전 경험도 충분히 쌓았고 장군에 대한 충성심도 굳건합니다. 이에 비해 대도성의 군사들은 그 수가 많다하나 대다수 오합지졸에, 실전 경험이 없지 않습니까?"

패라첩목아는 여전히 망설이고 있었다.

"우리가 대도성을 공격하게 되면 태원의 확곽첩목아가 가만있지 않을 것이오. 더구나 남쪽의 그 쥐새끼 같은 주원장도 기회를 노릴 것이오."

"우리가 속전속결로 대도성을 점령해버리면 됩니다. 황상과 기 황후를 볼모로 삼으면 확곽첩목아도 함부로 덤빌 수 없을 겁니다. 또 군사를 더욱 정비하여 남쪽의 경계를 강화한다면 주원장도 겁을 먹고 침범할 생각을 못할 것입니다."

들고 보니 노적사의 말이 그럴듯해 패라첩목아가 고개를 끄덕였다. 모름지기 군사를 동원해 천하를 도모할 만 했다. 하지만 그는 신중한 사람이었다. 전장에서 잔뼈가 굵은 백전노장. 여전히 풀리지 않는 한 가지 난제 때문에 고민했다.

"내가 일찍이 한인들의 병서를 보니 공격하는 데는 적의 배에 해당하는 군세가 필요하고, 포위하려면 그 배가 필요하다 했소. 성을 공격하는 것은 포위 중에서도 가장 어려운 포위요. 그런데 지금 장졸 하나 잃지 않고 곧바로 대도성에 이른다 해도 오히려 군세가 부족한 터에, 그 싸움에서 많은 수하들을 잃어버린다면 그 뒤를 어찌 감당하겠소?"

독견첩목아가 대답했다.

"이번 전투에선 넓은 들판에서 당당히 승부를 겨루는 것 보다 매복을 하는 게 좋을 듯 합니다."

"적이 전혀 예측하지 못한 곳에 숨어 있다가 일시에 공격한다면 엄청난 타격을 줄 수 있을 겁니다. 허를 찌를 만한 매복지가 필요합니다."

"대도성에서 여기에 이르는 길에 그런 곳이 있소이까?"

지리에 밝은 노적사가 얼른 대답했다.

"한 군데 있기는 합니다만……."

패라첩목아가 밝은 표정으로 물었다.

"그곳이 어디요?"

"갈대숲과 억새가 우거진 습지가 한 곳 있습니다. 주변이 산으로 막혀 있고 외각으로 강이 흘러 이곳을 지나지 않을 수 없을 것입니다."

"군사들을 숨기기엔 충분하오?"

"군사들을 습지 우거진 억새풀 사이에 숨기고, 기병(騎兵)은 부근 산자락 잡목 숲에 감추면 될 것입니다. 하지만……."

노적사가 말끝을 흐리며 망설이자 패라첩목아가 다급히 물었다.

"하지만 뭐요?"

"그 땅은 진펄이라 무거운 철기를 쓸 수가 없습니다. 말들이 무릎까지 펄에 빠지면 움직이지 못해 오히려 우리가 그들의 밥이 될 수 있습니다. 또한 마른 갈대와 억새가 대부분이라 상대가 화공을 쓴다면 꼼짝없이 당하고 맙니다. 우리 군사를 모두 불구덩이에 몰아넣을 수도 있단 말이지요."

그 말에 패라첩목아의 얼굴이 어두워졌다. 듣고 보니 그곳에 군사를 매복시키는 것은 실로 위험천만한 일이 아닐 수 없었다. 그 바람에 군막 안은 한동안 무거운 침묵에 빠져들었다. 모처럼 눈앞에 찾아온 호기가 홀연 사라져버린 듯한 느낌에 패라첩목아의 얼굴은 더욱 어두워졌다. 한참이 지난 후 문득 패라첩목아가 두 손을 마주치며 옆을 돌아보았다. 그는 희색이 만연한 얼굴로 입을 열었다.

9

대도성을 출발한 황태자의 군대는 사흘 만에 무정하(無定河)의 여울목에 다다랐다. 겨울의 끝자락이라 얼었던 여울목은 대부분 녹아 있었고, 곳곳에 큰 얼음덩어리가 떠다니고 있었다.

"여기서 장졸들에게 점심을 먹인 뒤에 강을 건너는 게 좋을 듯 하오."

말 위에서 차갑게 흐르는 강물을 바라보며 황태자가 말했다. 여울목이라고 하지만 수심이 깊은 곳은 허리까지 차는 곳도 있었다. 찬물을 건너기 전에 군사들에게 밥이라도 든든히 먹이자는 뜻이었다. 그러나 황태자의 명에 우장 불란해(不卵咳)가 고개를 내저었다.

"어차피 물을 건너면 군사들을 쉬게 하고, 불을 피워 젖은 옷도 말려야 합니다. 먼저 강을 건너게 한 뒤에 밥을 먹이는 게 나을 것 같사옵니다."

좌장인 대아홀도(大兒忽都)가 이를 반대했다.

"물을 건너면 갈대숲과 우거진 숲이 나옵니다. 마땅히 척후(斥候)를 보내 살피신 후 군사를 건너게 해야 할 것입니다"

불란해도 지지 않고 반대 의견을 내놓았다.

"척후라? 그럼 패라첩목아의 군사가 매복이라도 하고 있단 말이오? 생각해보시오. 이곳은 패라첩목아가 있는 대동에서 5백 리나 떨어진 곳이오. 어떻게 그들이 탐마(探馬)나 봉화(烽火) 한번 없이 이곳까지 이를 수 있단 말이오?"

원나라는 역참제도(驛站制度)와 봉화가 발달해 있어 군사의 이동을 쉽게 파악할 수 있었다. 대규모 병력이 정상적인 길로 움직인다면 분명 그 동향이 전해졌을 것이다.

"여태 아무런 연락이 없는데다 척후병까지 아직 도착하지 않고 있는 게 이상합니다."

그 말이 떨어지는 것과 동시에 척후병 하나가 급히 여울목을 건너왔다. 그는 황태자 앞으로 달려와 상황을 보고했다.

역풍逆風

"패라첩목아의 군이 아주 빠른 기세로 달려오고 있습니다. 봉화를 끊어버리고, 역참의 파발까지도 앞질러 오고 있습니다. 얼마나 빠른지 소인과 나란히 달릴 정도였습니다."

"그들이 지금은 어디에 있느냐?"

"서쪽 삼십 리쯤 되는 연곡이라는 곳입니다. 거기서 군막을 세우고 솥을 걸어 밥을 짓고 있는 걸 보고 급히 달려온 것입니다."

듣고 있던 불란해가 황태자 앞에 나섰다.

"그곳 지리라면 제가 압니다. 계곡이 깊고 길이 좁아 우리 군이 반드시 지나가야 할 곳입니다. 적은 거기서 매복해 있다가 우리를 급습할 것이 분명합니다."

황태자가 고개를 끄덕이며 그 말을 받았다.

"내가 보기에도 적은 그 계곡에 매복해 우리를 기다리는 성 싶소이다. 우린 적의 계략에 말려든 것처럼 하여 싸우다 거짓으로 패한 척 물러나면 틀림없이 우리를 따라 계곡에서 나올 것이오. 그 다음은 이 앞의 넓은 벌판에서 흔쾌하게 일전(一戰)을 벌이면 될 것이오."

"정면으로 싸운다 해서 무조건 우리에게 승산이 있는 건 아닙니다."

"내게 적을 한꺼번에 쓸어버릴 계책이 있소이다. 장군들은 저 들판을 보고 떠오르는 생각이 없소?"

그 말에 불란해가 지체 없이 대답했다.

"화공을 생각하시는 것입니까?"

"그렇소이다. 마른 갈대숲과 억새풀에 불을 놓으면 적은 순식간에 불길에 휩싸일 것이오."

"하지만 우리 군사와 적이 한데 얽혀 있는데 어떻게 불을 놓을 수 있겠습니까?"

"지금은 겨울이 아니오? 보시오, 북서풍으로 불고 있소. 우리가 불길을 놓으면 불길은 저절로 저들이 있는 곳으로 순식간에 번져갈 것이오."

황태자의 계책에 다른 장수들도 옳다 여겨 고개를 끄덕였다.

"그대들이 여기서 패라첩목아와 싸우는 동안, 나는 측면으로 돌아가 적의 배후인 대동을 칠 것이오. 군사 1만을 데리고 가 배후를 쳐서 양쪽을 압박하면 꼼짝없이 포위하는 형국이 되겠지요."

그리하여 황태자는 10만의 군사 중 가장 날랜 군사 1만을 거느리고 여울목을 건넜다. 거기서 들판 쪽으로 가지 않고 남쪽으로 향했다. 빙돌아서 대동을 향해 나아간 것이다. 여기서 화공으로 적을 섬멸하고, 연이어 뒤에서 밀어붙여 완전히 소탕시킬 계획이었다.

그동안 불란해가 이끄는 군대 또한 여울목을 건너고 있었다. 3만의 군사 중, 마갑(馬甲)을 떼고 흉갑(胸甲)만 걸친 날랜 기마병 1만은 내처 서쪽으로 달려갔다. 그동안 2만의 군사는 억새풀과 갈대숲 곳곳에 매복해 패라첩목아의 군을 기다렸다.

기마병을 몰고 바람처럼 달려가 서쪽 산곡에 이른 대아홀도가 외쳤다.

"적들이 계곡 곳곳에 숨어 있다. 화살을 쏘아 밖으로 끌어내라."

기마병들이 말에서 내려 계곡 아래를 향해 일제히 활을 쏘았다. 장대비 같은 화살을 날렸으나 적이 눈에 보이지 않으니 명중률이 높을리도 없었다. 다만 기마병들은 적을 이끌어 내기 위한 전략에 따라 화살을 쏘면서 조금씩 뒤로 물러나기만 했다. 곧 패라첩목아의 군사들이 활을 쏘며 응수해오더니 모습을 드러내며 위로 올라오기 시작했다. 대아홀도의 군사들은 일부러 활을 맞고 쓰러진 척 했다. 그들은 적의 기세에 밀려 조금씩 뒤로 밀리는 척 하더니 이내 말에 올라탔다. 그리고는 일제히 흙먼지를 날리며 내빼기 시작했다. 이 기세를 놓치지 않으려는 듯 패라첩목아의 군사들이 거센 함성을 내지르며 쫓아왔다. 하지만 기마병의 속도를 당할 순 없었다. 기세 좋게 쫓아갔지만 거리는 점점 멀어지고, 군사들도 많이 지쳐갔다. 패라첩목아의 군사들은 억새풀 들판 앞에서 멈춰 서고 말았다. 건너편 갈대숲에서 이를 지켜보고 있던 대아홀도는 쾌재를 불렀다.

"적을 여기까지 유인해 왔소이다."

옆에 있던 불란해도 무릎을 치며 기뻐했다.

"온전히 우리 계략에 말려들고 말았습니다."

"하지만 아직은 작전을 펼치기엔 이릅니다. 적들이 온전히 벌판 한가운데로 와야만 화공을 펼칠 수 있습니다."

불란해가 긴 장검을 빼어들며 나섰다.

"내가 나가서 적장과 겨루는 척하며 적을 끌어오지요."

그러면서 말을 몰아 적장 바로 앞까지 달려갔다.

"역적 패라첩목아는 속히 나와 나의 칼을 받아라!"

적의 진영에서 패라첩목아가 그 말을 받았다.

"역적이라니? 말도 안 되는 소리다. 나는 다만 대도성에서 황상 폐하를 뵙고 누가 진정 역적인지 따져 물을 것이다."

"따져 묻는 자가 무슨 군사를 이리 많이 끌고 오는 것이냐? 이는 반란이 분명하다. 패라첩목아는 그 간사한 주둥이를 놀리지만 말고 속

떨어지는 핏방울, 흩날리는 눈물

히 내 앞으로 나오라."

그렇게 소리치며 신경을 자극하니 흥분할 수밖에. 패라첩목아 대신 독견첩목아가 무장을 한 채 길이가 다섯 자나 되는 반월도(半月刀)를 움켜쥐고 달려 나왔다. 말을 탄 두 사람은 몇 번 칼을 맞부딪쳤으나 쉽게 승부가 나지 않았다. 불꽃 튀는 접전이 일더니 불란해가 힘이 달린 듯 슬쩍 말머리를 돌렸다. 한 손으로 칼을 맞잡고 다른 한 손으로 고삐를 움켜쥐는 것이 낭패한 기색이 역력했다. 그러더니 말머리를 온전히 돌려 달아나기 시작했다.

"적장을 잡아라."

그 소리와 함께 패라첩목아의 군사들이 일제히 달려들었다. 개미떼 같이 늘어선 군사들이 벌판을 가로지르는 모습은 일대 장관을 이루었다. 그들은 학익진을 펼치듯 넓게 진세를 구축하고 달려들었다.

이를 지켜본 대아홀도는 칼을 빼들며 소리쳤다.

"드디어 우리의 계략에 말려들었다. 속히 화공을 준비하라."

그 말이 떨어지는 것과 동시에 들판 한쪽에 불길이 치솟기 시작했다. 그런데 가만히 보니 그 방향이 이상했다. 적진이 아니라 바로 아군 뒤쪽에서 불이 붙은 것이다. 처음 대아홀도는 불을 잘못 놓은 걸로 착각했다.

"활을 똑바로 겨냥하란 말이다."

하지만 수하 장수가 보고한 말을 듣고 그는 순간 아찔함을 느꼈다.

"우린 아직 화공을 준비하지 못했습니다. 이제 부싯돌을 두드려 화살에 불을 붙이고 있습니다."

"그럼 저기에 옮겨 붙은 불은 무엇이란 말인가?"

불은 뒤쪽 후미에서 하나둘 일어나기 시작하더니 이내 삽시간에 번져갔다. 동시에 말들이 우는 소리가 크게 들렸다. 대아홀도와 불란해가 급히 불길 쪽으로 말을 몰아갔다. 하지만 몇 걸음 내딛지 못하고 크게 놀라며 물러서지 않을 수 없었다. 놀라운 광경이 눈앞에서 벌어지고 있었다.

9

황태자는 1만의 군사를 거느리고 힘들게 진군해나갔다. 한참을 돌아오느라 편한 길을 걷지 않고 험한 산과 계곡을 따라 나아갔다. 군사들도 조금씩 지쳐갔다. 추운 날씨에 음식도 제대로 먹지 못해 탈진하는 군사들이 속출했다. 그렇다고 진군 속도를 늦출 순 없었다. 여울목 앞 벌판에서는 아군이 화공을 이용해 큰 승리를 거둘 것이라고 황태자는 믿었다. 자신이 이끄는 군대가 서둘러 대동으로 달려가야만 적의 퇴로를 차단하고 양쪽에서 협공을 할 수 있다. 아군의 화공에 큰 패배를 당한 패라첩목아는 분명 패잔병들을 이끌고 대동으로 돌아올 것이다. 황태자는 그 길목을 지키고 있다가 잔적(殘賊)들을 소탕할 계획이었다. 대아홀도와 불란해가 이끄는 군대와 합세해 대동마저 진압해 버리면 반란군들은 온전히 궤멸될 것이다.

"한시도 지체할 수 없다. 더 속도를 내어 진군하라."

황태자는 군사들을 격려하기 위해 자신도 말을 타지 않고 뛰어갔다.

그 시각. 대아홀도와 불란해의 군사들은 혼란에 빠져 어찌할 바를

떨어지는 핏방울, 흩날리는 눈물

몰랐다. 뒤쪽에서 북서풍을 타고 무섭게 타오르는 불길은 순식간에 벌판을 가로지르며 군사들을 덮쳐왔다. 대아홀도는 말의 고삐를 당겨 일단 불길을 피하기로 했다.

"어떻게 이럴 수가 있단 말이오?"

"적들이 이런 계책을 쓸 줄은 전혀 예측하지 못하였소이다."

"우선은 몸을 피하는 게 급선무일 것 같습니다."

"우리가 꼼짝없이 당한 것 같소이다."

벌판에서의 화공은 바람의 향방과 위치 선점이 관건이었다. 패라첩목아는 황태자의 군이 닿기 전에 가장 빠른 준마 열 마리를 은밀히 벌판으로 보냈다. 그 말들은 모두 입에 재갈을 물리고 발굽에는 헝겊을 매 소리 없이 억새풀 밑에 숨어 있도록 했다. 말 등에는 섶과 마른 나뭇가지를 잔뜩 실어 놓았다. 단 두 명의 군사가 열 마리의 말을 데려가 황태자의 군사 뒤쪽에 숨었다. 그들은 말의 무릎을 꿇어앉히고 오랫동안 억새풀 속에서 기다렸다. 그러다가 황태자의 군이 벌판에 당도하고, 장수 불란해가 패라첩목아의 군사를 끌어오는 동안 미리 숨어 있던 두 사람은 작전을 펼치기 시작했다. 말 등에 실어둔 섶과 마른 나뭇가지에 불을 붙인 것이다. 등에 불이 붙자 말들은 비명을 내지르며 개울을 향해 미친 듯 질주하기 시작했다. 말들이 가로지르는 방향을 따라 들판은 삽시간에 불이 번졌던 것이다.

불은 북서풍을 타고 검은 연기를 내뿜으며 무섭게 타 들어갔다. 대아홀도와 불란해의 군사들은 뒤에서는 불길에 공격을 받고 있었고, 앞에서는 진을 이루고 뒤로 천천히 물러서며 패라첩목아의 군사들이 내쏘는 화살에 쓰러지고 있었다. 불길에 쫓겨 경황이 없는지라 전열을 가다듬을 시간도 없었다. 허겁지겁 불을 피해 앞으로 달려가 보았자 기다리는 것은 장대비 같은 화살에, 적들이 휘두른 창과 칼날이었다. 그 참상은 아비지옥이 따로 없었다. 간담 찢기는 비명소리를 들으며 좌장 대아홀도 역시 몇 걸음 휘청거리다 푹 고꾸라지고 말았다. 대아홀도가 죽기 전 마지막으로 본 것은 무섭게 타오르는 불길이었다.

검은 연기 사이로 쓰러진 병사들의 몸이 불에 타오르고 있었다. 살이 타는 역한 냄새가 코를 찔렀다. 창과 칼이 사위를 가르고 화염과 서녘 하늘의 석양이 피를 토하듯 뒤엉켜 있는 들판은 한 폭의 지옥도였다. 불길과 창칼을 피해 군사들은 아우성치며 몰려다녔다. 그들은 칼끝에 쓰러지기보단 차라리 불길에 뛰어드는 쪽을 택했다.

겨우 목숨을 건져 여울을 건너온 불란해는 너무 원통하고 분해 땅을 쳤다. 훨씬 많은 수의 군사들을 거느리고도 완패를 당한 것이다. 계략을 썼지만, 적들은 그 계략을 역이용했다. 그는 갑옷뿐만 아니라 수염과 머리카락까지 그을린 몰골로 가쁘게 숨을 몰아쉬었다. 주위를 돌아보니 적의 칼에 쓰러진 자보다 불에 타 죽은 군사가 훨씬 많았다. 물을 건너온 군사는 5천도 채 되지 않았다.

그는 지체할 여력이 없었다. 겨우 살아남은 군사를 서둘러 정비해 대도성으로 달아났다. 다행히 많은 수의 말들이 살아남아 보졸들까지 말에 태울 수 있었다.

"속히 성문을 열어라."

불란해는 남은 패잔병을 이끌고 대도성에 들어섰다. 이 소식을 들은 기 황후가 급히 달려 왔다.

"어떻게 된 것이오?"

불란해가 흐느끼며 엎드렸다.

"소신, 죽여주소서. 적의 간계에 말려 군사 태반을 잃고 쫓기어 왔나이다."

"황태자는, 황태자는 어찌 되었소?"

"황태자 전하는 아마 무사하실 것이옵니다. 패라첩목아의 배후를 치기 위해 1만의 군사를 이끌고 대동으로 향하셨습니다."

"장군이 그 많은 군사로도 이렇게 대패를 했는데, 황태자가 거느린 군사만으로 그들 공격을 당해내기나 하겠소?"

기 황후는 황태자를 걱정하고 있었지만 당장 급한 것은 대도성을 사수하는 것이었다. 패전의 소식은 즉각 황제에게도 보고 되었고, 남아 있는 도성의 군사들에게 총동원령이 떨어졌다. 동시에 밖으로 향하는 성의 모든 문이 봉쇄되었다.

만반의 태세를 갖추었지만 패라첩목아의 군사를 막아내기엔 역부족이었다. 군사의 수도 부족했고, 무엇보다 대패를 한 후라 군사들의 사기가 땅에 떨어져 있었다. 거기다 대도성의 백성들 사이로 불안한 기운이 확산되면서 일대 혼란이 벌어지고 있었다. 우물물을 긷기 위해 앞 다투어 달려갔고, 점포 앞에는 곡식을 먼저 사기 위해 한바탕 소란이 벌어지고 있었다.

황제는 대도성의 위험을 해결하고자 군신들을 모아 대책을 논의했다. 하지만 신하들은 서로의 얼굴만 쳐다볼 뿐, 누구 하나 뾰족한 대책을 내놓는 자가 없었다. 그나마 삭사감이 한 가지 의견을 내놓았다.

"태원의 확곽첩목아 장군에게 구원을 요청하면 즉시 달려올 것입니다. 성문을 굳게 잠그고 잠시만 버티면 될 것입니다."

박불화도 그의 말을 거들었다.

"대도성은 견고하고 높은 성이옵니다. 역적의 수가 비록 많다 하나 함부로 들어올 순 없을 것입니다."

하지만 대다수의 신하들은 이들과 의견을 달리했다.

"굳이 저들과 싸울 필요는 없을 듯합니다. 패라첩목아를 직접 만나시어 잘 달래신다면 순순히 물러날 것입니다."

"같은 관군끼리 칼끝을 겨누면 기뻐할 사람은 남쪽의 주원장밖에 없사옵니다. 힘을 하나로 합쳐도 모자랄 판에 분란을 벌일 이유가 무엇이 있겠습니까?"

황제의 뜻도 그들의 의견 쪽으로 기울어갔다. 원래 문약하고 소심한 황제는 섣불리 나서서 자신의 자리까지 잃고 싶지는 않았다. 황제의 자리만 위협하지 않는다면 잘 달래 돌려보낼 요량이었다. 그는 즉시 국사(國師) 달달(達達)을 흠차대신으로 임명해 패라첩목아에게 보냈다.

달달은 성을 나가 대도성으로 몰려오고 있는 패라첩목아의 군영을 찾았다. 그는 국사로 문무백관의 추종을 받고 있는 터라 패라첩목아도 함부로 대하지는 못했다. 최대한 정중히 대하며 안으로 안내했다.

"어서 오십시오. 국사 어른."

패라첩목아가 상석을 권했지만 그는 거절하고는 서 있기만 했다.

"장군, 그대를 따르고 있는 군사들 또한 황상 폐하의 군사들이 아니오? 그런데 어찌 사사로이 군대를 일으켜 분란을 일으키고 대도성까지 위협하는 게요? 이는 분명 반역행위에 해당하오."

"반역이라니요? 천부당만부당한 소립니다. 소장은 기 황후 마마와 그 밑의 간신들에게 억울한 누명을 썼습니다. 그 간신들이 황상 폐하의 총기를 흐리며 국정을 좌지우지하고 있다는 걸 국사께서도 잘 알고 계시지 않습니까? 전 직접 황상 폐하와 독대하여 제 억울함을 호소할 것입니다. 다른 의도는 전혀 없습니다."

"그럼 군대를 바로 물리겠단 말이오?"

"저를 역적으로 몬 박불화와 삭사감만 처벌해 주신다면 지체 없이 군사를 돌려 대동의 진영으로 돌아가 맡은 바 소임을 다 하겠습니다."

대도성으로 돌아온 달달은 패라첩목아의 요구사항을 그대로 전했다.

"박불화와 삭사감만 내치면 곧바로 군사를 물리겠단 말이지?"

황제는 크게 안도하는 표정이었다.

"그 정도라면 그리 어려운 일이 아니지 않느냐? 패라첩목아의 확답을 다시 한번 받아오도록 하라."

하지만 기 황후는 결사반대하고 나섰다.

"그들이 노리는 게 겨우 그 두 신하뿐이겠습니까? 두 신하를 내친 다음 저를 쫓아낼 게 분명합니다. 이는 곧 황실의 위엄을 떨어뜨리는 것과 동시에, 황상 폐하까지 위협하는 행위입니다. 물러서지 말고 맞서 싸워야만 합니다."

황제는 망설이며 쉽게 결정을 내리지 못했다. 황후의 말이 옳은 듯하지만 모험을 걸고 싶지는 않았다. 유약한 황제의 성정을 잘 알고 있는 기 황후는 더 강한 어조로 말했다.

"지금 황태자에게는 1만의 정예군이 있습니다. 또한 태원에는 천하무적의 확곽첩목아가 있지 않습니까? 대도성에서 수성을 하며 조금만 버티면 그들이 곧장 달려와 역적 패라첩목아를 몰아낼 것입니다."

"글세, 짐은 잘 ⋯⋯."

그렇게 망설이고 있는 사이에 기 황후가 직접 나서며 문무백관을 한데 소집했다.

"저들의 달콤한 말에 결코 현혹되어서는 안 될 것이오. 10만의 대군을 이끌고 온 저들이 겨우 두 신하의 죽음만 확인하고 그냥 돌아갈 것이라 생각하시오? 분명 역심을 품고 황상 폐하의 자리까지 노리고 온 것입니다. 경들은 모두 죽음을 각오하고 저들과 맞서 싸워야 할 것이오."

기 황후의 시퍼런 서슬에 신하들은 따를 수밖에 없었다. 군사의 통솔은 모두 기 황후가 직접 나서며 이끌었다. 대도성의 군사들뿐 아니라 관청의 이졸(吏卒)까지 모두 동원해 성벽 위에 올라서게 했다. 수적인 열세를 감추기 위해서였다. 도성의 백성들에게는 무기가 될만한 것을 모두 모으게 했다.

기 황후를 추앙하는 백성들이 구름같이 몰려들었다. 특히 대기근 때 그녀에게 은혜를 입은 백성들은 목숨까지 바칠 각오였다. 괭이나 낫을 가져와 한데 모았고, 큰솥을 걸어 뜨거운 물을 끓였다. 돌멩이와 벽돌을 가득 모아 성벽 위에 쌓아놓기도 했다. 기 황후는 성벽에서 가장 높은 망루에 직접 올라갔다. 주위를 살피니 패라첩목아의 군대가 천천히 다가오는 게 보였다. 10만의 군사가 도열한 채 다가오는 광경은 과히 위압적이었다.

칼날 같은 차가운 바람이 성벽과 벌판 사이로 불어왔다. 바야흐로 기 황후와 패라첩목아가 천하의 주인자리를 놓고 일대 격전을 벌이려는 찰나였다. 수많은 군사가 까맣게 몰려와 성 주변에 진을 쳤다.

패라첩목아가 말을 몰아 성벽 바로 밑까지 달려왔다.

"성문을 열어주시오. 황제 폐하를 직접 만나 내 결백을 밝히고 나를 모함한 간적들을 모조리 없앨 것이오."

그러자 망루에 서 있던 기 황후가 외쳤다.

"이놈, 패라첩목아야! 네가 거느리고 있는 군사들도 황상 폐하의 군사이거늘 어찌 사사로이 움직여 황실을 위협하는 게냐? 속히 군사를 물린다면 죄를 묻지 않겠다. 노적사와 독견첩목아, 이 두 간적을 내놓고 속히 대동으로 물러가거라."

"황후께선 욕심이 너무 과하십니다. 공녀 신분으로 황후의 자리에 오른 것만도 감지덕지해야 할 것이오. 지금이라도 성문을 열고 군대를 해체하면 즉시 고국 고려로 보내드리리다."

"무엇이라! 네놈이 감히 원 제국의 황후를 능멸하는 게냐?"

기 황후는 우렁찬 목소리와 함께 들고 있던 부채를 높이 들었다.

"오늘 여기가 네 무덤인줄 알렸다."

패라첩목아는 길게 한숨을 내쉬며 위를 올려다보았다.

"크게 후회하게 될 것이오."

그리고는 말머리를 돌려 진영으로 되돌아갔다.

기 황후는 단단히 준비를 하고는 전열을 가다듬었다. 하지만 적은 쉽게 공격을 해오지 않았다. 오히려 군사를 뒤로 물렸다. 그들은 성에서 한참 떨어진 곳에 군막을 짓고 곳곳에 솥을 걸었다. 당장 성을 공격할 뜻은 없는 듯 했다. 노적사가 패라첩목아의 군막으로 찾아왔다.

"왜 속히 공격을 하지 않는 게요? 여기서 지체하는 동안 황태자가 확곽첩목아의 군사를 몰아 올 것이외다."

"내가 그것을 모를 리 있겠습니까? 허나 지금 성을 공격하면 우리가 절대 불리합니다."

"불리하다니요, 장군의 군사는 천하무적이지 않습니까?"

"군사가 비록 막강하다 하나, 성벽이 너무 높고 단단하여 공성이 쉽지 않소이다. 섣불리 덤볐다간 우리 군사만 큰 피해를 입고 맙니다."

"그렇다고 언제까지 여기서 지체하고 있을 순 없지 않습니까?"

노적사는 초조한 표정이었지만 패라첩목아는 오히려 여유가 있었다.

"한 이틀만 기다려 보시오. 적을 한방에 무너뜨릴 비밀 병기가 곧 당도할 것입니다."

"비밀 병기라뇨?"

노적사가 물었으나 패라첩목아는 웃기만 할 뿐, 아무 대답도 해주지 않았다.

같은 시각. 대동에 거의 당도한 황태자에게 전령이 급히 달려왔다.

"무엇이라, 불란해가 이끄는 군사들이 전멸했단 말이냐?"

"그러하옵니다. 패라첩목아가 그 여세를 몰아 대도성을 함락하기 일보 직전이라 하옵니다."

황태자는 분한 표정으로 주먹을 움켜쥐었다.

"내가 그 자리에 있었다면 충분히 이길 수 있었을 텐데……."

하지만 후회해도 이미 지나간 일. 우선 급한 불부터 꺼야 했다.

"안 되겠다. 여기서 기다리고 있어봐야 아무 소용이 없다. 속히 말머리를 돌리자."

황태자를 수행하는 장수가 물었다.

"어디로 가시려는 겁니까?"

"속히 대도성으로 달려가 패라첩목아의 후미를 공격할 것이다. 도성에서 맞서고 우리가 뒤에서 호응한다면 충분히 승산이 있다."

하지만 그 장수는 반대 의견을 냈다.

"만약 우리가 호응을 했는데도 지게 되면 대도성은 온전히 패라첩목아의 손에 들어가고 맙니다. 확실한 승기를 잡을만한 여건을 만들어야 합니다."

"확실한 승기라……."

"지금 당장 확곽첩목아 장군에게 구원을 요청하시지요. 그가 데리고 있는 군사와 우리 군사가 함께 힘을 합하면 능히 패라첩목아의 군대를 격파할 수 있을 겁니다."

황태자는 그 뜻에 따라 구원을 요청하는 친서를 썼다. 대동에서 군사를 돌려 대도성으로 향하면서 한편으로 태원의 확곽첩목아에게 전령을 급파했다.

10

멀리 산중으로 동이 터오며 하늘 한 자락이 붉게 물들어갔다. 기 황후는 그 하늘이 핏빛을 닮아 절로 미간을 찌푸렸다. 패라첩목아가 성 밑에서 주둔한 지 이틀이 지나가고 있었다.

여태 성을 공격하지 않는 이유가 뭘까? 그 이유가 무엇이든, 어쨌든 잘 된 일이지 않는가? 그동안 대동에 가 있는 황태자와 태원의 확곽첩목아가 합세하여 원군을 보내온다면 저들을 모조리 쓸어버릴 수 있으리라.

그녀는 망루에 서서 성벽 위의 군사들을 바라보았다. 모두들 지친 표정이지만 그 의기는 아직 살아 있었다. 밖에서 황태자의 군사만 호응해 준다면 충분히 승산이 있었다. 그녀가 망루에서 막 내려가려 할 때였다. 반대쪽 망루에서 크게 외치는 소리가 들려왔다.

"저길 보십시오."

군관이 손짓하는 방향으로 시선을 돌리자 거대한 괴물 같은 것이 대도성으로 몰려오는 게 보였다. 누런 흙먼지를 일으키며 접근해 오는 그것은 마치 길게 목을 빼고 있는 용의 형상을 하고 있었다.

설마 용이 나타났을 리가…….

기 황후는 눈을 비비며 다시 바라보았다. 그러자 대도성을 에워싸며 적루(敵壘)가 연이어 나타나고 있었다. 적루란 공성용(功城用) 무기로서, 그 형상은 3층으로 된 높은 망루와 비슷했다. 층마다 네 벽에 모두 동그란 구멍이 나 있었다. 그 안에는 궁노(弓弩), 화총(火銃), 양양포(襄陽炮)가 설치돼 있었고, 수십 명의 군사들이 몸을 숨기고 있었다. 적루의 3층 높이는 대도성의 성루와 같아서, 발판만 펴면 반란군들이 바로 성으로 침투할 수 있었다. 그 바닥은 나무로 만든 바퀴가 달려 있어 원하는 위치로 이동하기에도 편리했다.

이 적루는 성 안의 군사들에게 매우 위협적이었다. 성에서 쏜 화살은 적루의 네 벽에 가로막혔지만, 적루에 탄 군사가 쏜 화살은 성 안으로 곧장 날아들며 사상자를 냈기 때문이다. 수성의 유리함으로 믿고 있던 높은 성벽은 적루 앞에선 한낱 구멍 뚫린 울타리로 전락할 수밖에 없었다. 패라첩목아는 대동에서 출발한 이 적루가 도착하기를 기다리며 여태 공격을 미뤄왔던 것이다.

10만의 군사에 적루까지 가세하자 기세가 크게 오른 패라첩목아는 의기양양한 표정으로 선두에 섰다.

"공격하라!"

칼을 빼 휘두르며 소리치자 곧장 적루가 거대한 탑처럼 전진했고, 이에 맞서 대도성에서 쏜 화살과 돌들이 난무했다. 서로가 한 치의 양보도 없이 대접전이 벌어졌다. 포위를 뚫는 전투와 성을 공격하는 전투가 겹쳐 성 위쪽이나 아래쪽이나 할 것 없이 전고(戰鼓) 소리가 요란했고 곳곳에서 터져 나오는 비명 소리가 고막을 찢을 듯 천지에 진동했다. 겨울의 차갑던 공기도 뜨겁게 달궈져 열기가 감돌 정도였다. 그만큼 전투는 치열했다.

하지만 승세는 의외로 대도성 쪽으로 기울어갔다. 군사와 백성들이 죽기 살기로 힘을 합쳐 무기가 될 만한 모든 것을 내던지고 있었다. 큰 바위덩어리를 굴리고 벽돌과 쇠붙이를 조준하여 던졌다. 펄펄 끓는 물이 끊임없이 쏟아져 적은 사다리를 타고 오르는 건 고사하고 근처로 접근하는 것조차 어려웠다. 또한 추밀원에서 가져온 간이 화포가 큰 위력을 발휘했다. 철석(鐵石) 부스러기가 힘차게 날아가 거대한 적루의 윗부분을 타격했고, 그 바람에 적루에 탄 반군들이 하나둘 나가떨어지며 아우성이 터져 나왔다.

"뒤로 물러서라."

패라첩목아는 군대를 급히 후퇴시켰다. 공격이 조금 뜸한 틈을 이용해 그들은 사다리를 내리고 급히 적루를 뒤로 물렸다.

"와아!"

패라첩목아의 군대가 후퇴하자 성의 군사들이 함성을 내질렀다. 10

역풍逆風

만의 대군과 신무기라 할 수 있는 적루의 공세까지 막아낸 것이다. 이는 군사와 백성이 혼연일체가 되어 맞서 싸웠기 때문에 가능한 일이었다. 그만큼 백성들은 기 황후에게 큰 신뢰를 보이고 있었고, 그녀의 통제에 잘 따랐다.

군막으로 돌아온 패라첩목아는 붉으락푸르락한 얼굴로 거칠게 갑옷을 벗었다. 그를 기다리고 있던 독견첩목아가 핀잔을 주었다.

"도대체 저 따위 오합지졸들 하나 이기지 못한단 말입니까?"

"저들이 저렇게 완강하게 저항할 줄을 몰랐소이다."

독견첩목아는 답답해서 가슴을 쳤다.

"서둘러야 합니다. 조만간 황태자와 확곽첩목아가 군사를 몰고 오면 우린 꼼짝없이 당하고 맙니다."

"군사들의 사기가 땅에 떨어졌는데 어떻게 다시 공격을 한단 말입니까? 그랬다간 분명 더 큰 피해를 입을 것이오."

"그럼 속히 후퇴를 해야지요."

"후퇴를 해서 어디로 간단 말이오? 대동으로 갔다간 기세를 회복한 황제가 황태자와 확곽첩목아에게 명하여 수십만의 대군을 모아 우리를 토벌할 것이오."

군막 안에 무거운 침묵이 감돌았다. 군사를 내어 여기까지 왔고, 더구나 대도성의 군사들과 전투를 벌였으니 이미 칼은 뽑은 셈이다. 다시 칼집에 넣을 수도 없는 노릇. 앞으로 나아가기도, 그렇다고 물러설 수도 없는 상황이었다. 뚜렷한 방법이 없어 그들은 얼굴을 붉힌 채 고개만 내젓고 있었다. 둘의 암담한 표정과는 달리 노적사는 크게 낙담

하지 않았다. 오히려 여유 있는 표정으로 둘을 돌아보았다.

"제게 한 가지 계책이 있긴 한데……."

그는 주위를 살피며 바짝 다가와 목소리를 낮추었다.

"어서 오시오, 장군."

황태자는 말에서 내린 확곽첩목아의 손을 꽉 쥐었다. 확곽첩목아는 황송한 표정으로 손을 떼고는 급히 무릎을 꿇고 고개를 숙였다. 그는 턱밑에 검고 풍성한 수염이 길게 자라 있어 마치 관공(關公)을 연상케 했다. 수염뿐만 아니라 불덩어리를 품은 듯 빛나고 있는 두 눈매와 두툼한 입술이 전형적인 장수의 형상이었다. 키는 황태자보다 훨씬 컸고, 무릎 위로 올려놓은 팔뚝은 웬만한 사람의 허벅지만 했다.

확곽첩목아는 황태자에게 자신의 군대를 사열시켰다. 넓은 벌판에 도열해 있는 군사의 수는 10만에 가까웠다. 확곽첩목아 바로 밑의 장수들이 융장(戎裝)을 입고 명령을 기다리는 가운데 창검을 높이든 보병과 기병들이 위풍당당하게 도열해 있었다. 황태자는 임시로 마련된 배장대(拜將臺) 위에 올라가 외쳤다.

"그대들은 위기에 처한 황실을 구해낼 귀한 사명을 받은 자들이다. 천하를 제패한 그 호기를 가지고 역적들을 모조리 섬멸하라!"

10만의 군사들이 일제히 함성을 내지르자 그 소리는 능히 천지를 진동시킬 만 했다.

배장대에서 내려온 황태자는 서두르기로 했다. 방금 달려온 척후병은 아직 대도성이 함락되지 않았다고 전했다. 기 황후가 지휘하는 도성에서 잘 버텨주어 아직 위급하지는 않았다. 속히 달려가 앞뒤로 공격하면 능히 이길 수 있는 전투였다.

그들은 급히 군사를 움직였다. 군사를 둘로 나누어 진군해, 황태자는 먼저 달려가 대도성에서 조금 떨어진 곳에 진지를 구축했고, 확곽첩목아의 군대는 지금 막 도착한 상태였다. 먼 길을 달려와 군사들이 피곤했지만 지체할 여유가 없었다. 곧바로 군대를 움직여 대도성으로 달려갔다. 먼저 기병이 앞장서 혹시 있을 지 모르는 매복을 정탐했고, 그 뒤를 보병들이 따라왔다. 밤을 새워 행군한 덕분에 하루 만에 대도성 근처에 이를 수 있었다.

"바로 앞에 패라첩목아의 군사들이 진을 치고 있을 것이다. 우린 그 뒤를 역습할 것이야."

황태자는 날래고 용맹한 군사들을 따로 뽑아 선봉에 서게 했고, 자신이 그 선봉을 이끌었다. 선두에 선 황태자는 한 손으로 칼을 들고, 다른 한 손은 높이 들어 군호(軍號)를 보냈다. 손을 높이 흔들며 앞으로 나아가라는 신호였다. 그와 동시에 군사들이 거센 함성을 내지르며 앞으로 달려갔다. 그런데 이게 어떻게 된 것인가? 대도성 앞에서 진을 치고 있을 줄 알았던 패라첩목아의 군사가 하나도 보이지 않는 게 아닌가? 군막을 지어놓았던 흔적도 보이지 않았다. 다른 곳도 마찬가지였다. 10만 대군이 머물렀던 흔적은 어디에도 없었다. 황태자는 당황한 표정으로 주위를 둘러보았다.

"그 많은 군사들이 모두 어디로 갔단 말이오?"

확곽첩목아가 턱수염을 매만지며 말했다.

"대도성의 군사들에게 당한 것이 아닙니까?"

"그렇다면 주위에 싸운 흔적이 남거나 죽은 시체가 흩어져 있어야

하는 게 아니오? 그런데 여긴 아무런 흔적도 없이 깨끗하단 말이오."

"급히 대동으로 후퇴를 한 게 아니겠습니까?"

황태자는 여전히 고개를 내젓고 있었다.

"우리가 대동에서 오는 길을 거슬러 오지 않았소이까? 한 명의 군사도 보이지 않았소."

"그렇다면 그 많은 군사들이 모두 어디로 갔을까요?"

이 수수께끼 같은 상황에서 어찌할 줄을 몰라 황태자는 연신 고개를 내저을 뿐이었다.

11

"그게 정말이란 말이냐?"

"그러하옵니다. 지금 황상 폐하께서 패라첩목아와 독대를 하고 계신다 하옵니다."

기 황후는 눈을 감고 고개를 잘래잘래 흔들었다. 어금니를 꽉 깨물고 관자놀이를 씰룩이는 것이 깊은 생각에 잠긴 듯 했다. 박불화는 다급한 표정으로 말머리를 돌렸다.

"황후 마마, 어서 몸을 피하시는 게……."

"그게 무슨 말이냐?"

"패라첩목아와 노적사, 독견첩목아, 이 간적들은 처음부터 황후 마마를 노리고 도성으로 온 자들입니다. 마마의 안위가 위험하옵니다."

"날더러 이 대도성을 빠져나가란 말이냐?"

역풍逆風

"우선 도성 밖의 황태자 폐하께 몸을 피하는 게 좋을 듯하옵니다."

"나는 구차하게 도망가지 않을 것이다. 천하의 어머니인 내가 간적들에게 쫓겨난다면 백성들이 뭐라 하겠느냐? 당당하게 그들과 맞설 것이니라."

그러면서 얼굴 한쪽에 짙은 음영을 드리운 채 박불화를 돌아보았다.

"오히려 위험한 건 자네일 것 같구나. 그들이 대도성으로 진격해오면서 그 명분을 내세웠던 게 바로 자네와 삭사감을 내어달라는 게 아니었더냐?"

"크게 심려치 마옵소서."

"아니다, 어서 몸을 피해라. 지금은 어수선한 상황이니 잘 살펴보면 밖으로 향하는 문을 발견할 수 있을 게야."

"소신 죽어도 마마 곁에서 죽을 것이옵니다."

기 황후가 미간을 좁히며 버럭 소리를 쳤다.

"어서 몸을 피하래도. 자네 몸은 바로 나의 것이나 다름없다."

그러면서 밖을 향해 외쳤다.

"여봐라. 어서 들어와 영록대부를 모셔가라."

박불화는 안으로 들어온 환관들의 손에 이끌려 밖으로 나갔다.

그 시각. 편전에서는 패라첩목아와 황제가 만나고 있었다. 패라첩목아는 이마를 바닥에 닿을 정도로 몸을 엎드린 채 흐느꼈다. 몸을 부르르 떨며 앞으로 내민 두 손바닥으로 바닥을 쳤다.

"황상 폐하, 소신 너무 억울하여 죽고 싶은 심정일 뿐이옵니다."

황제는 말없이 듣고만 있었다.

"간적 삭사감과 박불화가 충신 태평을 역모로 몰아 억울하게 죽인 것도 모자라 저희들 또한 같은 누명을 씌어 내치려 하고 있사옵니다. 이에 소신 너무나 억울하여 황상 폐하께 하소연하러 대도성에 온 것입니다. 저들은 또다시 역모를 꾀한다는 죄명을 씌어 소신을 탄압하고 저희 군사들에게 칼을 겨누었습니다."

황제는 시선을 어디에 둘지를 몰라 주변을 돌아보고 있었다. 패라첩목아의 말이 계속 이어졌다.

"소신, 이 억울함을 풀지 못한다면 여기서 자결하겠나이다."

그러면서 가슴에 품고 있던 칼을 꺼내놓았다. 문득 황제의 눈이 크게 벌어지며 입가의 근육이 경직되었다. 황제 앞에서는 절대 무기를 지닐 수 없다. 모든 신하는 황제와 독대하기 전에 환관의 몸수색을 받아야 한다. 그런데도 패라첩목아는 칼을 품었다가 그걸 꺼내들고 있는 것이다. 스스로 자결하겠다고 하지만 날카로운 칼을 들고 있는 것은 황제를 협박하는 것과 다름없었다. 황제의 표정을 슬쩍 살핀 패라첩목아가 목소리를 더욱 높였다.

"폐하, 소신이 자결하기를 원하시옵니까?"

황제는 떨리는 목소리로 겨우 대답했다.

"짐은 그대들의……, 억울함을 잘 알고 있소. 모두 짐이 부덕한 탓이오. 이제 입경(入京) 했으니 모든 것은 지난 일로 돌립시다. 짐이 모든 조치를 취할 것이오."

"모든 조치를 취하신다면……."

"삭사감과 박불화의 모든 관직을 박탈하고 어사대의 심문을 거쳐 엄중한 벌을 내릴 것이오. 그러니 장군은 짐을 믿고 군대를 돌려 대동으로 가도록 하시오."

"소신, 황상 폐하를 믿고 가겠나이다."

패라첩목아는 고개를 숙인 채 뒤로 물러났다. 어전을 나오자 노적사와 독견첩목아가 밖에서 기다리고 있었다. 그들은 황제와 패라첩목아가 주고받은 말을 모두 듣고 있었다. 밖을 나오면서 앞으로의 계획을 논의했다.

"진정 군대를 돌리실 겁니까?"

"군대를 돌리다니요? 어렵게 입경 했는데 그냥 돌아갈 순 없지요."

"입경 했을 때는 곧장 군대를 돌린다는 조건을 내걸지 않았습니까?"

"조건이야 얼마든지 바꾸기 나름 아닙니까?"

패라첩목아는 푸푸, 괴상한 웃음을 터트리며 노적사를 돌아보았다.

"이번 일은 온전히 그대의 공이오."

패라첩목아는 노적사의 업적을 치켜세웠다. 노적사는 의기양양한 표정으로 자신의 계책을 과시했다.

"지금 황제는 심약해서 싸우기를 두려워하지요. 그걸 조금 이용했을 뿐입니다."

노적사도 가늘게 입술을 씰룩이며 웃음을 흘렸다.

하루를 거슬러 어젯밤의 일이었다. 성벽 위에서 망을 보던 군사가 크게 외치는 소리가 들렸다.

"적군이 오고 있다."

자세히 보니 누런 흙먼지를 일으키며 한 필의 말이 달려오고 있었다. 그 말에는 패라첩목아가 타고 있었는데 한 손에 백기를 들고 있었다.

"소신은 모든 군대를 물리고 투항하기 위해 왔소이다."

그 소식을 듣고 기 황후가 달려왔다.

떨어지는 핏방울, 흩날리는 눈물

"투항을 하려거든 속히 군대부터 물릴 일이지 어찌 그대만 찾아온 건가?"

"우리가 돌아갈 대동에는 황태자 전하의 군대가 진을 치고 있고, 확곽첩목아의 군사들 또한 몰려오고 있사옵니다. 우리의 안전이 보장되어야만 투항을 하고 군대를 물릴 것입니다."

기 황후는 그런 패라첩목아의 말이 하나의 술책임을 알고 일언지하에 거절했다.

"진정 투항할 마음이 있거든 먼저 군대를 물리고 황상 폐하에게 죄를 고하도록 하시오."

"우리가 가진 군대만 해도 10만이 넘습니다. 피차 더는 피를 흘리고 싶지 않거든, 신의 투항을 받아주시지요."

투항을 한다고 하지만 그 말은 협박이나 다름없었다. 기 황후는 이를 고약히 여겨 뒤도 돌아보지 않고 밑으로 내려가 버렸다. 패라첩목아 또한 급히 말머리를 돌려 진영으로 돌아갔다. 그는 여전히 불안한 표정이었다. 하지만 노적사는 부러 여유를 부리고 있었다. 이번 계책을 짜낸 그는 승리를 확신하는 듯했다.

"진정 저쪽에서 반응을 보여 올 것 같소?"

패라첩목아가 그렇게 물어왔을 때도 자신만만한 표정이었다.

"황제는 싸움을 두려워하니 그건 걱정하지 않아도 될 것입니다. 우리가 당근을 던졌으니 곧 반응을 보일 겁니다. 내 이미 계급무계궁에서 함께 지낸 적 있는 다른 신하를 통해 황제를 설득하도록 손을 써놨습니다."

패라첩목아가 투항하려 했다는 소식은 황제에게도 전해졌다. 이 소식을 가지고 온 자는 바로 철도실리(撤都失里)였다. 철도실리는 황제와 함께 계급무계궁에서 지냈던 자로 노적사와도 절친한 사이였다. 그는 사전에 노적사와 은밀히 접촉하여 황제를 설득하는 일을 맡았다.

"저들은 백기를 들고 투항하였으나 기 황후 마마께서 이를 거절하여 돌려보냈습니다."

"진정으로 투항했다는 게냐?"

"그러하옵니다. 패라첩목아가 직접 황상 폐하를 뵙고 사죄를 한 후에 군대를 물리겠다하였습니다."

"그런데도 기 황후가 그 항복을 거절했단 말이지?"

황제는 어깨를 흠칫 추스르더니 긴 한숨을 내쉬었다. 두 눈엔 아쉬움이 스쳐 지나가는 게 보였다. 그 표정을 살피며 철도실리가 자신의 의견을 살짝 흘렸다.

"군이 전쟁을 벌여 양측이 피를 흘릴 필요가 있겠사옵니까? 내전이 벌어지면 득을 보는 건 남쪽의 주원장밖에 없을 것이옵니다."

황제는 미간을 찌푸리며 듣기만 했다.

"또한 패라첩목아의 군대와 싸움을 벌여 만에 하나 우리가 패하기라도 한다면 어떻게 되겠습니까? 그가 다른 흑심을 품을지도 모르는 일입니다. 이쯤에서 마무리하는 게 좋을 듯하옵니다."

황제는 패라첩목아가 대도성을 함락하고 그 기세를 몰아 황제의 자리까지 위협할 것을 가장 두려워하고 있었다. 전국 각지에서 반란이 일며 한족들이 제멋대로 스스로 황제라 칭하는 마당에 패라첩목아까지 자극하고 싶진 않았다. 그와 대척점에 서기보다는 잘 달래어 돌려보내는 길을 택하고 싶었다. 그는 즉시 어전회의를 소집하고는 문무백관들에게 선포했다.

"짐은 패라첩목아의 항복을 받아 들여 도성에 들게 할 것이다. 그의 죄를 물을 것이며, 또한 이번 사태의 시비를 따져 관련된 자들을 엄중 처벌할 것이니라."

신하들 또한 피를 흘리며 자신들의 자리가 흔들리는 걸 원치 않았다. 여태 기 황후의 눈치만 보고 있던 그들은 황제의 의지가 굳건한 것을 확인하고는 전폭적으로 황제를 지지하고 나섰다.

"현명하신 판단이옵니다."

신하들이 한목소리로 그렇게 외쳤다. 다만 삭사감만이 반대의견을 냈지만 다른 신하의 의견에 묻혀버리고 말았다. 기 황후가 어전회의의 내용을 듣고 달려왔지만 황제의 의지는 여전히 굳건했다. 무릎을 꿇으며 호소하는 기 황후에게 황제는 오히려 냉담하게 소리쳤다.

"황후는 어찌하여 이번 일을 크게 확대시키려 하는 게요? 조용히 마무리하여 황실의 안위를 지켜나가야 할 것입니다."

그렇게 나무라며 밖으로 나가버렸다. 이어 대신을 패라첩목아에게 보내 항복 협상을 진행하도록 했다. 철도실리가 황제의 명을 받아 패라첩목아의 진중을 찾았다. 노적사는 그를 반갑게 맞이했다.

"어서 오세요. 황제를 잘 설득하셨다면서요?"

"원래 심약한데다 판단이 흐린 분이 아닙니까? 잔뜩 겁을 주었더니 순순히 말을 듣더군요."

"고맙소이다. 이번 일을 잘 해결하면 그대에게도 큰 벼슬을 내리리다."

그들은 항복의 절차를 가지고 논의에 들어갔다.

"우선 패라첩목아 장군께서 입성하셔야 합니다."

"혼자 들어가서는 곤란하지요."

"그렇습니다. 안전을 보장한다는 명목 하에 2백의 군사를 끌고 들어갈 것입니다."

"그들이 허락을 할까요?"

"그건 제가 알아서 하겠습니다."

철도실리는 패라첩목아 일당과 계책을 맞추어 놓고 다시 대도성으로 돌아왔다. 그는 황제를 만나 패라첩목아의 안전을 보장받기 위해 약간의 군사와 함께 입성한다고 전했다.

"군사와 함께 온다면 혹 그가 다른 마음을 품을지 모르지 않소이까?"

"혼자 들어 와서는 안심을 할 수 없다는 겁니다. 이 조건을 들어주지 않으면 항복할 수 없다 하옵니다."

황제는 고민 끝에 그 요구를 들어주었다. 이에 대도성 중앙 려정문을 열었다. 멀리서 누런 흙먼지를 날리며 한 떼의 군사들이 달려왔다. 날이 건조한데다 바람 한점 불지 않아 먼지가 뿌옇게 일었다. 한치 앞도 분간 못할 정도였다. 그 흙먼지를 날리며 군사들이 속속 성안으로 들어왔다. 그런데 그 군사의 수가 처음 약속한 것과 달리 엄청나게 많은 게 아닌가? 2백의 군사만 데리고 오기로 했는데, 그를 호위한 군사는 그 다섯 배도 넘어 보였다.

"이건 약속과 틀리지 않소이까?"

"우린 안전을 보장받기 위해 조금 더 많은 군사를 데리고 왔을 뿐이오."

그때 망루 위의 군사가 외쳤다.

"밖에 엄청나게 많은 군사가 몰려오고 있습니다."

수문장이 뛰어가 망루에 올라가서 보니 10만의 대군이 다시 성을 포위하고 있는 게 아닌가? 이미 성 안으로 군사들이 짓쳐들어오고 밖의 대군이 호응한다면 대도성이 함락되는 건 시간문제였다. 속았다고 생각한 성안의 군사들이 다시 칼과 창을 들었다. 화살을 들어 천여 명의 군사들을 겨냥했다. 그러자 패라첩목아가 위를 향해 외쳤다.

"이미 다른 문이 모두 열려 있다. 여기서 전투가 벌어지면 곧장 우리 군사들이 몰려올 것이다. 이래도 우릴 공격할 것이냐?"

패라첩목아의 말은 사실이었다. 먼저 들어온 군사 중 날래고 용맹한 자들이 급히 달려가 제화문과 평칙문 등을 열어놓았다. 그 문을 통해 밖의 군사들이 밀물처럼 들어오고 있었다. 일부는 적수담으로 이어진 물길을 타고 성 안으로 이미 들어와 있었다. 성 안에 들어온 군사만 해도 이미 1만이 넘었다. 대도성은 안팎으로 패라첩목아의 군사들에게 포위된 형국이었다. 항복을 가장한 패라첩목아의 계책에 어이없이 당하고 만 것이다.

애초에 패라첩목아가 군대를 이끌고 들어올 때부터 의심을 해야 했다. 한둘도 아니고 2백이나 되는 군사가 호위를 한다는 것은 항복을 하러 오는 자의 태도가 아니었다. 그런데도 황제는 철도실리와 패라첩목아의 간사한 말에 속아 어리석은 결정을 내리고 말았다. 기 황후가 이를 반대하고 나섰지만 들은 척도 하지 않고 혼자서 독단을 내려 화를 자초하고 말았다. 대도성은 순식간에 안팎으로 포위되어 성 안에서는 속수무책일 수밖에 없었다.

패라첩목아는 이 기세를 몰아 곧장 한 떼의 군사들을 이끌고 황제가 있는 연춘각으로 말을 달렸다. 시위대가 막아섰지만 황제가 친히 이들을 막지 말라고 명했다. 그는 황궁 안에서 피를 흘리는 걸 원치 않았다. 패라첩목아는 황제와 독대하여 자신의 요구사항을 당당히 밝혔고, 그의 시퍼런 서슬에 눌려 요구사항을 온전히 들어줄 수밖에 없었다.

12

한참의 시간이 지났으나 패라첩목아는 황제에게 군대를 물리기로 한 약속을 지키지 않았다. 오히려 성안에 군대를 주둔시키고 자신에게 저항했던 황제의 친위대를 모두 무장해제 시키고 이문소(理問所)에 가두기까지 했다. 남아 있는 잔졸(殘卒)들의 무장도 해제시키며 대도성 전체를 장악해버렸다.

패라첩목아는 의기양양한 표정으로 다시 황제를 만나기 위해 연춘각으로 들어섰다. 그때 독견첩목아가 급히 달려왔다.

"큰일났습니다, 장군. 성문 밖에 황태자와 확곽첩목아의 군사들이 진을 치고 성을 에워싸고 있습니다."

패라첩목아는 얼른 성문 위로 올라갔다. 듣던 대로 자신의 군세와 맞먹는 10만의 군사가 성을 에워싼 채 공격할 채비를 하고 있었다. 황태자가 말을 타고 화살이 닿을만한 거리만큼 다가와 외쳤다.

"역적 패라첩목아는 성문을 열고 투항하라."

"신은 억울함을 호소하기 위해 황상 폐하를 뵈러 온 것일 뿐입니다. 그러하오니 헛되이 분란을 일으켜 피를 흘리려 하지 마소서."

"네놈은 분명 반역을 일으켰다. 속히 내려와 황실의 지엄한 심판을 받으라. 그렇지 않으면 네 군대는 전멸을 면치 못하리라."

패라첩목아는 전혀 위축되지 않고 큰소리로 맞받았다.

"신은 대도성 전체를 장악하고 있는데다 황궁 곳곳에 군사를 배치하고 있습니다. 황태자께서 판단을 잘못하시면 황실 전체의 안위가 위험할 수 있습니다. 기 황후 마마께서도 무사치 못할 것입니다. 황태자 전하의 아우인 태자께서는 아직 나이도 어리시더군요."

"무엇이라? 네가 감히 황족을 볼모로 삼겠다는 것이냐?"

"속히 군사를 거두어 물러가시지요. 황태자께선 장차 대원 제국의 황제가 되실 분이 아닙니까? 신중치 못한 판단으로 위험을 자초하지 마소서."

"감히 황태자인 나를 협박했겠다? 두고 보거라 이놈아!"

황태자는 말머리를 돌려 군영으로·다시 되돌아왔다. 성 안의 패라첩목아의 군대는 모두 10만. 자신과 확곽첩목아의 군사들도 그와 맞먹는 10여 만의 대군이었다. 하지만 저들은 황제와 기 황후를 비롯한 황실의 친족들을 볼모로 잡고 있었다. 전쟁을 벌인다면 승리를 할 수 있을지 모르나, 그랬을 때 황제와 기 황후의 안위는 보장받기 힘들었다. 오히려 그 전쟁을 빌미로 황제를 폐하고 패라첩목아가 그 자리에 오를지도 모르는 상황이었다. 확곽첩목아도 이를 잘 알고 있었다.

"섣불리 공격하긴 힘들 것 같습니다."

황태자도 고개를 끄덕이며 결의를 다졌다.

"여기서 진을 치고 대치하며 상황을 주시해야 할 듯하오."

하지만 그들은 오랫동안 대도성 밖에서 버틸 수 없었다. 태원에서 급히 전령이 달려온 것이다.

"큰일났습니다. 태원을 향해 수많은 군사들이 몰려오고 있다 하옵니다."

"무엇이라? 어느 군사들이라 하더냐?"

"변방에 주둔하고 있는 패도실리(裵都失里)와 야선(也先) 등이 군대를 휘몰아 태원으로 향하고 있다 합니다. 대동에서도 군대의 움직임이 심상치 않다 하옵니다."

황태자가 심각한 얼굴로 고개를 내저었다.

"패라첩목아가 도성을 장악한 것을 알고는 다른 장수들이 그에게 붙기 시작한 것 같습니다."

"이럴 수가……."

확곽첩목아는 두 주먹을 움켜쥔 채 허공을 향해 주먹질을 했다.

"속히 태원으로 회군해야겠습니다. 우선 그곳을 지켜 근거지로 삼아야 후사를 도모할 수 있을 겁니다."

할 수 없이 황태자는 군대를 돌릴 수밖에 없었다. 근거지인 태원마저 반란군의 수중에 떨어지면 갈 곳조차 없게 되는 것이다. 급히 군대를 몰아오느라 10만을 먹일 군량과 수천 필의 말을 돌볼 마초도 넉넉지 않아 장기전을 벌이기도 곤란했다.

패라첩목아가 대도성을 장악하면서부터 불안의 조짐은 예상했던 바다. 벌써 변방에 흩어져 있는 군부의 세력 다툼이 새롭게 시작되고 있었다. 여기서 밀리면 모든 게 끝장이었다. 그들은 급히 진영을 정리하여 태원으로 향했다. 황태자의 군대도 이를 따랐다.

성 위에서 이를 지켜본 패라첩목아는 뛸 듯이 기뻐했다.

"이제 천하가 나를 중심으로 돌아가는구나."

그는 황제를 다시 찾아갔다. 이전에 엎드리며 다가갔던 것과 달리 당당히 고개를 들고 칼을 찬 채로 황제와 눈높이를 맞추었다.

"황상께오선 이 원 제국을 새롭게 혁신하여 주원장을 비롯한 남쪽의 반란세력을 몰아내고 천하의 중심에 다시 오르셔야 합니다. 그러기 위해선 기 황후 마마부터 폐위시켜야 하옵니다."

"기 황후를 폐위하라니? 그건 말도 안 되는 소리요."

"기 황후 마마께오선 조정의 모든 분란의 원인제공을 하신 분입니다. 백안과 탈탈, 그리고 태평의 죽음 뒤에는 황후가 계십니다. 공녀 출신의 미천한 고려 여인이 황후에 오르고부터 황실과 조정이 크게 흔들린 것입니다."

황제는 다른 것은 다 들어줘도 기 황후만은 내줄 수 없었다. 그는 여전히 기 황후를 사랑했고, 그녀 없이는 살 수 없을 것 같았다. 더구나 폐위가 곧 그녀의 죽음이란 걸 황제는 너무나 잘 알고 있었다.

"그러지 말고 박불화와 삭사감을 내치는 것으로 사태를 마무리하시오, 장군."

황제는 아예 사정하고 있었다. 패라첩목아는 황제의 얼굴을 힐끗 살피더니 그 말을 받아들이기로 했다. 그런데 노적사가 급히 달려와 패라첩목아에게 귓속말을 했다.

"그게 정말입니까?"

노적사가 고개를 끄덕이자 패라첩목아가 황제를 올려다보았다.

"간적 박불화와 삭사감이 도망을 쳤다 하옵니다. 분명 기 황후 마마가 시킨 것입니다. 소신 이를 가만두지 않을 것입니다."

패라첩목아는 불쾌한 얼굴로 황제를 향해 일방적으로 통고를 하고는 군사들을 이끌고 기 황후가 있는 흥성궁으로 달려갔다. 하지만 흥성궁은 자정원의 군사들이 문을 굳게 닫아걸고 밖을 향해 창을 겨누고 있었다. 패라첩목아가 안쪽을 향해 크게 외쳤다.

"속히 간적 박불화를 내놓으시오?"

하지만 아무 반응이 없자 함께 온 군사들에게 눈짓을 했다. 문을 박살내고 몰려 들어갈 태세였다. 자정원의 군사들은 죽음을 각오하고 패라첩목아의 군사와 맞설 준비를 했다. 하지만 그들의 숫자는 채 오십도 되지 않았다. 겹겹이 에워싼 패라첩목아의 군사들을 막기엔 역부족이었다. 패라첩목아의 군사들이 흥성궁을 향해 화살을 날렸다. 자정원의 군사 몇이 신음을 흘리며 쓰러졌다. 그러자 문이 열리며 기 황후가 나타났다.

"그 군사들은 아무 죄가 없다. 박불화는 내가 숨겨두었으니 나를 잡아가도록 하라."

"말씀대로 하옵지요."

패라첩목아가 손짓을 하며 군사들을 몰아가려 했다. 그때였다.

"잠깐 멈추시오."

그 소리와 함께 전각 한쪽 구석에서 누군가가 급히 뛰어왔다. 박불화였다. 그는 결연한 표정을 지으며 기 황후를 돌아보았다. 그걸 보고 가장 놀란 것은 기 황후였다.

"아니, 도성 밖으로 나갔던 게 아니었더냐?"

"소신, 저 혼자만 살자고 어찌 달아날 수 있겠사옵니까?"

그러면서 패라첩목아의 눈을 똑바로 쳐다보며 말했다.

"애초에 장군이 요구했던 대로 나를 처단하는 선에서 마무리 하시지요. 황후 마마께는 손끝 하나 대어서는 아니 될 것이오."

패라첩목아는 처음에 약속한 것도 있고 해서, 기 황후를 잡아가지 못하고 대신 박불화를 포박해 데려갔다. 그러자 기 황후가 고개를 잘래잘래 흔들며 외쳤다.

"안 된다, 이놈아. 어서 박불화를 내어놓고 가거라!"

그녀는 잘 알고 있었다. 지금 그가 끌려가면 모진 고문을 당한 뒤에 죽을 수밖에 없다는 것을. 박불화는 기 황후를 보호하기 위해 스스로 목숨을 던진 것이다. 기 황후는 처절하게 외치며 달려갔지만 군사들이 이를 제지했다. 동시에 자정원의 군사들도 무장해제를 당한 뒤에 줄줄이 끌려갔다. 패라첩목아는 한 떼의 군사들로 흥성궁 일대를 겹겹이 포위하게 하고는 박불화를 끌고갔다. 기 황후는 바닥에 그대로 주저앉은 채 긴 한숨을 내쉬었다.

"이 미련한 사람아……."

박불화의 손에 무거운 수갑이 채워졌다. 거기다가 나무로 만든 긴 가쇄(枷鎖)를 목에 채워 고개를 돌릴 수조차 없었다. 그런 불편한 자세로 있는 그를 옥졸이 발로 걷어찼다. 박불화는 뒤로 벌렁 넘어졌지만 혼자 힘으로는 도저히 일어날 수가 없었다. 목이 끊어질 듯 격한 통증이 왔다. 온 몸을 구르고 비틀었지만 그를 채운 수갑과 가쇄의 무게 때문에 꿈쩍도 하지 않았다. 얼굴이 빨개지고 전신이 땀으로 홍건이 젖었다. 옥졸이 그를 비웃으면서 거칠게 땅에서 일으켜 당전(堂前)의 틀에 앉혔다. 그 앞으로 노적사가 다가왔다. 그는 비열한 웃음을 흘리며 콧수염을 손으로 매만지고 있었다.

"역시 의기가 있는 자로다. 삭사감은 저 혼자 살겠다고 급히 도성을 빠져나갔거늘, 너는 네 주인을 지키려고 제 발로 찾아왔구나."

박불화는 얼굴을 붉힌 채 아무 대답도 하지 않았다. 노적사는 억양을 낮추어 말을 부드럽게 했다.

"내 말만 잘 들으면 너를 살려주는 것은 물론이고 지금보다 더 높은 관직을 내릴 수도 있다."

그러자 박불화가 눈을 똑바로 뜨며 소리쳤다.

"삶에 아무 미련도 없다. 어서 나를 죽여라."

"지금이라도 기 황후가 태평에게 억울한 누명을 씌어 주살했다고 실토해라. 기 황후가 황제를 폐위하고 황태자에게 양위를 하기 위해 모반을 꾀했다고 한 마디 말만하면 너의 목숨은 건질 수 있을 것이다."

박불화는 한참동안 노적사를 노려보다가 그의 얼굴에 침을 뱉었다.

"안 되겠구나. 고통의 쓴맛을 봐야 말귀를 알아들을 놈이로구나."

그 말을 끝내고 노적사가 나가버리자, 기다렸다는 듯이 고문도구를 들고 옥졸 둘이 다가왔다. 그들은 다짜고짜 박불화의 머리를 뒤로 젖혔다. 그 얼굴 위로 식초를 가져와 코와 눈 주위에 집중적으로 부었다. 박불화는 거친 비명을 내질렀지만 숨을 쉴 수가 없었다. 그의 비명 소리도 입 속에 잠겼다. 옥졸들은 귀에 진흙을 채워 넣다가 그것으로도 통하지 않으니, 나중에는 머리에 씌우는 두가(頭枷)라는 고문도구를 동원했다. 이것을 머리에 씌어 차츰 쐐기를 조였다.

"어서 기 황후가 역모를 꾀했다고 실토해라!"

여전히 아무런 반응이 없자 그들은 더욱 심하게 조였다. 그러자 두

떨어지는 핏방울, 흩날리는 눈물

개골에 금이 가면서 박불화는 그만 기절하고 말았다.

"독한 놈이구나!"

종일 심문을 하는 옥졸도 지칠 정도였다. 하지만 그들은 박불화를 괴롭히는 걸 멈추지 않았다. 그를 이문소가 아닌 오물이 넘쳐흐르는 감옥에 집어넣은 것이다. 하루가 지나지 않아 온몸이 처참하게 짓무르고 얼굴은 눈도 뜰 수 없을 정도로 부어올랐다. 노적사가 다시 찾아왔다. 그는 비열하고 싸늘한 어조로 말했다.

"마지막으로 묻겠다. 기 황후가 황상 폐하를 쫓아내고 권좌를 황태자에게 양위하기 위해 모반을 꾀한 적이 있느냐?"

"그런 개수작 떨지 말고 어서 날 죽여라. 저승에 가서도 저주하며 네 뼈를 씹을 것이다."

노적사는 머리를 흔들며 눈살을 찌푸리더니, 옥졸에게 눈짓을 하고는 밖으로 나가버렸다. 옥졸들은 박불화의 상투를 풀어 머리를 늘어뜨렸다. 이어 양쪽 발목에 밧줄을 묶고 거칠게 잡아 당겼다. 순식간에 박불화의 몸이 뒤집히며 천장에 매달렸다. 피가 거꾸로 치솟고 모든 장기가 뒤틀리는 듯 했다. 옥졸은 치렁치렁 늘어진 그의 머리에 큰 돌을 줄에 묶어 매달았다. 우두둑 머리카락이 뽑히며 붉은 살점이 드러났다. 한참을 그렇게 놔두자 귀와 눈, 콧구멍에서 피가 흐르기 시작했다. 고통스러운 표정이었지만 핏물을 입에 머금은 그의 입에서는 비명도 나오지 않았다.

옥졸들은 다른 밧줄을 들어 허리에 묶고는 거기에도 돌을 달아놓았다. 그 줄을 세게 당기자 위장이 뒤틀리며 입 안에서 붉은 피가 벌컥벌컥 쏟아져 나왔다. 박불화는 자신이 살 가망이 없다는 걸 잘 알고 있었다. 기 황후와 함께 했던 지난 세월이 주마등같이 머리를 스쳐갔다. 순간 그의 얼굴에서 고통스런 표정이 점차 사라지고 있었다. 만감이 교차하는 얼굴은 마치 고통을 즐기는 듯 평온한 모습이었다. 그는 혼신의 힘을 다해 입을 열었다.

"황후 마마, 부디 천하를……, 천하를 품으소서."

이 말을 마지막으로 박불화는 그만 숨을 거두고 말았다.

"지독한 놈!"

옥졸은 이미 죽은 몸이 된 박불화를 풀어 바닥에 내려놓았다. 그들은 가마니를 가져와 온기가 서늘하게 식어가는 시신 위에 덮었다. 영록대부 박불화는 그렇게 고통스럽게 옥사에서 생을 마감했다.

박불화.

그는 공녀 출신의 고려 여인을 황후로 오르게 하는데 가장 큰 공헌을 한 전형적인 전략가인 동시에 비상한 수완가였다. 일찍이 독만질아의 추천으로 환관이 되었고, 같은 고향 사람인 최천수를 환관으로 만들기도 했다. 기 황후가 궁녀에서 황비가 됐을 때부터, 그녀의 심복이 되어 배후에서 일을 조종하는 책사 역할을 도맡았다.

박불화는 기 황후가 제2황후에 오른 후 태황태후의 휘정원과 통합시켜 자정원(資政院)을 새롭게 출범시켰다. 자정원의 총책임자였던 고용보와 함께 황궁의 환관과 궁녀를 모두 장악하며 열세에 있던 황비를 마침내 황후에까지 오르게 했다. 그후 기 황후 일파 내지는 자정원당을 형성하여 원나라의 황실과 조정에서 확고한 정치적 기반을 구축했다.

그는 원나라의 군 통솔기관이었던 추밀원의 동지추밀원사도 겸임

하였으니, 군부에까지 그 영향력을 행사했던 셈이다. 여기에다 승상 삭사감을 포섭하고, 원 황실의 정신적인 면을 지배하고 있던 라마교를 관장하는 선정원(宣政院)의 최고 책임자인 탈환(脫歡)까지도 자정원당에 가담시킴으로써 정계를 장악하였다. 그의 권세가 어느 정도였는지를 짐작케 하는 기록이 《원사(元史)》에 남아 있다.

> 삭사감이 홀로 승상으로 있을 때 황제의 정치적 염증을 틈타서 박불화가 권세를 쥐고 삭사감과 함께 서로 표리(表裏)를 이루었다. 그 세력의 뿌리가 튼튼하고 기세가 대단하여 내외의 백관 열 중 아홉이 그들에게 붙었다.

박불화는 마지막까지 기 황후에 대한 충성을 버리지 않았다. 그는 충분히 대도성을 빠져나가 목숨을 부지할 수 있었다. 하지만 그 화가 기 황후에게까지 미치는 것을 막기 위해 스스로 희생하는 쪽을 택했다.

박불화의 죽음을 전해들은 기 황후는 문을 걸어 잠근 채 홀로 눈물을 흘렸다. 처음엔 탁자에 엎드려 흐느끼다가 감정이 복받치자 부르르 몸을 떨며 털썩 바닥에 무릎을 꿇고 흐느꼈다. 온몸을 바닥에 엎드린 채 땅을 치며 통곡했다. 얼굴에서 흘러내린 눈물이 턱에 가득 고였고, 두 눈은 붉게 충혈되었다. 좀체 감정의 기복을 드러내지 않던 냉철한 그녀였다. 하지만 박불화가 자신을 대신해 죽었다는 소식에 통곡하지 않을 수 없었다. 슬픔과 함께 자책감이 온몸을 휘감았다. 함께했던 사람들은 모두 떠나고 말았다. 최천수와 고용보, 그리고 박불화까지 모두들 자신을 대신해 희생하지 않았는가.

"내가 죽어야 했던 것이야……."

그녀는 피가 배이도록 입술을 깨물었다.

내 이를 그대로 두고 보진 않을 것이다.

이런 다짐과 함께 깊이 숨을 들이마셨다. 그녀는 목구멍으로 치받쳐 오르는 감정을 눌러 삼키고 있었다.

4장

대도성에 드리워진 풍운

1363년 진우량이 파양호(鄱陽湖) 결전에서
주원장에게 패하여 전사하다

1

　패라첩목아와 확곽첩목아가 대도성을 사이에 두고 대치하는 동안 남쪽은 거의 무방비상태에 빠져 있었다. 원의 조정이 혼란에 쌓여 있는 틈을 이용해 주원장은 조금씩 자기 영역을 넓혀갔다. 그동안 세력을 키우며 단계적으로 주위의 군웅(群雄)들을 제압하고 있었다.

　원래 주원장은 그 처한 상황이 유리하진 않았다. 동쪽은 장사성, 북쪽은 소명왕, 서쪽은 진우량이 세력을 키우며 사방에서 압박해 왔던 것이다. 하지만 이는 유리한 점으로 작용하기도 했는데, 그것은 바로 원의 공격을 막아주는 방패의 구실도 했기 때문이다.

　1359년 소명왕의 세력이 원나라 군에 소멸되고 난 뒤로, 원군 역시 막대한 피해를 입어 그 무렵에는 반란 진압도 제대로 하지 못하고 있었다. 주원장은 이 기간에 남쪽과 동남쪽에 고립·분산돼 있던 원군을 상대로 큰 승리를 거두었다.

　그는 넓은 땅과 많은 백성을 장악하고 군비도 충분히 확보했다. 군사들을 혹독하게 훈련시키고 무기도 많아 어느 군대와 맞붙는다 해도 이길 수 있는 군세를 갖추었다. 이런 주원장의 세력을 견제하기 위해 진우량과 장사성은 협약을 맺어 힘을 합치기로 했다. 주원장 역시 이를 대비하기 위해 제장들을 모아 놓고 향후 계획에 대해 논의했다.

"진우량이 소주를 함락시켜 우리 턱밑까지 다가와 위협하고 있소이다. 어떻게 대응하는 게 좋을 것 같소?"

주원장의 책사(策士)인 유기(劉基)가 계책을 내놓았다.

"우선 둘을 묶고 있는 끈을 잘라놓아야 합니다. 한쪽을 먼저 공격하여 완전히 제압한 뒤에 나머지 적을 무찔러야 합니다."

서달(徐達)은 이를 반대하고 나섰다.

"그것보단 우리도 힘을 합할 상대를 구해야 합니다. 남쪽의 방국진(方國珍)과 우호조약을 맺어 대응하면 될 것입니다."

"방국진은 이미 원나라 조정의 관작(官爵)을 수여 받았습니다. 그는 심히 간사한 자니 섣불리 손을 내밀어서는 안 될 것입니다."

듣고 있던 주원장이 혀를 찼다.

"어허, 원에서도 압박을 해오고 진우량과 장사성이 양쪽에서 공격할 태세인데 어쩌면 좋겠소?"

그렇게 탄식을 하고 있는데 급보가 날아들었다. 중원에서 전령이 급히 말을 타고 달려온 것이다.

"무엇이라? 패라첩목아가 대도성을 장악했단 말이지?"

"순식간에 대도성을 점령하여 황태자가 도망을 가고 확곽첩목아도 태원으로 피했다 하옵니다."

"그렇다면 기 황후는 어찌 되었다더냐?"

"패라첩목아에게 잡혀 감금상태에 처해 있다고 합니다."

옆에서 듣고 있던 서달이 밝은 표정으로 입을 열었다.

"이는 하늘이 내린 기회입니다. 원군이 우리 쪽에 신경을 쓰지 못하는 동안 남쪽을 완전히 평정해야 합니다."

주원장은 고개를 끄덕이며 제장들을 돌아보았다.

"동쪽에 장사성이 있고, 서쪽엔 진우량이 버티고 있는데 누굴 먼저 쳐야 한단 말이냐?"

유기가 나서며 자신의 의견을 내놓았다.

"군웅 가운데 진우량의 군사력이 가장 강하고 차지하고 있는 영토도 가장 넓습니다. 먼저 그를 치시지요."

"원래 약한 자를 쓰러트려 먼저 취하고, 강한 자와 겨루는 게 병법의 기본이 아니오?"

"장사성은 큰 뜻이 없고 오직 자기의 영역만을 지키려고 하는 위인이니, 큰 위협은 되지 않습니다. 잠시 내버려두어도 됩니다. 오히려 위험한 쪽은 진우량입니다. 그는 야망이 큰데다 정병과 대선을 보유하고 있고, 우리의 상류에 버티고 있어 그대로 뒀다가는 큰 후환이 될 것입니다."

서달도 거들었다.

"우리가 진우량의 상류를 차지하면 장사성은 고립되니 단번에 평정할 수 있을 겁니다. 그 다음에 북으로 진격해 중원을 취하면 능히 천하를 품을 수 있습니다."

주원장은 결연한 표정으로 고개를 끄덕였다. 그는 군사들을 모아 훈련시키고 배를 건조하며 결전을 준비했다. 군사들뿐만 아니라 주위의 농민들을 모조리 모아 병법과 함께 물질하는 법을 가르쳤다.

　모든 준비를 갖춘 주원장은 함선과 군사들을 한 곳에 집결시켰다. 수백 척의 함대가 호호탕탕한 기세로 장강에 모여들었다.

　두둥! 고각(鼓角) 소리가 하늘을 뒤흔들고 진우량을 토벌하기 위해 20만의 수군이 출발 명령만을 기다리고 있었다. 맨 선두에 선 대장선 (大將船)은 크고 화려했다. 돛대 맨 위에는 검붉은 색으로 주원장을 뜻하는 '주(朱)'가 새겨진 네모난 깃발이 펄럭였고, 그밖에도 전함 뱃머리에는 수많은 전기(戰旗)가 바람에 표표히 나부꼈다. 쪽빛 하늘을 가르는 호각소리와 더불어 함선들이 물길을 헤치고 서서히 서쪽으로 진군해 갔다.

　장강(長江) 북쪽과 화주(和州) 서쪽의 진우량의 군사들은 요새를 단단히 하고 전투 채비를 해놓고 있었다. 그러나 정작 주원장의 수군이 호호탕탕한 기세로 강물을 거슬러 올라오자 진우량의 군사들은 그 위세에 밀려 도망치기에 바빴고, 그 어떤 저항도 하지 않았다.

　주원장이 내처 배를 몰고 올라가자 이번에는 다른 적이 그들을 기다리고 있었다. 거센 바람과 함께 거센 풍랑이 일기 시작한 것이다. 배는 성난 아낙 체질하듯 흔들림을 멈추지 않았고, 군사들은 구토와 멀미에 시달렸다. 주원장은 멀미를 호소하는 군사들을 다독였다.

　"천하에서 가장 험난한 산은 태행산(太行山)이요, 풍랑이 가장 험한 수역은 여량(呂梁)이라고 했다. 그러나 너희들은 중원에서 가장 강한 군사들이다. 이깟 물살 정도는 이겨내야 한다."

　그렇게 격려를 하며 앞으로 나아가니 드디어 풍랑지대를 벗어났다.

주원장이 친히 대군을 이끌고 송문(松門)에서 파양호(鄱陽湖)로 들어섰다. 그때 호에는 진우량이 그 세 배에 달한 60만 대군을 데리고 수상에서 진을 치고 있었다.

파양호의 광활한 수면 위엔 온통 깃발을 휘날리는 배들로 가득했다. 깃발이 표표히 하늘을 덮고, 고각(鼓角)소리가 천지를 뒤흔들었다. 양쪽 80만 대군에 수천 척의 전함이 백 리 길에 걸쳐 길게 뻗어있어 그 성세와 규모 역시 대단했다. 가도 가도 보고 들리는 것은 군사들이 탄 배와 내지르는 함성 뿐. 그중 진우량이 올라탄 배의 규모가 가장 컸다. 배의 이름은 적룡주(赤龍舟)였다. 높이가 상하 3층에 붉은 칠을 했고, 각 층마다 말이 달릴 수 있는 난간이 있고, 맨 하층에는 수백 명이 노에 매달려 있었다. 배의 규모가 어찌나 큰지 위·아래층에 있는 군사들이 서로 말하는 것을 들을 수 없을 정도였다. 그 적룡주에는 그 외에도 5백 명의 수군이 타고 있었다.

그에 비해 주원장의 배는 작은 편이었다. 진우량의 배는 수십 척의 대선(大船)을 밧줄로 묶어 풍랑은 두려울 게 없으나 빠르고 민첩하지 못한 반면, 주원장 쪽은 소선(小船)이라 탑승 인원은 적지만 진퇴가 빨라 급히 움직이기엔 오히려 유용했다. 진우량은 퇴로가 막혀 포진했고, 주원장은 물길을 따라 들어와 보급이 원활했다.

주원장과 진우량이 배에서 서로 맞서며 남쪽의 패권을 놓고 전쟁을 벌이기 일보 직전이었다. 주원장의 군사 20만에, 진우량의 60만 대군. 도합 80만의 군사가 파양호에 모여드니 물보다 배와 사람이 더 많을 정도였다.

주원장은 뱃머리에 올라서 아득한 시선으로 적진을 바라보았다. 말이 60만 대군이지, 그 많은 군사가 파양호에 몰려 있으니 천하의 주원장이라 해도 두렵고 떨릴 수밖에. 더구나 진우량이 탄 배는 규모가 너무 커서 멀리서도 위를 올려다봐야 할 정도로 위압적이었다. 주원장이 위축돼 있다는 걸 알고 유기가 다가와 조언을 했다.

"능히 우리에게 승산이 있습니다. 너무 심려치 마십시오."

"적은 우리의 세 배인 60만 대군을 거느리고 있다. 더구나 저 거대한 병선들을 보라. 서로 맞부딪히면 우리가 꼼짝없이 당하고 말 것이야."

"가까이 다가가기보단 멀리서 화공을 구사해야 합니다. 적의 군선이 모두 붙어 있으니 민첩하게 다가가 화력을 퍼부어 대면 꼼짝없이 당하고 말 것입니다."

"하지만 바람이 우릴 도와주고 있지 않다."

"바람이야 수시로 바뀌는 거 아닙니까? 여기서 맞서면서 시간을 끌다가 바람이 북동쪽으로 불면 일시에 화공을 전개하면 될 것입니다."

유기는 곳곳에 화기를 배치했다. 화포와 화총, 화전을 뱃머리에 놓아두고 바람의 방향이 바뀌기만을 기다렸다. 하지만 진우량이 이를 가만 보고만 있을 리 없었다. 깃발을 크게 휘날리며 수천의 배가 천천히 앞으로 다가왔다. 진우량의 군사는 수적 우세를 바탕으로 화살을 일시에 퍼부었다. 주원장의 배는 기동성이 좋아 요리저리 피해 다니며 큰 배와 맞붙었다. 진우량의 배는 붉은 색이고, 주원장의 배는 흰색이었다. 잠깐 사이에 수천 척의 붉은 배가 흰 배를 포위하였고, 주원장의 흰 배가 급히 빠져나갔다. 하지만 움직이는 배들이 많다보니 서로 충돌하면서 양쪽의 군사가 상대방의 배로 옮겨 타며 혼전을 벌이는 일도 잦았다. 고함 소리가 천지를 울리고 화살은 장대비처럼, 포는 우레같이 난사되었다. 호수는 붉은 물감을 풀어놓은 듯 붉게 변했고 전사한 장병들의 시체와 발버둥치며 울부짖는 부상병들이 둥둥 떠다녔다.

주원장은 뱃머리에 올라서서 병사들을 독려했다. 군사들이 주저하며 물러가려 하자, 그는 호통을 내지르며 10여 명의 군사를 목 베었다. 이에 겁을 먹은 주원장의 군사들은 필사적으로 적에 맞서 싸웠다. 잠시 후, 대장선에서 일제히 노란 깃발을 올리며 고각을 불어댔다. 그 소리를 신호로 주원장의 배들이 일제히 뒤로 물러섰다. 배가 작아 속도를 내 후퇴하니 진우량의 배들이 따라잡을 수 없었다. 진우량의 군선들로부터 멀찍이 거리를 유지하자 유기가 붉은 얼굴로 주원장에게 달려왔다.

"풍향이 바꼈습니다. 주공, 속히 화공(火攻)을 명하십시오."

주원장이 고개를 끄덕였다.

붉은 깃발을 크게 내리는 것과 동시에 주원장의 군사들이 일제히 불화살을 날렸다. 진우량의 병선은 모두 어른 팔뚝 굵기의 밧줄로 묶여 있으니 피할 수 없어 온전히 당할 수밖에 없었다. 불길이 삽시간에 번지며 검은 연기가 피어올랐다.

주원장에게는 또 다른 비장의 무기가 있었다. 바로 몰나하(沒奈何)라고 불리는 작은 배였다. 이 배는 갈대 잎으로 만들었는데 원통을 만들어 종이를 풀칠해 붙이고 실로 둘둘 감은 다음, 속에다 화약을 넣어두었다. 이 배를 앞 돛대 아래에 막대로 매달아 놓았다가 적선을 만나면 바로 도화선에 불을 붙여 밧줄을 끊어버렸다. 그러면 적선 한가운데서 폭발하며 순식간에 불길이 번졌다. 그밖에도 화약과 갈대를 가득 실은 배 수십 척을 결사대가 몰고 적진으로 쳐들어가 불을 붙이고 적선과 함께 침몰하는 화공법을 사용하기도 했다.

화기가 일제히 발사되자 적선에 탄 군사들은 미처 불을 끄지 못해 허둥대며 물에 뛰어들었다. 진우량의 배는 큰 피해를 입고 뒤로 물러났다. 마침 바람이 잠잠해져 더 이상 피해는 없었다. 하지만 뒤로는 육지였으니 배가 더 이상 움직일 수 없어 여전히 낭패스러웠다. 수천 척의 배를 놓아두고 달아났다 간 적에게 병선을 그대로 넘기는 꼴이 되고 만다. 그렇다고 그대로 버티고 있자니 보급선과 퇴로가 끊기는 것도 큰일이었다.

우금오장군(右金吾將軍)이 진우량 앞에 나섰다.

"병선에 너무 미련을 두어서는 아니 됩니다. 속히 후퇴하여 후사를 도모해야 합니다."

그러자 좌금오장군(左金吾將軍)이 반대하고 나섰다.

"여기서 밀리면 더 이상 갈 곳도 없습니다. 죽기를 각오하고 결판을 내야 합니다."

"무슨 소리를 하는 게요? 그러다가 주원장의 군대에게 전멸이라도 당하면 어찌할 겁니까?"

"그럼 수천의 병선을 저들에게 갖다 바치잔 말입니까? 여기서 밀리면 끝장입니다."

진우량은 그들의 논쟁을 한참동안 들었으나 결정을 내리지 못하고 있었다. 60만 대군이 20만의 적에게 속수무책으로 밀리고 있으니 분별력이 떨어질 수밖에. 고심 끝에 그는 배를 버리고 육지에 상륙하기로 했다. 좌금오장군이 끝까지 싸우자고 주장하자 진우량이 버럭 소

떨어지는 핏방울, 흩날리는 눈물

리를 내질렀다.

"우리 군사들을 모두 죽일 셈이냐? 우선은 군사들을 보전하는 게 우선 아니냐?"

그러면서 곧바로 후퇴를 감행했다. 이에 실망한 좌금오장군이 병선 수백 척을 몰고 주원장에게 투항해버렸다. 그것을 보고 오금오장군도 승산이 없다고 여겨 휘하 군사들을 이끌고 도망갔다.

다시 바람이 불자 주원장의 군사는 돛을 올려 파죽지세로 진우량의 진영을 향해 돌진했다. 진우량의 배는 워낙 규모가 커서 쉽게 움직이지 못했다. 육지로 달아나려 해도 이미 사방으로 포위된 형국이었다. 주원장의 군은 맹렬하게 포화와 화살, 돌덩이의 공세를 퍼부었고, 잔뜩 겁을 먹은 진우량의 군사들은 선실 안으로 숨거나 몸을 가릴만한 물건을 집어 들고 소극적으로 응전을 하는 게 고작이었다.

물살이 너무 거셌는지라 그들은 하류로 밀려나고 있었다. 진우량이 탄 거대한 적륜주도 크게 흔들리며 밧줄로 묶어 놓은 배가 서로 갈라지려 했다. 사태는 점점 악화되고 있었다.

"60만 대군이 겨우 20만을 당해내지 못 한다는 게 말이 되느냐!"

진우량은 흥분한 채 갑판으로 뛰어나와 전선을 진두지휘했다. 화살이 비 오듯 쏟아지자 호위병들이 방패로 막아서며 진우량을 보호했지만, 집중적인 화살 세례를 받자 삽시간에 십여 명이 활을 맞고 갑판에 나뒹굴었다. 그때 그의 아들 진린(陳璘)이 갑판으로 나와 무릎을 꿇고 빌었다.

"이대로 계시면 위험합니다. 속히 선실로 드시옵소서."

"내 쥐새끼 같은 주원장에게 당할 순 없다. 그와 맞붙어 승부를 가릴 것이야."

진우량의 위급함을 알고 승상 장필선의 함대가 개미떼처럼 몰려드는 주원장의 군선들을 막아섰다. 장필선이 얼른 적룡주로 건너왔다.

"이제 화살과 화약이 다 떨어져 갑니다. 적들이 재차 공격해오면 그땐 방어할 여력이 없어질 것입니다."

진우량은 서슬 퍼런 도끼를 휘두르며 말했다.

"걱정 말게. 이 도끼만 있으면 얼마든지 주원장의 머리를 박살낼 수 있을 터이니."

그 말이 떨어지기가 무섭게 주원장 휘하 곽흥(郭興)과 곽영(郭英) 두 장군의 부대가 상류에서 공격을 퍼붓기 시작했다. 선두에서 진우량을 보호하던 군사들이 두 장군의 포격에 뿔뿔이 흩어졌다. 진우량과 장필선이 도끼를 휘두르며 사력을 다해 적룡주로 기어오르는 주원장의 군사들을 대적하다가 소나기처럼 퍼붓는 화살 공세를 견디지 못하고 황급히 선실 안으로 몸을 숨겼다.

선실 안에서 밖을 살피던 진우량이 숨을 곳을 찾기 위해 다시 밖으로 고개를 내밀 때였다. 그 순간 어디선가 맹렬하게 바람을 가르는 소리가 들려왔다. 미처 피할 사이도 없이 화살은 진우량의 오른쪽 눈을 관통하며 뒷골을 뚫었다. 진우량은 짧은 비명을 터트리며 피범벅이 되어 쓰러지고 말았다. 주위의 가신들이 달려와 힘껏 흔들어 보았으나 진우량은 꿈쩍도 하지 않았다. 장필선이 울며 군사들을 지휘해 반격하였으나, 뒤집힌 전세를 뒤바꿀 수는 없었다.

진우량이 죽었다는 소식은 날개 돋친 듯 전장 속으로 퍼져나갔다. 진우량의 군사들은 통제력을 잃고 분분히 흩어졌고, 투항자가 속출했다. 그렇게 진우량의 대군은 순식간에 자멸하고 말았다. 20만의 군사로 60만의 군사와 맞서 이겼으니 대승이 아닐 수 없었다.

하지만 주원장 또한 크나큰 대가를 치러야 했다. 수만의 군사를 잃었고, 수백 척의 병선이 불타거나 침몰했다. 자신이 아끼던 좌장들도 목숨을 잃은 자가 많아 전력 손실이 적지 않았다.

"내 천하를 얻으면 오늘의 전투를 절대 잊지 않으리라."

진우량이 전사한 이튿날 주원장은 향을 살라 하늘을 우러러 절하고 전사한 장병과 장수들의 영혼을 위무했다. 그는 군사를 남경으로 몰아가 잠시 쉬게 했다. 그동안 군대를 정비하고 격식을 갖추게 했다. 군대의 복장도 전에는 단지 홍건(紅巾)을 써서 표지로 삼고, 입은 옷도 제각각이었으나 그것을 통일시켰다. 장병의 전투복 상의와 하의, 군기 모두 진홍색을 쓰고 머리에 쓴 가죽에 맹렬(猛烈)이란 두 글자가 쓰인 깃발을 새겨 넣었다. 화살촉은 원래 동(銅)으로 만들었는데, 이제는 영토가 늘어나 철광도 많아 철제로 바꾸었다. 또 철갑, 화약, 화총, 석포를 새로 제조해 병기의 질을 높였다.

진우량을 물리친 주원장은 그 기세를 몰아 주위를 차례로 복속시켜갔다. 진우량이 차지하고 있던 거점뿐만 아니라 소주 이북까지 세력을 확장해갔다. 남쪽과 서쪽을 온전히 차지했으니 이제 인근에서 위협이 되는 세력은 장사성뿐이었다. 하지만 장사성은 방어에만 급급했으므로 크게 염려하지 않아도 되었다. 북쪽의 대도성은 패라첩목아와 확곽첩목아가 대립하고 있었고, 거기다가 황태자까지 가세한 형국이니 남쪽 한인들의 봉기까지 돌아볼 여력이 없었다. 천하를 주름잡던 기 황후가 꼼짝없이 갇혀 있으니 주원장은 안심할 수 있었다.

그는 내처 욕심을 내어 왕의 자리에까지 올랐다. 장사성은 이미 지난 해 오왕(吳王)이라 칭하며 스스로 왕이 되었다.

그러나 주원장의 거점인 응천(應天)은 역사적으로 손권(孫權)의 오나라 수도였다. 그래서 주원장도 자신을 오왕이라 칭했다. 이로서 장강 연안에는 두 사람의 오왕이 존재했다. 그들은 대도성의 동태를 살피며 조금씩 자신들의 세력을 확장해갔다.

"기 황후가 꼼짝없이 갇혀 있으니 이때를 놓치지 않고 세력을 크게 넓혀야 한다."

주원장은 대도성이 있는 북쪽을 바라보며 큰 웃음을 짓고 있었다.

2

주원장이 파양호에서 진우량을 물리치고 남쪽의 패권을 차지했다는 소식은 기 황후에게도 전해졌다. 그녀는 자정원을 통해 원 제국 전체의 상권을 장악하고 있어 각지의 소식을 가장 빠르게 들을 수 있었다. 그물망처럼 깔린 상인들의 조직은 대도성이 있는 중원뿐만 아니라, 반란군이 장악하고 있는 남쪽까지 뻗어 있었다. 수많은 상인들이 대도성을 오가며 천하 각지의 소식을 자정원에 알렸고, 이는 곧장 기 황후에게 전해졌다.

"점점 상황이 악화되어 가는구나."

기 황후는 고개를 내저으며 옅은 탄식을 내뱉었다. 앞에 있던 강순용(康舜龍)이 고개를 숙이며 턱을 주억거렸다.

"우리에게 이롭지 않은 것은 분명하옵니다."

박불화가 죽은 후 기 황후는 자신을 보좌할 환관을 물색했다. 그래서 불러온 자가 바로 강순용이었다. 강순용 역시 고려 출신의 환관으로 몽고식 이름은 백안첩목아(伯顏帖木兒)였다. 그는 박불화와 함께 황궁에 들어온 자로 여태 숭문감 소감을 맡고 있다가 기 황후의 부름을 받고 달려왔다. 기 황후의 명은 평소 박불화를 통해 여러 궁인들에게 전달되었고, 강순용 역시 그중 한사람이었으니 안심하고 부른 것이다. 그는 고려에도 자주 오갔으며 장사성의 반란 때, 이를 토벌할 원병을 청하기 위해 공민왕을 만나기도 했다. 고려뿐 아니라, 천하 각지를 돌아다녀 안목이 넓었고 상황 판단력도 빨랐다. 강순용은 남쪽에서 올라온 첩보를 토대로 자신의 의견을 말했다.

"주원장이 진우량을 섬멸했다면 이제 장사성을 치려 할 것입니다."

"그 둘이 싸우면 누가 이길 것 같은가?"

"세력이나 군사들의 수로 보아서는 장사성이 절대 유리합니다. 하지만 주원장은 진우량을 무너뜨린 승세를 이어나갈 수 있을 뿐만 아니라, 원체 지모가 뛰어난 자라 어떤 변수가 생길지 예측하기 힘드옵니다."

"주원장이 이길 수도 있단 말이냐?"

"그러하옵니다."

"그 둘 중 누가 이기든 우리 원 제국에 큰 해가 될 게 분명하다. 지금은 우리 원군의 힘만으로 반란군들을 다스리기는 어렵다. 그들이 상잔을 벌여야 그나마 안심할 수 있건만, 그 모든 세력이 하나로 모인다면 분명 이곳 중원을 향해 칼끝을 돌릴 것이다."

말을 해놓고 나니 기 황후의 입술 근육이 부자연스럽게 뒤틀리고 있었다.

"내가 남쪽의 변방을 걱정할 때가 아니지. 이곳 대도성 또한 역적 패라첩목아에게 넘어가 버리지 않았나?"

"주원장이 저토록 활개를 치는 것도 패라첩목아가 이곳 대도성을 점령하여 남쪽에 대해 견제를 할 수 없는 때를 노린 것이옵니다."

"모든 게 역적 패라첩목아 때문이로구나."

기 황후는 그런 탄식을 내뱉으며 강순용을 돌아보았다.

"그를 몰아낼 방법은 진정 없단 말인가?"

"현재 황태자 전하와 확곽첩목아가 군사를 모아 대도성으로 다시 진격할 채비를 하고 있다 하옵니다."

"그들이 군사를 모아온다 해도 황상 폐하가 이곳에 계시면 들어올 수가 없지 않느냐? 패라첩목아는 그걸 믿고 자신만만해 하는 것이야."

기 황후의 얼굴에 어두운 그림자가 짙게 깔렸다. 그 사이 그녀의 눈빛은 흐려졌다가 다시 살아나곤 했다. 그러다가 무슨 생각이 들었는지 턱을 앞으로 내밀며 눈을 가늘게 떴다.

"패라첩목아를 몰아낼 방법은 하나밖에 없다."

"방법이라면……."

"이곳 대도성 안에서 그와 대적할 만한 사람을 찾는 것이다. 자네는 속히 황궁을 나가 대도성을 두루 돌아다녀 보아라. 대도성의 협객을 모아 그를 칠 준비를 하란 말이다."

"명 받들겠습니다, 황후 마마."

같은 시각. 어전에서는 황제가 인상을 찌푸리며 긴 한숨을 내쉬었다.

"아니, 이게 말이나 되는 소리요?"

황제는 눈을 부릅뜨며 세차게 도리질을 했다. 얼굴을 붉히며 밑을 내려다보았으나 패라첩목아는 오히려 여유로운 표정이었다. 그는 황제가 앉아 있는 어좌 바로 밑에 서서 고개도 숙이지 않고 당당한 자세로 위를 올려다보았다. 관복 대신 철갑을 입고 허리에는 칼을 차고 있었다. 미간을 찌푸리며 코끝을 실룩이는 것이 자못 위엄스러워 보였다. 황제는 아랫배에 단단히 힘을 주고 말했다.

"조정의 대신들이 국정을 잘 운영하고 있거늘 어찌 이들을 함부로 내칠 수 있단 말이오?"

패라첩목아가 즉각 그 말을 받았다.

"남쪽에서는 주원장과 장사성 같은 폭도의 무리들이 스스로 왕이라 칭하며 설치고 있습니다. 이는 모두 조정이 무능해서 그런 것이니 마땅히 책임을 져야지요."

"그 책임은 황제인 내게 있소."

"폐하께서 그 힘이 미약하신 것 같아 신이 그 노고를 들어드리려는 겁니다."

황제는 그의 오만방자한 말에 치가 떨렸지만 주먹을 움켜쥐며 꾹 참아야만 했다. 어전에는 그를 막을 대신이 아무도 없었다. 패라첩목아가 군대를 이끌고 들어와 무력시위를 하면서부터 신하들은 모두 엎드려 벌벌 떨뿐이었다. 황제는 할 수 없이 고개를 끄덕이고 말았다. 이로서 패라첩목아는 중서우승상(中書右丞相), 노적사는 중서평장정사(中書平章政事), 그리고 독견첩목아는 어사대부(御史大夫)에 임명되었다. 패라첩목아를 따르는 심복들이 모두 조정을 장악한 것이다. 그들뿐만 아니라 패라첩목아의 제장들도 대도성의 관청에 두루 포진하여 군사와 행정을 모두 장악했다. 대도성이 온전히 패라첩목아의 수중에 떨어진 것이다.

어전을 물러난 패라첩목아는 정려궁을 자신의 거처로 정했다. 정려궁은 원래 황족들이 거하는 곳인데 그 황족들을 모두 편궁으로 몰아내고 자신이 차지한 것이다. 패라첩목아는 조정을 완전히 장악했지만 태원에 있는 황태자와 확곽첩목아의 세력이 여전히 불안했다. 그는 다시 황제를 찾아가 성지를 내릴 것을 요구했다.

"황태자께서 역적 확곽첩목아와 함께 계시면 그 충심을 의심받을 수 있습니다. 속히 불러들여서 황실의 위엄을 세우소서."

"황태자가 대도성을 떠나 있는 건 필시 어떤 연유가 있을 것이오. 돌아올 때가 되면 알아서 올 것이오."

"신은 황태자께서 역적과 함께 계시어 다른 뜻을 품을까 두려운 것입니다."

"다른 뜻이라니요? 그게 무슨 말이오?"

"황태자께선 야심이 크신 분입니다. 황상 폐하를 태상황으로 물러나게 하시고 스스로 황제의 자리에 오르시지 않을까, 그것이 두려울 뿐입니다."

황제의 미간이 심하게 꿈틀거렸다. 예전에도 기 황후가 황태자를 내세워 자신을 몰아내려 한 적이 있었다. 패라첩목아는 바로 그 사실을 들고 나오며 황제를 자극했다. 하지만 그것이 자신과 황태자를 이간질 시키려는 수작임을 잘 알고 있었다. 지금은 밖에 나가 있는 황태자와 힘을 합해 패라첩목아를 몰아내는 일이 우선이었다. 황제는 고개를 내저으며 끝내 패라첩목아의 청을 거절했다.

3

황태자와 확곽첩목아는 태원(太原)에 주둔하고 있었다. 10만의 군사를 이끌고 대도성까지 갔던 확곽첩목아로서는 분할 수밖에 없었다. 황태자의 만류만 없었더라면 내처 대도성을 공격했으면 싶었던 것이 그의 의지였다. 황태자는 무엇보다 황제와 기 황후의 안위가 걱정되었다. 대도성을 공격하면 패라첩목아가 그 둘을 볼모로 삼아 무슨 짓을 할지 몰랐다.

근거지인 태원으로 돌아온 확곽첩목아는 군사들을 더욱 늘리고 훈련 강도를 높여갔다. 군사들은 열병장에서 진세(陣勢)를 바꿔가며 보군(步軍)과 기병대(騎兵隊)의 연병(練兵)이 한창이었다.

황태자와 확곽첩목아는 금빛 투구에 은색 갑옷을 입고 붉은색 준마를 타고 있었다. 둘은 군사들의 함성을 들으며 말에서 내려 성곽에 위치한 검열대에 올라갔다. 호랑이 가죽으로 만든 교의(交椅)가 나란히 놓여 있었다. 바로 황태자와 확곽첩목아의 자리였다. 둘은 그 의자에 앉아 열병하고 있는 군대를 사열했다. 보군과 기병들의 보무도 당당한 모습을 검열하던 확곽첩목아는 득의양양했다.

"저 군사들을 몰아 패라첩목아의 주 근거지인 대동을 칠까 합니다. 그의 군사는 대부분 대도성에 가 있기 때문에 수월히 제압할 수 있을 겁니다.”

하지만 황태자는 고개를 내젓고 있었다.

“그렇게 충돌을 해서 우리에게 큰 덕이 될 게 없습니다.”

“대동을 우리가 차지하면 패라첩목아는 대도성에 완전히 갇혀 있는 꼴이 되지 않습니까?”

“대부분의 군사들이 대도성에 가 있다고 하나, 아직 상당수가 대동에 남아 있다 하지 않소. 우리가 사력을 다해 대동을 점령한다 해도 그걸 지켜내기가 어려울 것입니다. 더구나 우리의 최종 목표는 대도성이 아닙니까?”

“패라첩목아가 대동을 다시 수복하기 위해 군사를 몰아오면 우린 뒤로 돌아 대도성을 차지해버리지요.”

“문제는 남쪽의 주원장입니다. 진우량의 영토를 차지한 그가 패라첩목아와 싸우고 있는 틈을 이용해 대도성으로 짓쳐들어올 지도 모릅니다.”

“그 쥐새끼 같은 주가 놈은 제가 한방에 처리할 수 있습니다. 한족들은 원래 심약한 것들이라 우리의 적수가 되지 못합니다.”

실제로 확곽첩목아는 주둔지에서 한족의 반란을 진압하며 큰 공적을 세운 바 있었다. 홍건적들은 그의 이름만 들어도 벌벌 떨며 도망가곤 했다. 확곽첩목아는 홍건족들에게 무척 잔인했다. 전장에 나서면 투항하는 군사들을 몰살시키는가 하면, 그에 협조했던 한족들까지 모조리 죽었다. 죽이는 방법도 잔인하여 목을 자르고 심장을 도려내어 저잣거리에 내걸었다. 공포심을 자극해 다시는 반란을 일으키지 못하게 할 목적이었다. 때문에 확곽첩목아는 홍건적에 대해서는 큰 자신감을 드러내고 있었다. 하지만 황태자의 생각은 달랐다.

"이전의 홍건적들이 아닙니다. 특히 주원장은 그렇게 만만히 볼 자가 아닙니다. 20만으로 60만 대군을 물리쳤다 하지 않습니까? 우리가 내전에 휩싸여 있는 동안 이곳 중원을 노릴지도 모른다 이 말입니다."

"그렇다고 군대의 태반이 비어 있는 대동을 가만히 놔두자는 말씀입니까?"

"때를 기다려 봅시다. 변방에 나가 있는 모든 장수들이 패라첩목아의 편을 들진 않을 겁니다. 지금부터 부지런히 세를 모아 그를 치면 될 것입니다."

"구체적인 방법이 있으신 지요?"

"모후이신 황후 마마께오선 원 제국 상권을 모두 장악하고 있습니다. 패라첩목아가 대도성을 점령하고 있다 하나 상인들의 출입까지는 막을 순 없겠지요. 그들을 이용하면 대도성의 정보를 낱낱이 접할 수 있을 것입니다."

"정보만 오간다고 그를 내칠 수 있는 게 아닙니다."

"조만간 대도성으로부터 황후 마마가 보낸 상인들이 올 것입니다. 원 제국뿐만 아니라 서역을 오가는 대상들이지요. 그들을 이용하여 각지에 흩어진 장수들에게 밀지를 전할 수 있습니다. 그 밀지를 통해 군세를 한데 모아 힘을 합하면 능히 패라첩목아를 물리칠 수 있을 겁니다."

말을 마치며 황태자는 군막 앞에 세워둔 말에 올라탔다.

"이렇게 한가하게 머물러 있을 순 없지요. 나도 각지에 돌아다니며 장수들을 설득하여 힘을 한데 모을 것입니다."

그 말과 함께 황태자는 약간의 군사와 함께 태원을 떠나갔다. 황태자는 황제와 달리 호탕하고 열정적인 사람이었다. 또한 성격이 낙천적이었다. 그는 이번 일이 오히려 좋은 기회가 될 거라고 스스로를 위로했다. 대도성을 나와 이렇게 천하를 돌아다니며 여러 장수들과 교류하다 보면 군부의 생리에도 익숙해질 것이고, 장차 보위에 올랐을 때 그들을 적절하게 통제할 수 있는 군주의 지혜도 얻을 것이라 믿었다.

이번 일로 황태자는 그 아비인 황제에게 큰 실망을 했다. 판단이 흐리고 문약하여 패라첩목아의 간계에 쉽게 넘어간 것 하며, 기 황후의 손발과 다름없는 박불화와 삭사감을 적들에게 넘겨주어 쉽게 굴복한 것은 황제의 위엄을 떨어뜨리는 일이었다.

만약 내가 황제였다면…….

그렇게 당하진 않았을 것이다. 죽음을 각오하고 당당히 맞서 역적 패라첩목아를 꾸짖는 것과 동시에 군사를 몰아 단죄했을 것이다.

그런 생각 중에 문득 어머니 기 황후를 떠올리니 눈물이 앞을 가렸다. 지금은 감금된 거나 다름없는 생활을 하고 있을 것이다. 패라첩목아가 어머니에게 황후 대접을 할 리가 만무했다. 그녀가 이런 고통을 당하는 건 모두 고려 출신이라는 이유 때문이었다.

그의 몸에도 고려의 피가 흐르고 있지 않은가? 더구나 부인인 황태자비 또한 고려사람. 고려인이기에 당해야 하는 수모를 그는 누구보다 절실하게 느끼고 있었다.

　대도성 안. 도시 곳곳은 팽팽한 긴장감이 감돌았다. 패라첩목아의 군사들이 곳곳에 진을 치고 백성들을 감시하고 있었다. 만약에 일어날 지도 모르는 소요를 대비하기 위해 창과 칼로 무장한 군사들이 순찰을 돌았다. 대도성이 패라첩목아에게 점령된 사실을 백성들이 모를 리 없었다. 백성들은 군사들의 눈을 피해 저마다 수군거렸고, 기 황후와 황태자에 관한 갖가지 추측을 내놓았다.

　거리는 행인들도 눈에 띄게 줄어들었고, 상인들도 장사를 거두고 철시한 곳이 많았다. 하지만 중심가를 조금만 벗어나 골목으로 들어가면 사정이 달라졌다. 패라첩목아의 군사들이 한꺼번에 술집으로 몰려가 흥청대며 골목을 누비고 다녔다. 형형색색의 등불이 켜진 유곽에는 군사들이 북적거렸고, 객점에서는 구수한 음식 냄새가 풍겨 군사들의 발걸음을 붙잡았다.

　강순용은 평상복을 입고 주위를 자세히 살폈다. 그는 사흘 전 황궁을 나와 지금껏 대도성 곳곳을 돌아다니고 있었다. 대도성 안에서 기 황후에게 힘이 될 협객들을 구하려 했지만 뜻대로 되지 않았다. 세간에 떠도는 협객들에 대한 이야기는, 소문만 무성할 뿐 전설처럼 구체적인 실체가 없는 경우가 많았다. 그간 자정원에 소속된 상인들의 정보망을 이용해 소문의 진위 여부를 파악하며 부지런히 협객으로 불리는 사람들을 만나러 다녔다. 그는 지금도 한 상인이 연락을 해와 약속 장소로 가고 있었다.

　강순용이 객점의 위치를 찾기 위해 두리번거리고 있는데 한 아이가 다가왔다.

"저희 객점엔 아가씨도 있어요. 잠시 머물다 가세요."

강순용은 짐짓 정색을 하며 동자의 머리에 알밤을 한 대 먹였다. 그는 간판의 이름을 확인하고는 안으로 들어갔다. 객점 안은 손님들로 왁자지껄했다. 주위를 휘둘러봐도 빈자리가 없었다. 그러자 밖에서 동자 하나가 급히 달려왔다.

"아까부터 손님이 기다리고 계십니다."

강순용은 동자의 손에 이끌려 구석진 곳의 탁자로 갔다. 강순용이 다가가자 턱수염을 길게 기른 한 남자가 일어나 정중히 인사를 했다.

"어서 오십시오. 기다리고 있었습니다."

"당신이 종루(鍾樓)의 상권을 쥐고 있다는 이문방(李文邦)이오?"

"그러하옵니다. 소인 자정원의 명을 받잡고 대도성을 자세히 살펴 보았습니다."

"대도성 안의 협객은 찾아 보셨소이까? 황후 마마의 명을 은밀히 실행할 인물이 절실히 필요하오."

"혹시 5대 천왕(天王)이라고 들어보셨습니까?"

"5대 천왕?"

"사람들이 흔히 일컫는 말입죠. 이들은 모두 다섯인데 강호의 협객으로 그 무예와 담력이 중원에서 최고로 추앙받는 자들이옵니다."

"그런 자들이 이 대도성 안에 있단 말입니까?"

"제 밑의 한 상인이 얼마 전 그들 일행을 만난 적이 있다 합니다. 아직 대도성에 있는 듯합니다. 이들은 모두 의협심이 뛰어나 패라첩목아가 황상 폐하를 능멸하고 황후 마마를 유폐시킨 것에 크게 분노했다 합니다."

강순용은 의미심장한 표정으로 고개를 끄덕였다. 그들이 모두 기 황후 밑에서 활약한다면 큰 힘이 될 수 있을 것 같았다. 패라첩목아의 군대가 대도성은 물론 황궁을 모두 점령하고 있는 이때에, 무예가 뛰어나고 대범한 자들이 있어야만 기 황후의 명을 충실히 수행할 수 있을 것이다.

"그자를 반드시 찾아 나에게 보내주시오."

"이미 수하들을 시켜 그를 찾아보라 일러두었습니다."

둘은 대충 이야기를 마치고 식사를 주문했다. 정통 몽고음식인 양고기 국물과 독한 화주가 곧 나왔다. 음식을 막 들려는데 갑자기 주위가 소란스러워졌다. 입구 쪽에 갑옷을 입은 군사들이 우르르 들어오는 게 보였다.

"주인장, 우리에게 술대접이나 하게."

그들은 막 생긴 빈자리를 차지하고 앉았다. 하지만 한꺼번에 여섯 명이나 들어와 한 자리에 모두 앉기엔 자리가 부족했다. 주위를 두리번거리던 한 군사가 강순용 앞으로 다가왔다.

"댁들이 자리를 좀 비켜줘야 하겠네."

그러자 이문방이 언짢은 얼굴로 말했다.

"무슨 소리요, 우리도 이제 막 음식을 들려 하는데……."

군사는 요놈 봐라, 하는 얼굴로 이문방 앞으로 바짝 다가와 소리를 내질렀다.

"이것들이 우리가 감히 누구라고 말대꾸를 하는 게냐? 썩 비키지 못할까?"

여태 가만히 있던 강순용도 그제야 일어났다.

"우린 엄연히 돈을 지불하고 여기서 음식을 들고 있는 거요. 댁이 가라마라 할 자격이 없다는 게요."

그 군사는 강순용의 모습을 유심히 살피더니 크게 웃었다.

"코밑과 턱이 반질 한 게, 네놈은 내시가 아니냐?"

그렇게 비웃고는 발을 들어 강순용의 가슴팍을 대뜸 걷어찼다.

"어이쿠!"

강순용은 숨이 턱, 막히며 그만 뒤로 나자빠졌다. 그 바람에 탁자에 놓인 음식이 그의 얼굴과 옷에 그대로 쏟아졌다.

"이거 너무 한 거 아니오?"

이문방이 벌떡 일어나며 소리쳤다. 하지만 그마저 뒤따라온 다른 군사가 휘두른 칼등에 얻어맞고 나뒹굴었다. 둘이 쓰러져 있는 곳으로 자리에 앉아 있던 군사들이 험악한 얼굴로 칼을 빼들고 다가왔다.

"내시 나부랭이 따위가 감히 천하의 패라첩목아 장군의 군사들을 능멸했단 말이지?"

그들은 곧 칼을 내리칠 기세였다. 그때였다. 누군가 낮고 무거운 목소리로 군사들에게 호통을 내질렀다.

"거 너무들 하는 거 아니오? 보아하니 댁들은 패라첩목아 장군의 군사들 같은데, 백성들을 그리 괴롭혀서야 되겠소?"

객점 한 구석에서 조용히 술을 들고 있던 한 사내가 병사들 앞으로 다가왔다.

"이건 또 뭐 하는 놈이냐?"

강순용과 이문방를 둘러싸고 있던 군사들이 사내 쪽으로 모여들었다.

"이놈이 간덩이가 배 밖으로 나왔구나. 우리가 누군지 잘 알면서도 감히 나서는 게냐?"

사내의 뒤로 돌아간 군사가 칼을 빼들어 휘둘렀다. 그러나 그보다 빠른 건 사내의 전광석화 같은 몸놀림이었다. 사내는 술잔을 손에 쥔 채로 다리를 들어 칼을 휘두르는 군사의 목덜미를 후려쳤다. 군사는 칼을 떨어트리며 비명도 없이 바닥에 꼬꾸라졌다. 호통을 내지르며 뒤이어 달려드는 다른 군사들에게도 사내는 단 한번의 몸놀림으로 상대를 제압해 버렸다. 그의 동작은 싸움이라기 보단 마치 춤을 추는 듯했다. 순식간에 군사 다섯이 바닥에 나뒹굴었다. 그중 한 명이 뒷걸음질 치며 급히 밖으로 빠져나갔다.

"괜찮으시오?"

사내는 쓰러져 있는 강순용과 이문방을 붙잡아 일으켰다.

"고맙소이다."

둘이 옷을 털며 인사를 하려는데 문득 밖이 수런거렸다.

"저놈이다!"

좀 전 밖으로 뛰쳐나갔던 자가 어느새 한 무리의 군사들을 몰고 온 것이다. 족히 열은 넘어 보이는 군사들이 입구를 막은 채 일제히 칼을 빼어들었다.

"안되겠소. 일단 뒷문으로 달아나 몸을 피합시다."

다행히도 객점 주인이 이들을 위해 뒷문을 몰래 열어주었다. 셋은 고개를 끄덕이는 것을 신호로 뒤쪽으로 몸을 피했다. 그들은 문을 빠져나와 급히 골목으로 뛰었다.

"저놈 잡아라!"

열 명이 넘는 군사들이 칼을 빼들고 우르르 달려왔다. 다행히 골목이 좁은데다 미로처럼 여러 갈래여서 쉽게 몸을 피할 수 있었다. 급히 뛰느라 둘은 허름한 집 벽에 기대어 거친 숨을 몰아쉬었지만, 사내는 마치 유람이나 나온 듯한 태연한 얼굴로 서 있었다. 강순용은 그제야 사내의 모습을 자세히 살폈다. 그의 얼굴은 산맥처럼 쭉 뻗은 콧대와 짙은 눈썹, 두툼한 입술을 하고 있어 더없이 단아하고 굳세 보였다. 눈에 총기가 돌고 입매가 야무진 게 예사 인물이 아닌 듯싶었다.

"혹시, 은인의 존함을 여쭈어도 될는지요?"

사내는 잠시 망설이다가 이내 대답했다.

"소인은 마가충(馬加忠)이라 하옵니다."

그러자 이문방이 깜짝 놀라며 한걸음 물러섰다.

"그렇다면 당신은……"

이문방이 반가운 얼굴로 강순용을 돌아보았다.

"이분이 바로 제가 그렇게 찾았던 5대 천왕 중의 한 분입니다."

"그래요?"

강순용은 반가움에 마가충의 손을 덥석 붙잡았다.

"대협을 찾기 위해 대도성을 얼마나 뒤지고 다녔는지 모릅니다."

"공께서는 황궁에서 나오셨지요?"

"아니, 그걸 어떻게 아셨소?"

"공께서 우리를 찾기 위해 대도성을 뒤지고 있다는 걸 다른 천왕들을 통해 들었습니다. 그래서 소인은 어제부터 줄곧 대인을 지켜보고 있었습니다. 정말로 황궁에서 나오셨는지, 아니면 패라첩목아가 우리를 없애기 위해 거짓 소문을 내고 있는지 알아보고 있었던 겁니다."

"그럼 우리들을 구해주신 것도……."

"대인을 미행하고 있다가 패라첩목아의 군사들에게 당하는 것을 보고 황궁 사람이라 확신한 것입니다."

강순용은 놀란 표정으로 마가충의 얼굴을 직시했다.

"기 황후 마마께선 대협 같은 강호의 협객을 긴히 찾으시오. 아시는 바와 같이 대도성은 온전히 패라첩목아의 손에 떨어졌어요. 황상 폐하뿐만 아니라, 기 황후 마마께서도 저들에게 갇혀 자유롭지 못합니다. 대협들이 은밀히 황후 마마를 도울 수만 있다면 능히 패라첩목아를 쫓아내고 황실의 위엄을 다시 세울 수 있을 겁니다."

마가충은 고개를 끄덕이며 둘을 돌아보았다.

"저를 따라 오시지요."

그는 먼저 앞장서 성큼성큼 걸어갔다. 좁은 골목길을 한참이나 지나가자 허름한 집이 하나 나왔다. 밖에서 볼 때는 낡아서 볼품없는 집이었으나 안으로 들어가니 지하로 연결되어 있었다. 나무계단을 타고 밑으로 내려가자 넓은 공간이 나타났다. 둘이 내려서자 지하에 있던 건장한 사내들이 일제히 일어서며 머리를 숙였다.

"소인들은 지난번 대기근 때 황후 마마의 은덕을 입은 자들이옵니다. 그때 황후 마마를 직접 뵙고, 그분을 위해 무슨 일이든 할 것이라 다짐을 하였습니다. 저희들을 거두어 주신다면 황후 마마를 위해 목숨까지도 바치겠나이다."

마가충이 그렇게 뜻을 밝히고는 한 명씩 소개했다.

"여기는 완자독(完者獨)이라 합니다. 민첩하기 이를 데 없고, 특히 독침을 비롯한 암기(暗器)에 능한 자입니다."

이어 옆에 서 있는 사내들이 차례로 자신을 소개했다.

"소인은 여맹호(如猛虎)라 하옵니다. 소림나한권(少林羅漢拳)을 익혔고 변장술에는 누구에게도 뒤지지 않습니다."

뒤에 늘어선 사내 가운데 하나가 앞으로 나와 가볍게 목례를 하면서 말했다. 중키였으나 체구는 더할 나위 없이 단단해 보였다.

"비검(飛劍) 임달(任達)입니다. 추종술(追從術)을 좀 익혔습니다."

그들의 소개를 듣고 있는 강순용은 그 당당하면서도 겸손한 모습에 힘을 얻었다. 모두들 단단하고 날렵한 체구에 중원 최고의 협사들로 존경을 받는 자들이었다. 잠시 그들을 살피던 강순용이 문득 고개를 갸웃하며 의문을 표시했다.

"그런데 대협들은 5대 천왕이라 하지 않았소? 그러면 다섯이어야 한데 네 분뿐이니, 한 분은 어디 갔는지요?"

"나머지 한 분은 저희들을 이끄시는 지존천왕(至尊天王)이십니다. 송구하오나 그분께서는 절대 모습을 보이시지 않으십니다. 뒤에서 지시하고 명령을 내리실 뿐입니다. 기 황후 마마를 도우라 명하신 것도 바로 그분이시지요."

"그래요?"

강순용은 턱을 매만지며 잠시 생각에 잠겼다.

"일단 황후 마마께 말씀드리고 다시 연락을 드리겠소이다."

강순용은 즉시 입궁 하여 흥성궁의 기 황후를 찾아갔다. 5대 천왕에 대해 이야기하자 기 황후는 미심쩍은 표정이었다.

"5대 천왕이라 하면서 그중 한 명은 모습을 나타내지 않았단 말이지?"

그녀는 골똘한 생각에 잠겨 코끝을 매만졌다. 눈을 가늘게 뜨며 미간을 좁히는 것이 쉽게 판단을 내릴 수 없는 모양이다.

"그들을 완전히 신뢰하기는 어렵다. 혹 패라첩목아의 첩자들일지도 모르지 않느냐? 그중 한 명이 끝내 모습을 드러내지 않는 것도 영 믿음직스럽지 않구나."

"하오나 소신이 지켜본 바에 의하면 강호의 협객이 분명했사옵니다."

확신에 찬 강순용의 말을 들으며 기 황후는 잠시 고민했다. 자신이 직접 보지 않는 한 믿음을 가질 수 없었다. 그렇다고 섣불리 불렀다간 화가 미칠 수도 있었다. 고민 끝에 기 황후가 입을 열었다.

"그렇다면 한 가지 조건이 있다. 이 조건을 그들이 받아들여야만 내 밑에 둘 것이야."

"조건이라 하오면……."

기 황후는 주위를 둘러보더니 나지막한 목소리로 지시했다. 듣고 난 강순용이 놀란 표정으로 고개를 가로저었다.

"마마, 그것은……."

"왜? 내가 너무 무리한 것을 요구했다고 생각하느냐?"

강순용은 난처한 표정으로 긴 한숨을 내쉬며 턱을 매만질 뿐이었다.

5

유약을 바른 청록색 기와로 뒤덮인 지붕 아래에는 화려하게 치장한 방들이 끝없이 이어져 있었다. 입구에는 현판 대신 청색과 금색으로 그려 놓은 장식 문양이 보였다. 패라첩목아가 앞으로 들어서자 회색 장포를 입은 사내가 정중히 고개를 숙였다. 바로 황제에게 환정법(還精法)을 가려쳐 준 가린진(伽璘眞)이라는 번승이었다. 그는 패라첩목아 옆에 서 있는 노적사에게도 인사를 올렸다. 둘은 몇 년 동안이나 계급무계궁에서 함께 지내온 사이였다.

패라첩목아는 주위를 둘러보고는 옆의 수행 장수에게 물었다.

"이곳이 바로 계급무계궁이라 했느냐?"

"그러하옵니다."

"잘도 꾸며 놓았구나. 천하의 어버이라는 황제가 이곳에서 대신들과 함께 발가벗고 황음에 빠져 있었단 말이지?"

그러면서 한 걸음 뒤쳐져 머쓱한 얼굴로 서 있는 노적사를 노려보았다. 그 눈빛은 분명 경멸을 담고 있었다. 그가 대도성을 차지하고 군권을 휘어잡는 데는 노적사의 공이 컸다. 하지만 자신은 우승상에 오르고 노적사를 그보다 낮은 중서평장정사에 임명하면서부터 은근히 무시하기 시작했다. 더구나 노적사가 황제와 함께 이곳 계급무계궁에서 황음에 빠져있었다 하니 대신처럼 보이지도 않았다. 그는 평생을 피 냄새를 맡으며 전쟁터에서 살아온 장수였던 것이다.

앞으로 몇 걸음 더 걸어가자 수십 명의 여자들이 무릎을 꿇은 채 고개를 숙이고 있었다. 모두들 붉은 입술에 하얗고 가지런한 이마와 봉안처럼 길게 치켜 올라간 눈을 가진 미인들이었다. 잠자리 날개같이 속살이 훤히 비치는 옷을 입고 있어 숨이 턱 막힐 지경이었다. 패라첩목아는 잠시 미인들을 바라보다가 노적사에게 물었다.

"이 여인들은 누구요?"

"황상과 함께 계급무계궁에 있었던 여인들입니다."

"그래요?"

패라첩목아는 그중 한 여자에게 가까이 다가가 얼굴을 유심히 살폈다.

"과연 천하의 절색이구나."

그러면서 뒤에 서 있는 노적사를 노려보았다.

"역시 황제의 자리가 좋나봅니다. 이런 절색들을 마음껏 취할 수 있다니 말이오."

노적사가 얼른 그에게 다가왔다.

"이 여인들을 모두 취한다 해서 우승상을 말릴 사람은 아무도 없습니다."

"그럴까요?"

"천하가 우승상 손아귀에 놓여 있으니 마땅히 이 여인들도 우승상이 취하는 게 맞습니다. 내 황상 못지않게 우승상의 정력을 단련시켜 줄 사람을 소개시켜 드리지요."

그러면서 옆에 있는 가린진의 허리를 가볍게 찔렀다.

"가린진이라는 번승입니다. 이자가 바로 황상께 환정법을 전수한 자이지요."

"정말로 그 환정법이란 걸 익히면 하룻밤에 수많은 여자를 품을 수 있단 말이오?"

"물론입죠. 하루에 열 명이나 되는 여자를 품어도 끄떡없습니다. 오히려 여자들이 좋아서 달려들 지경입니다요."

가린진이 기회다 싶은지 잽싸게 입을 놀렸다.

"그래?"

패라첩목아는 음흉한 미소를 지어 보이다가 문득 의아한 눈으로 노적사를 쳐다보았다.

"그렇다면 평장정사께서도 그 환정법을 익혀서 이곳에서 재미를 봤을 게 아니오?"

노적사는 대답대신 머리를 긁적이며 웃기만 했다. 그러다가 귓속말로 은밀히 일렀다.

"이자에게 환정법을 익혀 계급무계궁을 온전히 차지하시지요."

패라첩목아는 아무 말없이 한동안 가린진을 쳐다보았다. 숯처럼 검은 눈썹이 몇 번 꿈틀거릴 때마다 가린진은 어깨를 떨었다. 패라첩목아가 발을 들어 가린진의 가슴팍을 차버린 것은 전혀 뜻밖이었다.

"어이쿠!"

가린진은 비명과 함께 그대로 바닥에 쓰러졌다. 겨우 숨을 몰아쉬며 일어나려는 것을 이번에는 발끝으로 사타구니를 차버렸다.

"네놈이 바로 우리 원 제국을 시궁창에 빠지게 한 놈이렸다? 황상에게 요상한 방중술을 가르쳐 천하의 풍속을 어지럽힌 죄, 마땅히 벌을 받아야 할 것이다."

패라첩목아의 의외의 반응에 누구보다 놀란 사람은 노적사였다.

"우승상……."

하지만 패라첩목아는 돌아보지 않고 더욱 소리를 높였다.

"속히 이 계급무계궁을 폐쇄하고, 여기에 속한 여인들은 모조리 유곽으로 넘겨버리도록 하시오. 또한 저기 있는 요상한 번승은 즉시 대도성 밖으로 내치시오."

그러면서 발길을 돌려 계급무계궁을 나가버렸다. 그의 등 뒤로 찬 바람이 감돌았다. 서슬 퍼런 기세에 눌려 있던 노적사와 독견첩목아가 얼른 달려갔다. 특히 노적사는 패라첩목아에게 좋지 않은 인상을 줄까 두려웠다. 패라첩목아의 표정을 살피며 독견첩목아에게 눈짓을 보냈다.

"술이라도 한 잔하며 달래봅시다."

그는 패라첩목아를 이끌고 어원(御苑)의 한 정자로 데려갔다. 환관을 시켜 얼른 술자리를 만들게 하고는 자신이 먼저 술을 따랐다. 바야흐로 봄이 시작되면서 주위에 꽃들이 피고 있었고 따뜻한 바람이 불어오고 있었다. 취흥을 돋울 만했다. 노적사가 술을 따르며 분위기를 부드럽게 이끌었다.

"우리가 어렵게 대도성을 점령하고서도 여태 술 한잔 하지 못했습니다."

"오, 그랬던가요? 이거 내가 미처 신경을 쓰지 못했소."

금세 패라첩목아의 안색이 누그러들었다. 셋은 술잔을 주고받으며 자축의 말을 나누었다. 황제와 황후를 감금하다시피 하고 대도성을 점령했으니 가히 천하를 얻은 것과 다름없었다. 하지만 독견첩목아는 여전히 걱정거리가 있었다. 술이 들어가자 한참 전부터 고민하던 것을 패라첩목아에게 내놓았다.

"군대를 계속 대도성에 주둔시키고 있을 건지요?"

"황태자와 확곽첩목아가 대도성을 탈환하기 위해 호시탐탐 노리고 있는 데 어찌 비울 수가 있단 말이오?"

"우승상이 거느리고 있는 군대의 태반이 이곳 대도성에 주둔하고 있습니다. 그만큼 대동의 전력이 약하다는 말이죠. 확곽첩목아가 이를 그대로 두고 보지는 않을 겁니다."

"그들이 쉽사리 나의 근거지인 대동을 공격하진 못할 게요. 만약 그랬다가는 남쪽에 있는 주원장이나 장사성이 가만 보고 있겠소? 확곽첩목아는 그게 두려워 섣불리 공격을 못 할 거란 말이오."

"주원장과 장사성이 과연 군대를 움직일까요?"

"주원장이란 자는 내가 상대를 해봐서 좀 아는 편이오. 간사한데다 야심이 큰 인물이지요. 확곽첩목아가 대동을 치면 그 틈을 이용해 배후를 칠 게 분명합니다."

"그의 군대가 그리 강하단 말입니까?"

"진우량의 60만 대군을 격파한 자입니다. 만만히 볼 자가 결코 아니에요. 그가 남쪽에서 확곽첩목아를 견제하고 있으니 당분간은 안심할 수 있습니다. 오히려 주원장이 날 도와주는 격이 되었구려."

"하지만 언제까지 그들을 놔둘 수는 없습니다. 조만간 주원장과 장사성이 남쪽의 패권을 놓고 충돌할 겁니다. 둘 중 하나는 패권을 잡고는 남쪽을 완전히 평정하겠지요. 그렇다면 조만간 이곳 중원도 위태로워질 게 아닙니까?"

"그야 나중 문제지요. 지금은 대도성을 장악하고 우리의 세력을 다지는 게 우선입니다."

"그동안 주원장이 장사성마저 무너뜨리고 원 제국과 맞설 힘을 기르면 어찌 하실 겁니까? 자칫 원 제국을 통째로 그들에게 내줄 수가 있어요."

듣고 있던 패라첩목아가 문득 신경질적으로 그 말을 되받았다.

"그래서 날더러 어쩌란 말이오?"

"지금이라도 군사를 내어 주원장을 견제해야 된단 말씀입니다."

"확곽첩목아가 군대를 이끌고 대도성으로 달려오면 어떡할 것이오?"

"한족 반란군에게 나라를 내주는 것 보다야 낫지 않습니까?"

"날더러 이 대도성을 내주고 물러가라는 건가?"

"원 제국이 반란군의 손아귀에 들어가도록 두고 볼 수는 없지요."

"공은 대체 누구 편이오? 혹 황태자와 확곽첩목아 편이 아니오?"

"그게 무슨 말씀입니까? 장군."

노적사가 그 둘을 말렸다.

"언쟁을 하실 필요가 뭐가 있습니까?"

그러면서 패라첩목아를 은근히 돌아보았다.

"그러시지 말고 차라리 이렇게 하는 게 어떻습니까?"

둘의 시선이 노적사에게 향했다. 그는 잠시 뜸을 들이다가 문득 놀라운 말을 내뱉었다.

"우승상께서 황제의 자리에 오르시는 겁니다."

패라첩목아뿐만 아니라 독견첩목아까지 놀라 눈을 크게 떴다. 둘은 그 말이 새어나갈까 봐 주위를 둘러보기까지 했다. 하지만 노적사는 태연한 어조로 말을 잇고 있었다.

"탁발승 출신의 미천한 주원장 같은 이도 스스로 황제라 칭하고 있지 않습니까? 또 장사성이란 자는 소금장수 출신입니다. 그런 자들도 황제라 칭하는데 우승상이라 해서 황제가 못될 것도 없지요."

패라첩목아가 떨리는 목소리로 물었다.

"그렇다면, 지금의 황제를 몰아내란 말입니까?"

"바야흐로 지금은 난세입니다. 난세에는 덕망과 힘을 갖춘 사람이 천하를 호령해야 합니다. 우승상이라면 충분히 황제가 되고도 남습니다."

그러자 듣고 있던 독견첩목아가 버럭 소리를 내질렀다.

"그걸 말이라고 하시오? 우리가 군대를 몰아 대도성에 입경한 이유가 무엇이오? 억울하게 씌어진 누명에 대한 진상을 밝혀 달라고 여길 왔던 것이오. 그런데 어찌 역심을 품을 수 있단 말이오?"

"역심이라니요? 우린 민심과 천심을 파악하고 거기에 따르면 될 뿐이오. 원 제국 전체가 공녀 출신 기 황후에게 놀아나는 꼴을 언제까지 보고 있어야만 한단 말이오. 그런 고려 여인까지 천하를 좌지우지하는 세상이 아닙니까? 차라리 모두 엎어버리고 우승상께서 황제가 되시어 새롭게 출발하는 겁니다. 강력한 군대를 이끌고 남쪽의 반란군을 몽땅 쓸어버리고 다시는 한족 놈들이 도발하지 못하도록 쇄신을 해야 합니다."

"듣기 싫소. 다시 그런 소리를 했다가는 공과 완전히 연을 끊을 것이오."

독견첩목아는 얼굴을 붉히며 밖으로 나가버렸다.

하지만 패라첩목아는 싫은 기색을 보이지 않았다. 오히려 턱수염을 매만지며 눈을 가늘게 뜬 채 은근한 미소까지 지었다. 그는 침을 꿀꺽 삼키고는 길게 심호흡을 했다.

같은 시각. 홍성궁으로 네 명의 환관이 들어섰다. 기 황후는 안타까운 표정으로 그들에게 물었다.

"그래, 몸들은 괜찮은가?"

"무탈하옵니다."

마가충이 허리를 깊이 숙이며 말했다. 말은 그렇게 했지만 그는 고통스러운 표정을 감추지 못했다.

"내가 이렇게 밖에 할 수 없는 걸 자네들도 이해를 해줘야 할 것이야."

고귀한 신분으로 계속 입에 담기는 곤란한 내용인지라, 강순용이 기 황후를 대신해 화제를 돌렸다.

"이곳은 패라첩목아의 감시가 워낙 엄중한 곳이라, 환관이 아니면 출입을 할 수 없다네. 그대들이 환관이 되어야만 가까이서 황후 마마를 모실 수 있는 게야."

네 명의 사내는 일제히 무릎을 꿇었다.

"잘 알고 있습니다."

기 황후는 측은한 표정으로 그들의 등을 내려다보았다.

"남자의 기능을 잃었으니, 마음이 아플 것이야."

"황후 마마를 위해서는 목숨까지도 바칠 각오가 되어 있습니다."

이들 4대 천왕은 환관이 되기 위해 모두 거세를 했다. 기 황후는 그들의 충심을 여태 믿지 않았다. 강호의 협객들이라 하나 그 신분을 정확히 파악한 것은 아니었다. 높은 자리에 오르기 위해 거짓을 고할 수도 있었고, 패라첩목아의 수하들일 수도 있었다. 하여 거세를 할 수 있느냐고 전했는데 의외로 선선히 응해왔던 것이다. 그들은 강순용의 주도 아래 거세를 하고, 수염을 밀고 환관이 되어 입궁했다. 패라첩목아의 군사들에게는 원래부터 있던 환관이라 속이고 어렵지 않게 흥성궁으로 들어올 수 있었다. 기 황후는 거세까지 선선히 응한 그들을 더는 의심하지 않기로 했다.

"소신은 마가충이라 하옵니다."

그러자 옆에 있는 다른 자들도 자신을 소개하기 시작했다.

"완자독이라 하옵니다."

"여맹호라 하옵니다."

"임달이라 하옵니다."

그들을 바라보고 있던 기 황후의 얼굴에 만족한 표정이 떠올랐다. 모두들 단단한 몸매에 하관이 빠르고 얼굴선이 날렵해 보였다. 눈에 총기가 흐르고 명민해 보이는 게 문무를 고루 갖춘 듯했다. 하지만 한 가지 의문은 여전히 가시지 않았다.

"그대들은 5대 천왕이라 일컫는데, 나머지 한 명은 왜 여태 얼굴을 보이지 않는 게냐?"

"황공하오나, 저희들도 그분을 쉽게 뵙지 못 한답니다. 명리를 떠나 바람을 벗 삼아 중원을 주유하시는지라……"

"굳이 그러는 이유가 무엇이냐? 황후인 내 앞에서도 얼굴을 드러내지 않는단 말이냐?"

기 황후는 내심 불쾌한 표정이었다.

"저희는 모두 그분에게 큰 은혜를 입고 오래전 의형제를 맺었으나, 워낙 세상 풍진에 휩쓸리는 것을 싫어하시고, 한 곳에 머물지도 않아 저희들조차 뵙기가 쉽지 않습니다. 하오나 염려치 마십시오. 저희가 이리 황후 마마를 보필하게 된 것도 그분의 간곡한 당부가 있어서입니다."

"그가 당부했다고?"

"아, 그분은 성안의 백성들을 근심하고 있었습니다. 대도성에 이는 피바람을 막기 위해서는 오직 기 황후 마마께서 강건하셔야 한다고……, 그분이 그리 말씀하셨습니다. 저희는 일평생 무예만 연마하고 살았던 무지한 무부(武夫)들인지라 소상한 것은 잘 알지 못합니다."

기 황후는 들을수록 이들이 대형이라 부르는 그 천왕이라는 인물이 궁금하였지만, 극도로 노출을 꺼리는데 굳이 명하여 데려올 수도 없었다.

"아무튼 너희들이 있어 무척 든든하구나. 가까이서 나를 지키며 내가 지시하는 것을 착오 없이 시행해야 한다. 조만간 패라첩목아를 몰아내면 그에 상응한 대접을 할 것이야."

"존명 받들겠나이다."

기 황후는 옆에 있는 강순용에게 고개를 끄덕였다. 그러자 가늘게 말아놓은 두루마리를 하나 가져왔다.

"이걸 읽어보게나. 여기에 자네들이 해야 할 첫 임무가 있네."

강순용이 그 두루마리를 건네자 네 명의 천왕들이 한데 모여 읽어 나갔다. 혹여 이야기가 새어 나갈까봐 중요한 지시는 이렇게 글을 통해 전달했다.

"할 수 있겠는가?"

"한 치의 오차도 없이 행하겠나이다."

그들은 비장한 표정으로 일제히 고개를 숙였다. 강순용은 부싯돌로 불을 붙여 두루마리를 태웠다. 연기가 사라지자 긴장으로 굳어진 4대 천왕의 얼굴이 나타났다.

6

공민왕과 노국공주는 행궁으로 지내던 흥왕사(興王寺)를 나와 만월대(滿月臺)로 돌아왔다. 그동안 두 번에 걸친 홍건적의 침입으로 궁궐이 모두 불타고, 기 황후까지 2만의 대군을 끌고 와 위협했으므로 흥왕사로 몸을 피해 있었다. 원군이 패퇴한 후에 서둘러 궁궐을 보수하기를 몇 달. 마침내 입궁하게 되니 공민왕은 감개무량하지 않을 수 없었다.

공민왕은 회경전(會慶殿)에서 성대한 연회를 베풀었다. 이는 기 황후의 군대를 무찌른 최영과 이성계에 대한 축하연을 겸하고 있었다. 공민왕은 그 둘에게 도형벽상공신(圖形壁上功臣)을 내려 공적을 치하했다.

연회가 무르익을 무렵 대도성에서 급한 전갈이 전해졌다. 기 황후의 군사와 접전을 치른 후 원과는 공식적인 사신을 교환하지 않았다. 하여 공민왕은 대도성을 오가는 상인을 통해 그쪽의 정세를 알아오게 했다. 그 상인이 급히 전갈을 가져온 것이다. 두루마리로 된 서찰을 읽던 공민왕의 입이 크게 벌어졌다.

"무엇이라? 대도성이 패라첩목아에게 점령당했단 말이냐?"

"황태자와 확곽첩목아의 군을 몰아내고 대도성을 차지하여 패권을 쥐고 있다 하옵니다."

"그럼 기 황후는?"

"기 황후 또한 흥성궁에 갇혀 꼼짝 못하고 있다 하옵니다."

듣고 있던 공민왕이 크게 웃었다.

"꼴좋구나. 기세 좋게 몰려와서 우리 고려군에게 대패를 하더니 이제는 같은 나라의 장수에게 갇혀 지낸다고? 하하하."

연회에 참석했던 다른 문무백관들도 따라 웃었다. 그들에겐 원 제국의 군대를 물리친 자긍심이 넘쳐흘렀다. 그때 이성계가 호탕한 어조로 한마디 거들었다.

"남쪽에서는 주원장이란 자가 호시탐탐 중원을 노리고 있다 하옵니다. 조만간 이들 간에 대접전이 벌어지면 우리에겐 더없이 좋은 기회가 될 것입니다."

"그 틈을 이용해 잃어버린 요동 땅도 되찾고, 복속돼 있던 관제도 완전히 회복해야지."

연회의 분위기는 더욱 무르익었다. 무희들이 나와 오색적삼을 휘날리며 춤을 추었고, 왕을 비롯한 대신들은 취할 때까지 연신 술잔을 기울였다.

연회를 마친 공민왕은 노국공주와 함께 침소에 들었다. 오랜만에 편궁에 단둘이 있으니 새로운 정이 새록새록 솟아났다. 공민왕은 아직도 취흥이 가시지 않아 술상을 들이게 했다. 노국공주와 함께 술잔을 기울이며 많은 이야기를 주고받았다.

"이제야 고려가 안정이 되어 가고 있나 봅니다."

"홍건적이 모두 물러가고 남쪽의 왜구들도 우리 군사들의 서슬에 질려 출몰이 뜸하다 하는구려."

"이 모두가 전하께서 선정을 베푸시기 때문이옵니다."

"아니오. 왕비께서 내조를 잘해주신 덕분이지요."

"기 황후의 일은 다시 생각해도 통쾌하나이다."

"싸워보니 원의 군대도 별 것 아니더군요. 그들과 대항해서 전혀 밀리지 않을 자신이 있어요."

"우리와 맞서 싸울 여력도 없을 것입니다. 남쪽에는 주원장과 장사성이 버티고 있고, 지금은 패라첩목아에게 감금당하고 있다면서요? 우리가 당한 만큼 그대로 당하고 있다고 생각하니 소인 너무 기뻐 잠이 오지 않사옵니다."

"하하하. 왕비께서도 그렇게 기쁘시오?"

"기 황후는 철천지원수입니다. 이 세상 어디에 가더라도 그녀를 저주할 것입니다."

눈을 가늘게 떨고 있던 노국공주가 문득 밝은 표정으로 공민왕을 바라보았다.

"제가 한 가지 기쁜 소식을 알려드릴 텐데 혹 춤이라도 추실 수 있으런 지요?"

"기쁜 소식이라니요?

"먼저 소인 앞에서 춤을 추신다고 약조해 주세요."

"무슨 소식인진 몰라도 왕비께서 말씀하시면 자리에서 일어나 춤을 추리다."

그제야 노국공주가 들뜬 목소리로 말했다.

"어의가 진맥한바 소인에게 태기가 있다 하옵니다."

"그게 정말입니까? 왕비!"

공민왕이 놀란 얼굴로 노국공주를 덥석 껴안았다. 그리고는 벌떡 일어나 정말로 덩실덩실 춤을 추었다.

노국공주가 공민왕과 혼인한 것이 1351년. 왕비가 된 지 14년이 지났는데도 그녀에겐 태기가 없었다. 보다 못한 대신들의 건의로 이제현(李齊賢)의 딸 혜비 이씨(惠妃李氏)를 후궁으로 맞이했다. 노국공주는 혜비 이씨를 심하게 질투해 식음을 전폐하고 누워있기까지 했다. 그런 가운데 어렵사리 임신을 하였으니 공민왕이 기뻐하지 않을 수 없었다. 그는 이 소식을 고려 전역에 알리는 것과 동시에 큰 연회를 열었다. 또한 전국의 옥에 갇힌 죄수들을 석방하고, 백성들에게 곡식을 나눠주며 선정을 베풀었다.

달이 찰수록 노국공주의 배도 점차 불러갔다. 드디어 해산이 가까워지자 궁궐은 긴장하기 시작했다. 노국공주는 산기(産氣)가 보이고 열사흘이 지나서도 아이를 낳지 못했다. 지독한 난산이었다. 모든 의원이 왕비의 침소 앞에 대기했고, 공민왕은 어전에서 초조하게 서성거렸다. 기다리다 못한 그는 환관을 보내 소식을 알아오라 명했다. 환관은 한참이 되어서야 달려왔다.

"어찌 되었느냐?"

환관은 망설이며 말끝을 흐렸다.

"아뢰옵기 황공하오나……."

"어찌 되고 있단 말이냐?"

"난산이옵니다. 연세가 있으신 데다 초산이라 순조롭지 못하다 하옵니다."

"무엇이라?"

보다 못한 공민왕은 전국의 이름 있는 명의를 모조리 불러들이라 명했다. 산모를 모실 준비는 물론이고 난산의 고통을 덜기 위해 좋다는 명약(名藥)도 속속 궁궐로 들어왔다. 그러나 아무 소용이 없었다. 왕비가 열사나흘을 산통으로 신음하는 모습은 차마 두 눈으로 볼 수 없을 지경이었다.

사흘을 뜬눈으로 지새운 공민왕은 식음을 전폐하고 불상 앞에 좌선했다. 부처께 정성껏 서원(誓願)하기 위해서였다.

"나무아미타불……."

공민왕은 식은땀이 이마에 주렁주렁 맺히도록 경건한 마음으로 합장배례 했으나 왕비의 산통은 여전했다. 편전에 든 공민왕이 슬픔에 잠겨 있을 때 환관이 인기척을 냈다.

"전하, 내시 최만생이 아뢰옵니다."

공민왕이 벌떡 일어났다.

"무슨 일이 있느냐? 혹여 반가운 소식이라도 있느냐?"

최만생은 모기소리마냥 기어드는 음성으로 가까스로 왕에게 고했다.

"왕비마마께서 위중하시다는 전갈이옵니다. 어서 납시기를 바라옵니다."

공민왕은 정신이 아득해진 채, 몸을 부들부들 떨며 겨우 걸음을 옮겼다. 허겁지겁 편궁으로 달려가자 노국공주의 모습은 반은 시신이나 다름없었다. 얼굴은 백지처럼 창백했고, 축 늘어진 몸체 마디마디엔 검은 사신의 그림자가 드리워져 있었다. 눈동자는 완전히 빛을 잃은 채 허옇게 풀려 있었다. 노국공주는 공민왕에게 무슨 말인가 하고자 했으나 온몸의 진이 다 빠져나간 듯 입술만 달싹일 뿐이었다.

"왕비! 흑흑……."

공민왕은 노국공주의 가슴에 두 손을 얹었다. 고통으로 심하게 요동치던 진통도 이제 가라앉았는지 오히려 평온한 모습이었다. 그녀는 자리에서 일어나려 했다. 하지만 몸이 굳어 꼼짝도 할 수 없었다. 겨우 한쪽 손을 들어 공민왕의 손을 맞잡았다. 그리고는 하얗게 말라붙은 입술을 겨우 움직였다.

"소인……, 기 황후가 먼저 죽는 걸……, 보지 못하고 죽는 게 안타까울 뿐입니다. 부디, 부디 성군이 되셔서 고려를 부강하게……."

거칠게 숨을 내몰아쉬던 노국공주가 눈을 홉뜨며 공민왕을 바라보았다. 그리고는 푸우, 하는 마지막 날숨을 내뱉고는 고개를 옆으로 꺾고 말았다.

"이보시오, 왕비. 왕비……."

애타게 부르는 공민왕의 목멘 음성만이 구슬퍼 메아리칠 뿐, 노국공주의 몸은 점차 싸늘하게 식어갔다.

7

오늘따라 백하강(白河江)의 물이 푸르게만 보였다. 통혜하(通惠河)를 통해 적수담(積水潭)으로 이어지는 강물을 바라보며 가린진은 새삼 인생무상을 느끼고 있었다. 한때 원 제국의 황제와 더불어 계급무계궁에서 천하의 절색들을 품었지 않은가? 호화로운 집에서 갖은 진미를 들었고, 대국사(大國師)라는 관직으로 문무백관을 발밑에 두기도 했다. 그런 그가 졸지에 대도성에서 쫓겨난 개 신세로 전락하고 말았다.

계급무계궁은 즉각 폐쇄되었으며, 기거하던 수많은 여인들은 패라첩목아의 군사들에게 나뉘어졌다.

"나는 황제와 다르다. 기강과 도덕을 지켜 원나라를 바로 세울 것이다."

패라첩목아의 그런 선언과 함께 계급무계궁에 자주 드나들던 신하들은 모두 죽임을 당하거나 쫓겨났다. 그렇게 죽고 쫓겨난 사람들은 누구도 사람들에게 동정을 받지 못했다. 문무백관들뿐 아니라, 일반 백성들까지 손가락질하며 통쾌하게 여길 정도였다.

수년간 사치의 극에 달한 생활을 해왔던 가린진은 앞길이 막막했다. 대도성에서는 자신의 얼굴을 알아보는 사람이 많아 지낼 수도 없었다. 번승으로 라마교를 수행한 그였지만 사찰에서도 받아줄리 없었다. 오히려 승적까지 박탈해 내쫓을 게 분명했다. 앞으로 먹고 살길이 막막했다. 어제 이후로 아무 것도 먹지 않아 허기가 졌다. 수중에는 동전 한푼 없었다. 한참을 걸어와 다리까지 아파 더 이상 걸을 수도 없어 강둑에 털썩 주저앉았다. 그때 뒤에서 인기척이 느껴졌다.

"어이, 거기 앉아 있는 양반!"

뒤를 돌아보니 복면을 쓴 사내 셋이 자신을 노려보고 있었다. 그중 한 명은 칼을 빼어들고 있었다. 얼른 보기에도 노상에서 사람들의 주머니를 터는 강도로 보였다. 그들의 서슬 퍼런 기세에도 가린진은 별로 놀라지 않았다. 자신은 승려인데다 수중에 돈 한푼 없지 않은가? 빼앗길 것이 전혀 없었다. 그중 두목으로 보이는 사내가 가까이 다가와서는 아래위를 자세히 살폈다.

"머리는 왜 빡빡 깎고 다니는 게냐?"

"보시다시피 난 승려요. 아무것도 가진 것이 없으니 마음대로들 하시오."

그러자 두목이 허리를 뒤로 꺾으며 크게 웃었다.

"뭐라, 승려라고? 하하하. 풀만 뜯어먹는 중이 이렇게 살이 피둥피둥 쨌다니 우습구나."

"나는 번승이지만 승려가 분명하오. 한때 황제를 가까이서 모셨던 대원국사였단 말이오."

문득 두목의 두 눈이 커졌다.

"무어라, 대원국사? 그렇다면 네놈이 그 유명한 가린진이란 놈이구나!"

"아시다시피 나는 패라첩목아에게 쫓겨난 몸이니 가진 게 아무 것도 없소이다. 그러니 순순히 보내주시오."

"이놈이 황제와 함께 지내더니 입만 살았구나."

두목은 차가운 웃음을 짓더니 버럭 소리를 내질렀다.

"어서 이 중놈을 묶어라."

뒤에 서 있던 두 명의 사내가 달려와 가린진의 몸을 밧줄로 꽁꽁 묶었다. 검은 두건으로는 두 눈을 가렸다. 가린진은 몸을 비틀며 저항했지만 힘으로는 그들을 당할 수 없었다. 복면을 쓴 사내들은 묶여 있는 그를 미리 준비한 말에 태웠다. 한 사내가 그의 뒤에 앉아 꼭 붙들고는 말을 몰았다. 가린진은 떨리는 음성으로 물었다.

"날 어디로 데려가는 게요?"

하지만 대답해주는 사람은 아무도 없었다. 가린진은 종잡을 수 없어 고개를 갸웃거리기만 했다. 빈털털이인 자신을 죽이지 않고 어디로 데려가는 것일까?

말은 먼지를 휘날리며 빠른 속도로 달려갔다. 누런 흙먼지가 코와 입으로 들어왔다. 한참을 달려가자 사람들의 수런거리는 소리가 얼핏 들려왔다. 말은 속도를 늦추었고, 이어 사내들이 말에서 내려 천천히 걸어갔다. 가린진은 한동안 말에 타고 있다가 사내들의 부축을 받고 끌려 내려왔다. 그를 데려간 곳은 건초 냄새와 말똥 냄새가 나는 허름한 축사였다.

"도대체 날 어디로 데려가는 것이오? 그리고 여긴 어디요?"

한 사내가 나직이 말했다.

"밤이 되기를 기다렸다가 대도성으로 들어갈 것이다."

"대도성에 다시 돌아간단 말이오?"

"널 기다리고 있는 분이 계시다."

"누가 날 찾으신다 말입니까?"

"그건 차차 알게 될 것이다. 아무 말 말고 여기서 조금만 기다려라."

가린진은 한참동안 허름한 축사에 묶인 채 맥없이 앉아 있었다. 그들은 문밖에서 자신을 지키고 있는 것 같았다. 자기네들끼리 무어라 속삭이고 있었지만 하나도 들리지 않았다. 가린진은 긴 한숨을 내쉬며 지금의 상황을 정리해보았다. 사내들이 단순한 강도는 아닌 듯했다. 누군가의 명을 받은 게 분명했다. 그렇다면 누가 이렇게 은밀히 데려오라 시킨 것일까?

혹시 노적사가 아닐까? 지난날 내게 배운 환정법을 잊지 못해 나를 찾는 것일까?

하지만 그는 머리를 세차게 내저었다. 이제 노적사는 패라첩목아에게 꼼짝도 못하는 자이다. 호된 꾸지람을 들어놓고 자신을 찾는다는 것은 자살행위나 마찬가지였다.

노적사가 아니면 누가 나를 이렇게 은밀히 찾는단 말인가?

가린진은 도무지 답이 떠오르지 않아 도리질할 뿐이었다. 한참이

지나서야 복면의 사내가 다시 다가왔다.

"이제 날이 어두워졌으니 슬슬 가볼까?"

그들은 가린진을 어깨에 메고 밖으로 나갔다. 이번에는 말이 아니라 가마에 태웠다. 지붕이 있고, 사면이 모두 막힌 여인용 가마였다. 사내들은 그 가마를 들고 다시 걸어갔다. 주위의 시선을 피하기 위해 이리저리 돌아가는 듯 했다. 속도가 빨라지기도 하고, 잠시 머물렀다가 천천히 가기도 했다. 워낙 가마가 심하게 흔들려 머리가 다 어지러울 정도였다.

가마가 멎었다. 대문 열리는 소리와 함께 가마는 재빨리 문지방을 통과했다. 안으로 들어선 가마는 잠시 입구 근처에 내려졌다. 사내 셋이 가마를 놔두고 한쪽으로 걸어가는 소리가 들려왔다. 누군가를 만나는 듯했다. 가린진은 벽에 바싹 귀를 붙이고 말소리를 들으려 애를 썼다.

"그자가 확실한 것이오?"

"분명합니다. 자신이 가린진이라고 분명히 밝히던 걸요."

"그나저나 그분이 이 자를 과연 반길까요?"

"분명히 반기실 겁니다. 세상에 장부로 태어난 사내치고 이자의 비법을 마다할 사람이 있겠습니까?"

"그렇긴 하지만……."

그들의 말을 유심히 듣던 가린진은 대강의 상황을 짐작할 만 했다. 자신을 납치하여 누군가에게 데려가는 것인데, 상대방은 아직 자신의 존재를 알지 못하는 듯했다. 복면의 사내들은 일종의 뇌물로 자신을 바치는 듯했다.

그 사람은 누굴까?

가린진은 너무 궁금해 미칠 지경이었다. 하지만 그다지 나쁠 것은 없었다. 환정법을 전수하면 그럭저럭 대접받을 수 있을 것이다. 예전만은 못하겠지만 여기서도 절색의 여인들과 혼음을 즐기며 호의호식할 수 있을 것 같았다.

잠시 후 한 사내가 다가오더니 가린진의 눈을 가렸던 두건을 풀어주었다. 주위는 칠흑 같은 어둠에 휩싸여 있었다. 가린진이 주변을 둘러보니 높은 누각과 하늘로 치켜 올라간 기와집이 늘어서 있는 게 보였다. 가린진의 두건을 풀어준 사내는 어느새 복면을 벗고 있었다. 가린진이 유심히 살펴보았으나 처음 보는 얼굴이었다. 궁에 있는 사람 같지는 않았다.

사내는 가린진의 몸을 묶고 있는 밧줄까지 모두 풀어주고는 옆에 있는 중년의 사내에게 말했다.

"이자를 그분께 데려가시면 됩니다."

"알겠소이다."

가린진을 데려왔던 세 명의 사내들이 중년 사내에게 고개를 숙였다.

"그럼 저희는 그만 물러가겠습니다."

가린진은 중년 사내에게 이끌려 회랑을 지나갔다. 입구에 들어섰지만 내실에 들어가진 못했다. 가린진을 밖에 세워놓고 중년 사내가 홀로 안으로 들어갔다. 안에서 한참동안 무어라 주고받는 말소리가 들려왔으나 그 내용을 알 수 없었다. 가끔 언성이 높아지며 고함치는 소리가 들리기도 했다. 하지만 고함소리는 이내 낮아졌고, 이윽고 중년 사내가 밖으로 나왔다.

"안으로 드시지요."

떨어지는 핏방울, 흩날리는 눈물

가린진은 안으로 들어섰다. 너무 두렵고 떨려서 그는 고개를 푹 숙였다.

"자리에 앉도록 하라."

그에게 명령하는 목소리는 내실을 쩌렁쩌렁 울릴 만큼 컸다. 가린진은 여전히 고개를 숙인 채 무릎을 꿇고 앉았다.

"고개를 들어보아라."

가린진은 길게 심호흡을 하고는 슬쩍 고개를 들었다. 그는 의자에 앉아 자신을 거만하게 내려다보고 있는 사람의 얼굴을 확인하고는 깜짝 놀랐다.

"아니, 당신은……."

8

1365년 2월, 고려 전역에 국상(國喪)이 선포되었다. 온 백성들이 왕비의 죽음을 애도했다. 만조백관은 하얀 갓에 흰옷을 입고 통곡했다. 궁중 안에 향이 피어오르고 곡(曲)이 울려 퍼지는 가운데 온 나라가 슬픔에 잠겼다. 왕비에 대한 장례는 불교식으로 거행됐는데, 장례를 맡은 자는 편조(遍照) 신돈(辛旽)이었다.

공민왕은 신돈의 주재 하에 의관을 정제하고 제를 올렸다. 옥잔에 술을 따라 제단에 바치고 재배를 할 때 옷자락에 눈물이 떨어졌다. 회한이 몰려오며 눈앞이 흐려졌다. 의식을 마친 공민왕은 그녀를 노국휘의대장공주(魯國徽懿大長公主)로 칭하고 고릉(高陵)에 장사지내도록 했다.

　장례를 모두 마친 공민왕은 두문불출하고 밖으로 나오지 않았다. 조례는 물론 어전회의에도 참석하지 않았다. 그는 편전 대신 왕비가 사용하던 수령궁(壽寧宮)에 머물렀다. 태후가 직접 찾아와 연경궁으로 거처를 옮기게 했지만, 사흘도 못되어 다시 수령궁으로 돌아왔다. 노국공주의 체취가 남아 있는 곳에 머물고 싶어서였다. 식음을 전폐하고 잠도 자지 않던 공민왕은 어느 날 문득 내시 최만생을 불렀다.

　"속히 달려가 붓과 물감을 가져오도록 하라."

　그날부터 공민왕은 정성을 다해 노국공주의 잔영을 그렸다. 현실에서 만날 수 없는 왕비를 그림으로 재현하고 싶었던 것이다. 불철주야 심혈을 기울여 그림 그리기에 열중했다. 일찍이 원에서 몰골법의 대가인 왕면에게 사사 받았던 그림 솜씨였다. 혼신을 다해 그림을 완성시키니 노국공주가 현세에 나타난 듯 화폭 속에서 웃고 있었다.

　그때부터 공민왕은 연침(燕寢) 안쪽 벽에 그림을 걸어놓고 종일토록 바라보았다. 식사를 할 때도 두 사람 분을 준비하라 시키고는 그림 쪽에 밥과 수저를 놓고 함께 식사를 할 정도였다. 그 집착은 병적인 징후까지 보였다.

　"왕비, 국이 식기 전에 어서 드세요."

　공민왕은 그림 속의 노국공주에게 끊임없이 말을 건넸다. 신하들이 모두 혀를 차며 안타까워했으나 누구 하나 직언하는 자가 없었다. 공민왕의 상심이 큰 걸 잘 알고 있는지라 그 심기를 건드리고 싶지 않아서였다. 왕을 유일하게 찾은 자가 있었으니 바로 노국공주의 장례를 주재했던 신돈이었다.

공민왕이 신돈을 처음 만난 것은 1358년이었다. 그때 공민왕은 왕사 보우를 통해 불교에 심취해 있었다. 그는 유학자 관료집단의 힘이 너무 강성하자 이를 견제하기 위해 의도적으로 불교를 융성시켰다. 그런 중에 측근인 김원명을 통해 신돈을 만나게 되었다. 공민왕은 신돈의 호쾌하고 장황한 언변에 이끌려 금세 매료되었다. 문제가 있을 때면 그를 찾아 상의했고, 불공을 같이 드리기도 했다. 그러다가 노국공주의 장례를 주재하면서 더욱 의지하게 되었다. 그런 신돈이 어느 날 문득 공민왕을 찾아왔다.

"상심이 얼마나 크시오니까? 전하!"

공민왕은 깊은 한숨을 내쉬며 탄식했다.

"말도 하지 마시구려. 왕비가 없는 이 세상은 살아갈 의욕이 생기지 않소."

그렇게 말하면서 왕은 술잔을 기울였다.

"짐이 왕비를 한번만 더 만날 수 있다면 이 나라를 모두 내놓을 수도 있소이다."

신돈은 안타까운 표정으로 공민왕을 바라보았다.

"그렇게도 왕비 마마를 다시 만나고 싶으오니까?"

"짐이 살아도 살아있는 게 아니외다. 왕비가 이 세상에 없는데 이따위 왕좌가 무슨 소용이 있겠소?"

"그럼, 소신이 왕비 마마를 만나게 해드릴까요?"

너무나 황당한 소리임에도 공민왕은 대뜸 반기며 물었다.

"그게 정말입니까, 편조 스님?"

신돈은 아무 대답 없이 빙긋 웃기만 했다. 그러다가 벌떡 자리에서 일어났다.

"정 그러하시다면 소인을 따라 오시지요."

그러면서 성큼성큼 걸어나갔다. 공민왕은 깊에 생각해 보지 않고 신돈을 따라갔다. 신돈은 공민왕을 몇 구비 구부러진 대청으로 안내했다. 대청을 지나가자 어둠침침한 내실에 당도했다. 신돈은 그곳에 이미 여러 가지 준비를 해놓았다. 벽의 사면에 검은 휘장을 둘러쳤고, 바로 앞에는 황금 불상을 세워놓았다. 공민왕은 신돈의 지시에 따라 불상 앞에 앉아 예불을 올렸다.

"나무아비타불……."

신돈이 목탁을 두드리는 동안 공민왕은 정성껏 절을 올렸다. 그때 향로에서는 향 말고도 다른 것이 연기를 피어올리고 있었다. 향은 안개처럼 자욱했고, 연기는 시야를 가릴 만큼 짙었다. 나중에는 불상까지도 구름 속에 잠긴 것처럼 가물거렸다. 향내가 너무 독하여 아뜩한 가운데 정신이 점점 몽롱해져갔다. 꿈을 꾸는 듯 사위가 흐려보였다.

"나무아미타불, 나무아미타불……."

신돈의 염불 소리가 점점 높아짐에 따라 공민왕의 의식은 더욱 희미해져 갔다. 이윽고 합장하던 손마저 풀리면서 어깨가 축 늘어졌다. 정신이 혼미해지며 무아지경으로 빠져들었다. 손가락 하나도 놀릴 수 없었고, 눈도 깜빡할 수 없었다.

그때 신돈의 음성이 들렸다.

"전하, 불상 뒤를 보시옵소서. 지금 왕비 마마께서 나오시고 계십니다."

그 말에 공민왕은 눈을 크게 떴다. 희미한 연기 속에 하얀 물체가 보이더니 다가오고 있었다. 눈을 비비고 바라보니 정말 왕비가 눈앞에 나타난 게 아닌가? 길게 드리운 치마 자락을 여미며 미끄러지듯 다가오는 그녀는 노국공주가 분명했다.

"왕비!"

공민왕은 자리에서 벌떡 일어났다. 그는 몽롱한 얼굴로 손을 앞으로 내저었다. 노국공주에게 막 다가서려는 찰나 연기가 더욱 짙어지며 이내 시야에서 노국공주의 모습이 자취를 감추고 말았다. 짙은 향연만이 자욱하게 흐르고 있을 뿐, 왕비의 모습은 어디에도 없었다. 공민왕은 너무 안타까워 바닥에 주저앉고 말았다. 눈에는 초점이 없고, 입은 크게 벌어진 채였다. 한참을 그렇게 앉아 있다가 벌떡 일어나 신돈에게 달려왔다.

"다시 한번……, 한번만 더 왕비를 만나게 해주시오."

그는 신돈의 옷자락을 붙잡고 애원하다시피 했다. 하지만 신돈은 냉정한 표정으로 고개를 내저을 뿐이었다.

"제가 사용한 것은 반혼법(返魂法)이라 하온데, 한 달에 한번만 사용할 수 있는 것이옵니다. 앞으로 한 달을 더 기다리셔야 왕비 마마를 만나실 수 있을 겁니다."

공민왕이 신돈의 손을 덥석 붙잡았다.

"한 달만 기다리면 왕비를 다시 볼 수 있단 말이오?"

"그러하옵니다. 전하."

공민왕은 크게 기뻐하며 신돈에게 사부(師父)의 칭호를 내리고 국정(國政)을 자문하게 했다. 관직도 주어 진평후(眞平侯)라는 봉작(封爵)을 내렸다. 많은 신하들이 반대했으나 공민왕의 고집을 꺾지는 못했다. 신돈은 그 같은 왕의 전폭적인 신뢰를 바탕으로 서서히 뜻을 펼쳐갔다.

신돈은 원래 영산(靈山) 태생으로 옥천사(玉川寺) 사비인 어머니와 열아홉 살까지 살았다. 어려서 승려가 되었지만 모계 때문에 신분적으로 천한 위치에 있어 늘 산방(山房)에 거처했다. 답답함을 견디다 못한 그는 산방을 나와 사찰 이곳저곳을 돌아다녔다. 그러다가 큰 꿈을 품고는 압록강을 건너 원나라로 들어갔다. 원나라에서 한창 성행하던 라마교에 입신해 주문을 외는 술법과 환각술을 배웠다. 그 기술을 가지고 고려에 돌아와 각종 술법을 사용하자 소문이 각지에 퍼지기 시작했다. 사실 그가 사용한 방법은 양귀비를 이용한 환각술이었다. 주문과 기도로 몽환에 빠지게 한 후에 양귀비를 바른 향을 피우면 사람들이 환각에 빠져 각종 환상을 보게 된다. 공민왕이 환상 속에서 노국공주를 만난 것도 그 같은 방법을 사용했던 것이다. 그 이후로 신돈은 정기적으로 공민왕을 찾아가 양귀비로 환각에 빠지게 한 후에 노국공주를 보게 했다.

환각에 취한 공민왕은 더욱 신돈을 신뢰하고는 모든 정사를 그에게 맡겼다. 신돈은 국정의 자문역을 맡으면서 이인복(李仁復)과 최영(崔瑩), 이구수(李龜壽) 등을 밀어내고 정계의 핵심세력으로 떠올랐다. 공민왕은 그가 특정 세력에 속하지 않고, 불심이 깊은 승려라 여겨 높은 관직에 중용했다. 영도첨의사사(領都僉議使司)를 비롯한 수많은 관직을 동시에 갖게 하며 절대적인 힘을 행사하도록 했다. 이에 따라 신돈은 승복을 벗고 인사권을 비롯한 고려의 모든 권력을 장악해나갔다. 바야흐로 고려는 신돈의 세상이 시작되고 있었다.

5장

격랑 激浪

1366년 고려의 공민왕이
전민변정도감(田民辨正都監)을 설치하여
신돈(辛旽)을 판사(判事)로 삼다

1

황제는 눈을 내리깔고 있는 반면, 패라첩목아는 눈을 똑바로 뜬 채 황제를 올려다보았다. 그는 황제 앞에서도 허리에 칼을 찬 채 꼿꼿이 서 있었다. 황제는 그런 패라첩목아의 시선을 부담스러워했다.

황제의 나이 이제 마흔다섯. 나이가 들어가면서 부쩍 늘기 시작한 흰머리가 자분치 위로 자라 있었고, 미간에도 겹겹이 주름이 잡혀갔다. 황제라지만 무력하기 그지없는 권좌에 앉아 있어야 하는 요즘, 그는 더 늙어가는 듯 했다. 어좌 위에 앉았지만 그것은 어디까지 형식적인 것일 뿐, 실질적인 권력은 패라첩목아가 행사하고 있었다. 그 때문인지 오늘따라 황제의 모습은 더 작고 초라해 보였다. 패라첩목아는 큰 소리로 황제를 윽박지르고 있었다.

"속히 성지를 내리시어 황태자 전하를 입성토록 하시지요."

"성지를 내리는 건 어디까지나 짐의 의지에 달려 있소이다. 어찌 우승상이 짐에게 함부로 이래라저래라 하는 것이오."

황제는 아랫배에 단단히 힘을 주고는 소리쳤지만 패라첩목아도 지지 않았다. 오히려 소리를 더 높여 맞받아쳤다.

"대원 제국의 황태자께서 오랫동안 도성을 벗어나 계신 건 백성들 보기에도 좋지 않습니다."

"그건 어디까지나 황태자의 의지로 가 있는 게 아니오?"

"문제는 역적 확곽첩목아와 함께 있다는 겁니다. 둘이 같이 있다보면 무슨 일을 꾸밀지도 모르지 않습니까?"

황제가 버럭 소리를 내질렀다.

"그럼 우리 황태자가 역적의 무리라도 된단 말이오?"

"역적이 되기 전에 성지를 내리시어 속히 소환하시라는 겁니다."

"그럴 수는 없소."

황제는 아랫입술을 깨물며 고개를 옆으로 돌려버렸다. 더 이상 논하지 말라는 표시였다. 패라첩목아도 물러설 수밖에 없었다. 그는 얼굴을 붉힌 채 인사도 하지 않고 어전에서 나와 버렸다.

밖에는 노적사와 독견첩목아가 기다리고 있었다. 둘은 패라첩목아의 표정을 확인하고는 턱을 매만졌다.

"역시 황상이 거부를 했군요."

"고집이 여간한 게 아닙니다. 자기 아들이라고 감싸고 있는 게요."

"그럼 어찌해야 할까요? 황태자가 확곽첩목아와 함께 있으면 변방의 여러 군사를 규합하려 할 텐데요."

"속히 불러들이는 수밖에 없습니다. 거짓 성지라도 꾸미도록 하세요."

독견첩목아가 턱을 내밀었다.

"허나 성지를 꾸미기 위해선 어새(御璽)가 있어야 하지 않습니까?"

"그것도 꾸며서 하나 만들면 되지 않습니까? 성지를 꾸며 황태자가 있는 태원으로 보내세요."

패라첩목아는 자신의 신복 공뢰(公賚)에게 가짜 성지를 주어 황태자를 소환하게 했다. 적진인 태원이지만 황제의 성지를 가졌기 때문에 함부로 대할 수 없다는 약점을 이용했다.

"태원으로 가거든 그쪽 동정을 자세히 살피고 와야 한다. 군사의 규모와 동향을 상세히 알아오너라."

태원에 간 공뢰는 보름만에 대도성으로 돌아왔다. 공뢰는 곧장 패라첩목아를 찾아와 보고했다.

"태원에는 확곽첩목아는 있었으나 황태자는 보이지 않았습니다."

"정말로 없었던 게냐?"

"그의 군영을 샅샅이 살필 수는 없었습니다. 확곽첩목아는 황태자가 그곳에 오지 않았다는 말만 되풀이할 뿐이었습니다."

"분명 그곳에 숨어 있으면서 속이는 것이다."

패라첩목아는 심각한 표정으로 인상을 찌푸렸다.

"태원의 군사들은 어떠하더냐?"

"엄청난 대군이 집결해 있었습니다. 일부러 저에게 과시하려는 듯 군사들을 열병시켰는데 그 규모나 기세가 만만치 않았습니다. 병기 또한 여태 보지 못한 신병기들이 눈에 많이 띄었습니다."

패라첩목아는 문득 두려움을 느꼈다. 황태자가 버티고 있으니 변방에 흩어진 장수들이 황태자를 중심으로 모일 수도 있었다. 처음 변방의 군부들 중 일부는 자신을 지지한 자들도 있었지만, 대부분은 사태를 관망하고 있었다. 만일 그들을 모아 대도성으로 치고 들어온다면 큰 낭패였다.

"무슨 일이 있어도 황태자를 소환해야 한다. 황태자만 데려오면 확곽첩목아의 기세를 단숨에 꺾어버릴 수 있을 게야."

"황태자를 불러들일 무슨 방법이 없을까요?"

패라첩목아의 눈꼬리가 이마 쪽으로 치켜 올라가며 짜증스레 말을 뱉었다.

"나도 그걸 고민하고 있소이다. 속히 무슨 방법을 취해야 할 것이오."

딱히 방법이 없어 모두들 침묵했다. 노적사가 문득 화제를 돌려 패라첩목에게 물었다.

"혹시 우승상에게 무슨 좋은 일이라도 있습니까?"

"갑자기 그게 무슨 말이오?"

"얼굴이 붉고 화색이 도는 게 십 년은 더 젊어 보입니다. 목소리도 예전에 비해 우렁우렁합니다. 요즘 무슨 보약이라도 드시는 겁니까?"

패라첩목아는 크게 웃으며 되물었다.

"하하하. 그렇게 보이시오?"

그는 한 손으로 얼굴을 매만지며 푸푸, 괴상한 웃음을 터트렸다.

2

"그게 정말이더냐?"

기 황후는 반가운 표정으로 물었다.

"소신이 사람을 풀어 그곳의 소식을 직접 들었습니다."

"옳거니, 참으로 잘된 일이구나."

기 황후는 은근한 미소를 지은 채 고개를 끄덕였다. 강순용은 자신이 들은 내용을 상세히 보고했다.

"패라첩목아는 요즘 가린진이라는 번승에게서 환정법을 익히느라 한번 집에 들어가면 통 나오질 않는답니다. 정사를 마치면 곧장 집으로 가서 밤새 그 짓을 한다고 합니다."

"그들이 일을 잘했기 때문이다."

며칠 전 기 황후는 5대 천왕에게 중요한 명을 내렸다. 대도성으로 쫓겨난 가린진을 납치하여 패라첩목아에게 바치라는 것이었다. 그들은 가린진을 데리고 패라첩목아가 거처하는 정려궁으로 데려갔다. 그 밑의 수하들에게 뇌물을 주고 패라첩목아를 설득하도록 유도했다.

기 황후의 예측대로 가린진을 만난 패라첩목아는 그를 받아들였다. 다른 사람들의 눈이 있어 노적사와 독견첩목아 앞에서 가린진을 내치긴 했지만, 아쉬운 마음을 금할 길 없었다. 패라첩목아는 부인도 없이 변방을 전전하며 수많은 전쟁을 이끌어왔다. 군막에는 원래 여자가 있을 수 없다. 아직 젊은 패라첩목아로서는 수많은 궁녀들이 있는 황궁을 장악했으니 그냥 있지는 않으리라 여겼다. 기 황후는 그런 패라첩목아의 심리를 정확히 파악하고 있었다. 평소 여색을 탐한다는 정보를 기초로 그런 계략을 쓴 것이다.

"또 다른 소식은 없느냐?"

"그자는 정려궁 옆 편궁을 화려하게 꾸민 채 사람들의 출입을 엄격히 막고 있다 하옵니다."

"그곳을 계급무계궁처럼 사용하고 있는 게 아니냐?"

"사람들에게 말이 새어나갈 것 같아 자그맣게 만들어 놓았지만, 그곳을 출입하는 궁녀들이 꽤나 많다하옵니다."

"모두 우리 뜻대로 되어가는구나. 그가 또 다른 계급무계궁을 만들어 황음을 즐기는 걸 군사들이나 백성들이 알면 크게 실망할 게다. 황상 폐하를 몰아낼 명분이 없어지고 마는 게지."

"지금 이 소식을 퍼뜨릴까요?"

기 황후는 고개를 내저었다.

"아직은 때가 아니다. 조금 더 두고 보다가 결정적인 순간에 퍼뜨려 그자를 곤궁에 빠트려야 한다."

기 황후는 한동안 골똘한 얼굴이었다가, 화제를 다른 곳으로 돌렸다.

"그보다 급한 것은 패라첩목아가 황태자를 압박하지 못하게 하는 것이다."

"그자가 황상 폐하의 어지를 꾸며 황태자 전하를 소환하려 했다는 말을 들었사옵니다."

"지금은 몸을 감추고 있지만 조만간 태원에 있는 걸 그들도 알게 될 것이다. 그러면 거짓 황제의 성지를 이용해 강제로 소환하려 들 게 분명하다."

"태원에 계시니 확곽첩목아가 두려워 함부로 그리하진 못할 겁니다."

"그걸 잘 알고 있는 패라첩목아가 다른 방법을 취할지 모른다."

"다른 방법이라면……."

"그가 마지막으로 사용할 방법이 뭐가 있겠나?"

"그렇다면 혹……."

기 황후는 강순용을 바라보며 고개를 끄덕였다.

"너는 속히 황태자비를 불러오라."

"알겠사옵니다."

강순용이 막 나가려는데, 기 황후가 다시 불렀다.

"황태자비를 가마에 태우고 오되, 주변의 궁인들과 대신들도 모두 볼 수 있게 하라."

강순용은 허리를 굽히고는 황태자비가 거처하는 황태자궁으로 달려갔다.

그동안 기 황후는 5대 천왕 중 신분을 드러낸 네 명을 급히 흥성궁으로 불러들였다.

"전에 내가 지시한 것은 준비해 놓았는가?"

네 명이 일제히 대답했다.

"황후 마마의 명만 기다리고 있사옵니다."

그러자 기 황후는 마가충과 완자독에게 먼저 일렀다.

"자네들은 지금 즉시 도성 밖으로 나가 미리 준비해 둔 것을 점검하여 출발할 준비를 하라."

"명 받들겠나이다."

그리고 여맹호와 임달에게는 다른 지시를 내렸다.

"둘은 여기 흥성궁에 남아 나의 지시가 있을 때까지 기다려라."

"알겠사옵니다."

이윽고 황태자비를 실은 가마가 흥성궁 앞에 도착했다. 황태자비는 가마에서 내려 흥성궁의 기 황후 편전에 들어왔다. 기 황후는 진중한 목소리로 그녀를 맞았다.

"역적 패라첩목아는 가짜 성지를 이용하여 황태자를 소환하려 한답니다. 하지만 황태자는 용케 몸을 숨겼다고 해요. 다급한 패라첩목아는 다른 수를 사용할 지도 모르니 우리도 다른 수를 써야겠어요."

"다른 수란 게 어떤 것이옵니까?"

"황태자비를 미끼로 협박하는 것일 테지요."

황태자비는 비장한 표정으로 대답했다.

"제가 만약 그리 된다면 혀를 물고 자살을 해서라도 황태자 전하의 근심을 덜어드리겠나이다."

"황태자는 비를 지극히 사랑하여 그 전에 귀경 하고 말 것이요. 그래서 말인데⋯⋯."

기 황후는 옆의 강순용을 한번 바라보더니 말을 이어나갔다.

"황태자비는 지금 즉시 대도성을 빠져나가 황태자가 있는 태원으로 가세요."

"대도성은 패라첩목아의 군사들이 철통같이 경계를 서고 있는데 어찌 빠져나갈 수 있겠나이까?"

"그것도 방법을 찾아야지요."

기 황후는 황태자비를 안심시키며 자신의 계획을 일러주었다.

"황태자비는 내가 책임지고 이곳 황궁뿐만 아니라 대도성까지 빠져나가게 할 것이오. 대도성을 빠져나가면 즉시 태원으로 달려가 황태자를 만나세요. 만나 황상 폐하와 나를 유념치 말고 천하 각지의 군사들을 모아 대도성을 치라고 전하세요."

그러면서 친히 쓴 서찰을 건넸다. 황태자비는 그것을 받으면서도 여전히 걱정되는 표정이었다.

"황태자께서 군사를 몰고 오시면 패라첩목아가 분명 황상 폐하와 황후 마마를 위협할 것입니다."

"그것은 유념치 마세요. 내 그에 대한 대비 또한 해놓고 있을 테니, 즉시 군사를 몰아오도록 전하세요. 그것이 나라를 구하는 길이라고 전하세요."

"알겠사옵니다, 황후 마마."

황태자비는 고개를 숙이며 답하다가 문득 궁금한 것을 물었다.

"그럼 소인은 언제 대도성을 빠져나가게 됩니까?"

"지금 가세요."

"지금 당장 말입니까?"

기 황후는 고개를 끄덕이며 멀찍이 물러나 있는 여맹호와 임달을 불렀다.

"자네들은 지금 즉시 황태자비를 모시고 나갈 채비를 하게."

여맹호와 임달이 밖으로 나간 동안 기 황후는 황태자비에게 보따리 하나를 내밀었다.

"이것은 궁중 나인의 옷입니다. 속히 이것으로 갈아입으세요."

잠시 후, 황태자비를 태운 가마는 다시 황태자궁으로 돌아갔다. 하지만 그 가마에는 황태자비가 타고 있지 않았다. 황태자비 대신 함께 수행한 궁녀를 태웠다. 그 궁녀에게 황태자비의 옷을 입히고 발을 내린 채 황태자궁으로 돌아가게 했다. 아무도 이를 눈치 채지 못했다. 황태자비가 흥성궁에서 다시 돌아온 줄로만 알았다.

물론 황태자비는 여전히 흥성궁에 남아 있었다. 그녀는 밤이 되기를 기다려 여맹호와 임달과 함께 황궁을 나갈 채비를 했다. 황태자비는 궁녀로 분장했다. 이들은 밤이 이슥해지자 여맹호와 임달의 호송을 받으며 궁을 빠져나갔다. 황궁을 지키는 시위대가 있었으나 이들을 환관과 궁녀로 알고 쉽게 문을 열어주었다.

황궁을 빠져나간 그들은 대도성의 한 시장에 도착했다. 시장 창고에는 자정원에서 미리 준비한 가마가 있었다. 황태자비가 가마에 올라타자 곧장 제화문(濟化門)을 향해 달렸다. 앞에서 가마를 든 여맹호가 고개를 갸웃했다.

"반대편의 화의문(和義門)으로 가야 수월할 텐데 굳이 감시가 엄중한 제화문으로 가야하는 게 이해가 되지 않네."

"나도 그 이유를 모르겠네. 황후 마마께서 명한 것이니 그대로 수행할 수밖에."

제화문은 패라첩목아 밑의 최고 장수인 보안(保安)이 지키고 있었다. 그는 충직하고 의기가 곧은 자로 정평이나 다른 제장들의 존경을 한몸에 받고 있었다. 일 처리도 꼼꼼하여 제화문을 철통같이 지키고 있었다. 그런데도 기 황후는 꼭 이곳 제화문을 통해 빠져나가라 명한 것이다. 여맹호와 임달은 그 이유를 알지 못했지만 기 황후를 믿고 충실히 임무를 수행해나갔다.

날이 저물면서 성문을 닫아야 할 시간이 가까워지자 수많은 사람들이 제화문으로 몰려들었다. 술시(戌時)가 되면 대도성을 출입하는 모든 문을 닫아걸고는 다음날 묘시(卯時)가 돼야 다시 문을 열었다. 사람들은 그 시간을 놓치지 않기 위해 발걸음을 빨리 하고 있었다. 하지만 도성의 감시가 엄중해 신분을 일일이 확인했다. 그 때문에 문을 나가기 위해 사람들이 길게 줄지어 서 있었다. 도성의 사람뿐만 아니라,

낙타와 말을 끌고 있는 장사꾼, 농사를 짓고 나가는 농부 등 줄을 선 사람들도 가지각색이었다.

"빨리, 빨리 좀 보내주시오."

줄이 길게 늘어서자 사람들이 불평을 하기 시작했다. 술시가 가까워 오자 문을 수비하던 군사들도 서두르기 시작했다. 그들은 대충 행색만 살피고는 성 밖으로 나가게 했다. 드디어 여맹호와 임달의 차례가 왔다. 둘은 가마를 든 채 병사들 앞을 지나갔다. 이를 유심히 지켜보던 한 군사가 그들을 불러 세웠다.

"가마를 잠시 세워라."

순간 여맹호와 임달은 서로 마주 보며 낯빛을 흐렸다. 여맹호가 일부러 볼멘소리를 했다.

"나으리, 갈 길이 바쁩니다. 다른 사람들은 그냥 보내주시면서 왜 우리만 살피는 것입니까?"

"잔말이 많다. 가마를 세우고 안을 열어보아라."

둘은 망설이며 주춤했다. 그러자 한 군사가 발을 구르며 재촉했다.

"어서 열어 보아라!"

할 수 없이 여맹호가 가마 발을 열어 보였다. 안을 살피던 군사가 놀란 표정으로 둘을 돌아보았다.

"아니, 이것은……"

군사는 굳은 표정으로 둘 앞으로 성큼성큼 걸어왔다.

"저게 무엇이냐?"

여맹호가 웃으며 얼른 다가왔다.

"나리 한번만 봐주십시오. 먹고살기 위해 그렇습니다요."

격랑激浪

"소금을 밀거래하는 것이 불법이란 걸 모르지는 않겠지?"

군사는 일부러 근엄한 표정으로 엄포를 놓았다.

여맹호와 임달은 가마에 소금 가마니를 넣어두었다. 그들은 소금을 밀거래하는 상인으로 위장한 것이다. 황태자비는 가마 바로 뒤에서 시골 아낙네로 분장하고 차례를 기다리고 있었다. 이들은 소금을 실은 가마가 발각될 것을 미리 예상하고 있었다. 관심을 여기에 집중시킨 후에 뒤에 있는 황태자비를 수월히 통과시키기 위해서였다. 예상은 적중했다. 임달은 주위를 둘러보며 소매에서 작은 주머니를 하나 꺼내 군사에게 슬쩍 건넸다.

"약소하지만 이것으로 거나하게 술이나 한 잔 드십시오."

군사는 주머니 안을 열어보았다. 은전이 가득 들어 있었다. 군사는 씩 웃으며 둘을 돌아보았다.

"이것으로 눈을 감아 달라?"

임달이 은근한 표정으로 고개를 끄덕였다. 그 틈을 이용해 아낙네로 분장한 황태자비가 슬쩍 제화문을 통과했다. 돈주머니에 정신이 팔린 틈을 이용한 것이다. 군사는 돈주머니를 소매 안으로 집어넣으며 소리쳤다.

"통과!"

여맹호와 임달이 얼른 가마를 다시 들었다. 그들은 황태자비가 문을 지나가는 것을 확인하고 안도의 한숨을 내쉬었다. 가마를 들고 막 앞으로 가려는데, 뒤에서 다시 소리가 들려왔다.

"거기, 잠시 멈추어라."

둘은 긴장한 표정으로 멈추어 섰다.

"무슨 볼 일이 또 남아 있으신 지요?"

가마를 내려놓고 뒤를 보자 군사가 고개를 내젓고 있었다.

"너희 둘 말고, 그 앞에 지나가는 아녀자 말이다."

문득 여맹호와 임달의 낯빛이 하얗게 질리며 미간이 좁혀졌다. 움켜 쥔 두 주먹이 미세하게 떨리며 등으로 냉기가 훑고 지나갔다. 황태자비 또한 떨고 있었다. 그녀는 아랫입술을 깨물며 어떻게 해야 할지 몰라 우두커니 서 있기만 했다. 머릿속이 뿌옇게 변해 무릎이 후들거렸다. 군사는 다시 재촉했다.

"어서 이쪽으로 와 보거라."

그래도 황태자비가 가만히 서 있기만 하자 군사가 앞으로 성큼성큼 걸어왔다. 여맹호가 움직이려는 걸 임달이 제지했다. 둘은 주위를 휘둘러보며 품에 숨긴 검 쪽으로 손을 뻗었다.

3

"어떻게 그런 일이 벌어질 수 있단 건가?"

패라첩목아는 믿기지 않는 표정으로 고개를 휘휘 내저었다. 우승 문룡(文隆)은 불안한 표정으로 눈치만 살피고 있었다. 패라첩목아는 턱밑으로 길게 자란 수염을 매만지며 얼굴 근육 한쪽을 심하게 실룩였다.

"도대체 내가 보낸 사신이 왜 확곽첩목아에게 투항을 했다는 게요?"

"나도 믿어지지 않아 재차 확인했으나 분명 그에게 투항한 것이 분명합니다. 아마도 변방의 군세가 황태자 쪽으로 급격히 모이는 것을 보고는 마음이 변한 듯 합니다."

패라첩목아는 몇 번이나 거짓 성지를 보내 황태자를 소환하였으나 모두 실패했다. 하여 이번에는 네 명의 흠차대신을 파견하여 성지와 함께 확곽첩목아의 제장들을 포섭할 계획까지 세워놓았다. 그런데 흠차대신으로 갔던 네 명 중에 세 명이 그쪽에 남고, 한 명만이 겨우 돌아왔다. 황태자와 확곽첩목아는 조만간 대도성을 수복할 것이라며 도리어 흠차대신 세 명을 포섭해 버린 것이다.

패라첩목아는 분함을 이기지 못해 탁자를 꽝 내리쳤다. 그 바람에 탁자가 산산이 조각나 버렸다. 엄청난 완력이었다.

"더 이상 이대로 놔둘 순 없다."

옆의 노적사도 거들었다.

"당장 무슨 조치를 취하지 않으면 안 됩니다."

패라첩목아는 붉은 얼굴로 연신 콧김을 내뿜고 있었다. 노적사가 목소리를 잔뜩 낮추며 말꼬리를 흐렸다.

"소인에게 한 가지 방법이 있긴 하온데……."

패라첩목아가 얼른 돌아보았다.

"그게 무엇이오?"

노적사는 자신 있는 어조로 대답했다.

"황태자는 황태자비를 끔찍하게 아낀다고 들었습니다. 황태자비를 가두고 핍박한다면 황태자도 어쩔 수 없이 소환에 응할 것입니다."

"그것 참 좋은 방법이구려. 여태 왜 그 생각을 못 했지?"

패라첩목아는 즉각 휘하의 제장 한 사람을 불렀다.

떨어지는 핏방울, 흩날리는 눈물

"너는 속히 군사들을 몰고 가 황태자궁에 달려가 주위를 에워싸도록 하라. 개미 새끼 한 마리 들지 못 하게 하고, 음식은 물론 물도 들이지 마라."

한 떼의 군사들이 황태자궁으로 열을 맞추어 달려갔다.

"휴우, 십 년 감수하는 줄 알았네."

"그러게 말일세. 영락없이 들키는 줄 알았지."

여맹호와 임달은 길게 한숨을 내쉬며 황태자비를 돌아보았다. 여맹호가 정중히 고개를 숙이며 물었다.

"마마께서 어찌 그런 방법을 다 생각하셨습니까?"

"황후 마마께서 만약의 경우를 위해 일러주었다네."

셋은 새삼 기 황후의 기지에 감탄했다.

성문을 지키는 군사는 소란한 틈을 타고 빠져나가는 황태자비를 수상히 여겨 불러 세웠다. 황태자비는 너무 놀라 그 자리에 서 있었다. 여맹호와 임달은 당황한 얼굴로 싸울 각오를 하고 있었다. 군사는 성큼성큼 다가가 고개를 숙이고 있는 황태자비에게 일렀다.

"어서 고개를 들어 보아라."

하지만 황태자비는 미동도 하지 않았다.

"속히 고개를 들어라."

거칠게 소리치고 나서야 시골 아낙으로 분장한 황태자비가 고개를 들었다. 그녀의 얼굴을 확인한 병사가 뒷걸음질치며 비명을 질렀다.

"어, 어떻게 된 일이냐?"

황태자비는 여전히 고개를 숙인 채 대답했다.

"소인, 문둥병에 걸려 황궁에서 쫓겨나는 길입니다."

그녀는 뒤에서 대기하고 있는 동안 미리 준비한 옻으로 얼굴을 비벼 붉은 점을 만들고 피부에 물집이 일게 했다. 겉으로 보기에는 영락없이 문둥병 환자처럼 보였다. 문둥병이라는 말에 놀란 군사들과 사람들이 기겁을 하며 물러났다.

무사히 제화문을 빠져나온 그들은 밖에서 미리 대기하고 있던 마가충, 완자독과 합류했다.

"어서 오십시오, 황태자비 마마."

그들은 정중히 고개를 숙이고는 나무에 매어 놨던 말을 끌고 왔다.

"여기서 태원까지는 천리 길입니다. 불편하시겠지만 이젠 말을 타고 가셔야 합니다."

"황태자 전하를 만날 수만 있다면 걸어서라도 가야지."

함께 왔던 여맹호가 작은 보따리를 내밀었다.

"여기에는 돈과 비상식량, 그리고 옷가지가 들어 있사옵니다. 가시다가 객잔에 투숙할 경우에 사용하십시오."

옆에 있던 마가충이 말했다.

"소인이 황태자비 마마를 모시고 태원까지 갈 것이옵니다. 가는 동안 마마께서는 제 누이가 되시는 겁니다. 무례함을 용서하소서."

"무례라니, 아니네. 자네들이 목숨을 걸고 이렇게 치밀히 준비를 했는데 그 정도는 충분히 감수해야지."

그들은 지도를 꺼내 달빛을 이용해 태원까지의 지세를 살폈다.

"여기에는 촌명과 지명이 자세히 적혀 있네. 패라첩목아의 군사들이 집결한 곳을 따로 표시해놓았으니 이 선을 따라 가면 안전 할 것일세."

떨어지는 핏방울, 흩날리는 눈물

출발 준비를 마친 그들은 즉각 말에 올라탔다. 황태자비가 한혈마에 올라타고, 그 옆으로 마가충이 올라탔다. 마가충을 제외한 세 명의 협객들이 나란히 무릎을 꿇은 채 고개를 깊이 숙였다.

"부디 무사히 태원까지 가시옵소서."

황태자비가 가볍게 고개를 끄덕인 것을 보고는 마가충이 말의 엉덩이에 채찍을 가했다.

4

"무엇이라? 황태자비가 보이지 않는다고?"

"어젯밤부터 우리 군사들이 지켜서고 있는데, 안에 황태자비가 없는 듯 합니다."

"자세히 말해보아라. 그게 무슨 말인가?"

"평소에 황태자비께선 산책을 위해 황태자궁 앞으로 나서기도 하고, 환관과 내시들이 자주 오가며 시중을 드는데 어제부터 일체 출입이 없다 합니다."

"으음."

패라첩목아는 문득 불길한 예감이 들었다. 그는 즉시 휘하의 제장들을 거느리고 황태자궁으로 향했다. 황태자궁에는 그의 군사들이 철통같이 에워싸고 있었다. 그는 경계를 서고 있는 장수를 불렀다.

"어제 이후로 여길 오간 자가 있느냐?"

"음식을 가지러 온 궁녀들을 보낸 것 말고는 어느 누구도 들지 않았습니다."

"분명히 아무도 출입을 하지 않았단 말이지?"

패라첩목아는 자신을 따라온 제장에게 황태자궁을 수색하라 일렀다. 한 떼의 군사들이 우르르 몰려갔다.

"무엄하게 이게 무슨 짓이오?"

태감 하나가 달려와 그들을 막았지만 군사들의 발길질에 쓰러지고 말았다. 군사들은 황태자궁 곳곳을 샅샅이 뒤졌다. 문을 발로 차고 들어가 병풍과 장막을 걷어 조사하고, 황태자비의 침소까지 막무가내로 들어갔다. 심지어 바닥과 천장을 뜯어 안을 살피기도 했다. 답답한 나머지 패라첩목아가 직접 황태자궁 안으로 들어왔다.

"황태자비가 정말 보이지 않느냐?"

"안을 샅샅이 뒤졌으나 안 계신 듯 합니다."

패라첩목아는 다시 한번 주위를 둘러보았다. 군사들이 겹겹이 에워싸고 있는 상황에서 궁을 빠져나가는 것은 불가능했다. 귀신이 곡할 노릇이었다.

"그렇다면 군사들이 이곳을 지키기 전에 빠져나갔다는 말인데……."

어느새 다가온 노적사가 이전부터 황태자궁을 감시해 오던 군사에게 물었다.

"혹 궁에 군사들이 배치되기 전에 황태자비가 어딜 다녀오진 않았느냐?"

"어제 오전에 기 황후 마마께서 계신 홍성궁에 다녀오셨습니다."

패라첩목아와 노적사의 두 눈이 커졌다.

"황태자비가 들어오는 걸 분명히 보았느냐?"

"가마를 타고 들어오셨기 때문에 직접 뵙지는 못했습니다."

듣고 있던 노적사가 패라첩목아를 돌아보았다.

"기 황후가 황태자비를 빼돌린 게 분명합니다."

"그렇다면 황태자비가 흥성궁에 숨어 있단 말인데……."

패라첩목아는 지체 없이 군사들을 이끌고 흥성궁으로 달려갔다. 흥성궁에도 많은 군사들이 경계를 서고 있었다. 패라첩목아는 다급한 마음에 저지하는 환관을 발로 걷어차며 직접 안으로 들어갔다. 그는 기 황후를 보자마자 다짜고짜 소리부터 질렀다.

"속히 황태자비를 내놓으시오."

"황태자비를 내놓으라니, 그게 무슨 말이오?"

"어제 아침에 황태자비께서 이쪽으로 오신 걸 잘 알고 있습니다. 여기에 숨겨두셔도 소용없습니다."

"도대체 무슨 소리를 하는지 모르겠소. 황태자비가 어제 아침 여길 왔으나 곧장 돌아갔소이다."

"이거 말로 해서는 안 되겠구나."

패라첩목아가 한 손을 들어 보이자 순식간에 군사들이 우르르 흥성궁 안으로 밀려들어왔다. 강순용이 두 손을 휘저으며 소리쳤다.

"무엄하오. 여긴 황후 마마께서 거하시는 곳이오."

하지만 그는 군사들의 기세에 밀려 한쪽으로 내팽개쳐졌다. 군사들은 흥성궁 안을 이 잡듯이 뒤졌다. 모든 집기와 가구를 헤집어 놓고, 마루바닥과 천장까지 자세히 살폈지만 황태자비는 보이지 않았다. 노적사가 패라첩목아 귀에 속삭였다.

"아무래도 이미 도성 밖을 나간 것 같습니다."

패라첩목아가 주먹을 움켜쥔 채 기 황후에게 다가갔다.

"황후께서 무슨 일을 꾸미고 있는지 모르겠으나, 조만간 크게 후회하실 겁니다."

협박하는 말이나 다름없었으나 기 황후는 개의치 않았다. 오히려 늠늠한 웃음을 입가에 달고 패라첩목아를 쏘아보았다.

"사람의 손발을 이렇게 잡아놓고 있는데 무슨 일을 꾸민단 말이오?"

패라첩목아는 얼굴을 붉힌 채 돌아서고 말았다. 그는 경계를 하는 군사들의 수를 더 늘려 흥성궁을 감시하라 지시하고 정려궁으로 돌아왔다.

노적사와 독견첩목아는 불안한 표정으로 패라첩목아의 눈치만 살폈다. 패라첩목아는 아직도 분이 풀리지 않는지 연신 콧김을 내쉬며 주먹을 꽉 움켜쥐고 있었다.

"황태자비가 도성을 빠져나갔다면 분명 황태자가 있는 태원으로 갔을 것입니다. 속히 사람을 보내어 추격하라 하시지요."

"이미 군사를 풀어 뒤를 쫓고 있으나, 출발한 지 하루가 지나서 따라 잡기는 힘들 것이오."

패라첩목아는 언성을 더욱 높였다.

"여우같은 년……."

그리고는 둘을 바라보며 입술을 앙다물었다.

"이번 일의 진상을 철저히 파악하여 관련자를 엄중 문책해야 할 것이오."

같은 시각. 기 황후는 홍성궁 앞 작은 연못을 산책하고 있었다. 군사들이 주위를 봉쇄하고 있어 멀리 가지 못하고 연못 주위를 몇 바퀴 맴돌고 있었다. 여맹호와 임달이 거리를 두고 호위했고, 바로 옆에서 환관 강순용이 목소리를 낮추었다.

"흥분한 패라첩목아가 다시 무슨 짓을 할지 모르옵니다."

"아마도 나를 유폐시켜 최후의 수단으로 협박할 것이다."

문득 기 황후가 걸음을 멈췄다.

"내가 지신한대로 황태자비가 제화문을 통해 나갔겠다?"

"그러하옵니다."

"자네는 지금 즉시 밖으로 나가 황태자비가 제화문을 통해 은밀히 빠져나갔다는 소문을 내야 한다."

강순용은 이해할 수 없다는 표정이었다.

"그들에게 도주로를 알리실 생각이십니까?"

기 황후는 양 소매를 겹치며 고개를 내저었다.

"내게 다 생각이 있느니라."

한편 대도성을 빠져나온 황태자비는 마가충과 함께 밤낮으로 말을 몰아 사흘 만에 태원에 도착했다. 가는 길목마다 패라첩목아의 군사들이 지키고 있었지만, 길을 돌아가며 그들을 용케 피해갔다.

황태자비가 도착했다는 소식이 전해지자 황태자가 달려 나왔다. 확곽첩목아도 그 뒤를 따랐다.

"어서 오시오. 태자비."

황태자비는 너무 반가워 눈물을 흘렸다. 그녀는 예를 갖추고는 황태자에게 정중히 절을 올린 후에 앞으로 다가갔다. 황태자가 덥석 두 손을 잡으며 물었다.

"황상 폐하와 황후 마마께서는 잘 지내고 계시오?"

황태자비는 대답대신 기 황후가 손수 적어준 서신을 건넸다. 글을 읽어나가던 황태자의 눈자위가 가늘게 흔들렸다. 이어 아랫입술을 깨물며 고개를 주억거렸다. 확곽첩목아가 가까이 다가왔다.

"황후 마마께서 뭐라 명하셨습니까?"

"황상 폐하와 황후 마마의 안위는 스스로 지키실 터이니, 걱정하지 말고 속히 대도성을 공격하라 하십니다."

황태자는 우울한 얼굴로 확곽첩목아를 돌아보았다.

"현재의 우리 군세가 어떻습니까?"

"변방의 수많은 장수들이 속속 황태자 전하 밑으로 모여들고 있습니다. 허나 당장 대도성을 공략하기엔 아직 무리인 듯 하옵니다."

"대도성에 있는 패라첩목아의 군사들이 10만이 넘는다고 하나 우린 그보다 더 많이 모을 수 있지 않소이까? 능히 승산이 있습니다."

"우리가 모든 군대를 몰아 대도성으로 달려가면 대동에 있는 패라첩목아의 잔류 부대가 배후를 칠 수도 있습니다."

"그가 양쪽에서 협공을 하며 압박할 것이란 말이죠?"

황태자는 저절로 이맛살을 찌푸리며 허리에 찬 칼집을 매만졌다. 난감한 표정이었다.

"그렇다고 우리가 대동을 먼저 공격하기엔 주원장이 신경이 쓰이고……."

어느새 그의 이마에 고여 있던 땀이 관자놀이를 타고 흘러내렸다.

5

패라첩목아는 황태자비가 대도성을 빠져나간 사실을 두고 화를 삭이지 못했다. 황태자비를 감금하여 황태자를 소환하려는 계획이 무산된 것이 못내 분했다. 이젠 확곽첩목아보다 그 옆에 있는 황태자가 그에겐 더 위협이었다. 그는 이번 일의 잘잘못을 가리기 위해 진상을 철저히 조사토록 했다. 그런 와중에 황태자비가 제화문을 통해 빠져나갔다는 소문이 돌기 시작했다. 물론 그 소문은 기 황후 측에서 퍼뜨린 것이다. 당시 제화문 주위에는 많은 사람들이 있었기에 소문은 금세 패라첩목아의 귀에까지 들어갔다. 제화문의 경비를 총 책임지고 있는 장수는 보안이었다. 패라첩목아는 즉시 보안을 불러들였다.

"황태자비가 제화문을 통해 빠져나갔다는데 어찌 너는 모르고 있었단 말이냐?"

"소장, 죽여주십시오."

패라첩목아는 턱수염을 매만지며 날카롭게 눈을 떴다.

"너의 묵인이 없이 어찌 황태자비가 삼엄한 경비를 뚫고 도성을 나갈 수 있단 말이냐?"

"소장의 묵인이라니요?"

"사전에 기 황후와 내통하고 일부러 그들을 통과시켜 준 게 아니냔 말이다."

보안은 고개를 들어 패라첩목아를 올려다보았다.

"천부당만부당하신 말씀입니다. 소장이 어찌 감히 그런 짓을 할 수 있겠습니까?

"그렇지 않고서야 황태자비가 어찌 제화문을 빠져나갈 수 있단 말이냐?"

"아닙니다, 절대 아닙니다."

보안은 고개를 휘휘 내저으며 자신의 결백을 주장했다. 패라첩목아는 구체적인 증거가 없기에 더 이상 다그치지는 못했다. 그는 여전히 미심쩍은 표정으로 보안에게 물러가라 일렀다.

제화문으로 돌아온 보안은 즉시 진상을 조사토록 했다. 관련자를 모두 불러오고, 경비를 섰던 군사들을 조사하자 여러 사실들이 속속 밝혀졌다. 제화문을 지키고 있던 군사들뿐만 아니라, 문을 통과하기 위해 길게 줄을 서고 있던 다른 백성들도 그 모습을 똑똑히 보았다고 했다.

"내 밑에 있는 것들이 어찌 이럴 수 있단 말인가?"

보안은 노발대발하여 황빈을 불러들였다. 황빈(黃賓)은 수하 장수로, 그 시간에 경비 책임을 맡고 있었다.

"너는 그 시간에 무얼 했기에 이런 일을 발생케 했느냐?"

황빈은 아무 말도 못하고 고개를 숙일 뿐이었다. 그는 두려운 마음이 들어 벌벌 몸을 떨었다. 황태자비가 제화문을 빠져나갔던 그 시각, 황빈은 군사들에게 지시해 놓고 자신은 근처 객점에서 술을 마시고 있었다. 그 사실이 발각되면 원칙주의자인 보안의 손에 목숨을 잃을 게 뻔했다. 다행히 보안은 아직 그 사실을 모르고 있는 듯 했다. 겨우 숨을 몰아쉬며 급히 근무지로 돌아갔지만 불안은 가시지 않았다. 보안이 나중에라도 자신이 그 시간에 술을 마신 것을 알게 된다면, 그의 인생도 끝나는 것이다. 황빈은 궁리에 궁리를 거듭했다.

그동안 보안은 자신이 조사한 내용을 빠짐없이 패라첩목아에게 보고했다. 하지만 그는 아직 믿지 않는 표정이었다.

"진정 너는 황태자비가 빠져나가는 걸 몰랐단 말이냐?"

"소장, 경비를 소홀히 한 책임은 있으나, 저들과 내통한 적은 결코 없습니다."

보안은 펄쩍 뛰었지만 패라첩목아의 불신은 가시지 않았다.

"좀더 조사를 해보도록 하자."

그렇게 여전히 의심을 하고 있다는 투의 여운을 남겼다.

제화문으로 돌아온 보안은 큰 걱정에 빠졌다. 패라첩목아의 의심이 풀리지 않는다면 어떤 누명을 쓸지 몰랐다. 수하 장수를 믿지 못하는 그가 원망스럽기도 했다. 그러던 차에 소식을 듣고 화의문을 책임지는 증의산(增義山)이 찾아왔다. 그는 평소 보안과 절친한 사이로, 친구를 위로하기 위해 찾아온 것이다.

"너무 심려치 말게나. 황태자비가 철저히 신분을 속여 빠져나갔으니 이를 잡아내긴 애초부터 불가능했을 것이야."

"나도 어쩔 수 없다는 것을 잘 알고 있네. 하지만 장군께서 날 의심하고 계시니 답답한 게야."

"의심을 하다니? 그게 무슨 말인가?"

"내가 기 황후와 짜고 일부러 황태자비를 빠져나가게 했다고 생각하시는 것 같네."

"말도 안 되는 소리야. 자네같이 의기 있고 충직한 자가 어찌 그런 일을 할 수 있겠나?"

"나도 너무 답답하네. 도성으로 들어오면서 장군을 위해 목숨을 바치기로 맹세 했잖은가? 그런데도 나의 충정을 몰라주고 의심을 하는 게 너무 원망스럽단 말이야."

"휘하 장수를 믿지 못하면서 어찌 큰일을 도모할 수 있단 말인가? 남의 일이 아니야. 만약 황태자비가 우리 화의문을 통해 빠져나갔다면 꼼짝없이 내가 의심을 받았을 것이야."

"요즘 같아선 나도 회의가 든다네. 무엇 때문에 그 밑에서 이런 수모를 당해야 하는 지도 모르겠네."

이때 밖에서는 황빈이 이들의 대화를 모두 듣고 있었다. 그는 패라첩목아에 대한 불만의 소리를 듣고 속으로 쾌재를 불렀다. 일찍이 보안에게 심한 꾸중을 들은 데다 자신의 근무 태만을 들킬까봐 늘 초조했다. 그런 와중에 보안이 패라첩목아에 대한 불만을 쏟아내자 곧장 패라첩목아에게 달려갔다. 가서는 둘의 대화 내용을 낱낱이 알리고, 보안이 황태자비와 내통했다고 거짓 보고를 올렸다. 즉시 보안이 다시 소환되었고, 그는 곧장 처형되어 목이 날아갔다.

보안의 목은 창끝에 걸려 제화문 입구에 높이 매달렸다. 휘하 군사들과 백성들에게 경고를 주기 위해서였지만, 이게 오히려 큰 화가 되었다. 장수와 군사들은 수하 장수를 가차 없이 내친 패라첩목아를 불신하기 시작했다. 물론 이로 인해 불안과 불만에 안절부절 못하는 자가 있었으니, 그는 바로 증의산이었다. 그 또한 보안과 함께 패라첩목아를 비난하는 말을 하지 않았던가? 그러던 차에 이번에는 황태자비를 밖으로 빼낸 무리들이 화의문을 통해 대도성에 다시 들어왔다는 소문이 돌았다. 이 소문 또한 5대 천왕들이 거짓으로 퍼뜨린 것이었다.

증의산은 자신 또한 보안처럼 참수당해 목이 내걸릴 거라 생각했다. 그는 고심 끝에 중대한 결정을 내렸다. 몇몇 신복들을 데리고 급

316
떨어지는 핏방울, 흩날리는 눈물

히 대도성을 빠져나간 것이다. 그리고는 곧장 대동으로 달려갔다. 대
동에는 그와 절친한 친구 방조우(方朝優)가 있었다. 방조우는 패라첩
목아를 대신해 대동을 수비하며 확곽첩목아의 태원을 칠 준비를 하고
있었다. 그 역시 죽은 보안과는 절친한 사이였다.

"부하 장수의 말만 듣고 보안을 곧바로 참수했단 말인가?"

"보안은 패라첩목아 장군에게 충성을 다한 친구였어. 그런데도 그
를 믿지 못하고 단칼에 죽여 버린 것이지. 나 또한 무사치 못할 것 같
아 이렇게 급히 빠져나온 것이네."

그러면서 은근한 말로 방조우를 설득했다.

"부하를 믿지 못하는 장수 밑에 더는 있을 수 없네."

"그래서 나더러 어찌하란 말인가?"

"패라첩목아는 거병의 명분을 잃었네. 그는 대도성을 점령하여 황
실의 기강을 바로 잡고 우리 원 제국을 다시 부흥시키겠다고 약속하
지 않았나? 하지만 입경해서 한 게 뭐가 있는가? 밖에 나가 있는 황태
자를 두려워한 채, 황태자비가 빠져나간 것을 두고 사람을 문책하지
않나, 이젠 황상 폐하와 황후 마마까지 능멸하고 있다네. 이건 신하의
도리가 아니질 않는가?"

방조우는 아무런 대답도 하지 않고 묵묵히 듣고만 있었다.

"이참에 황태자와 힘을 합쳐 그를 몰아내지 않겠나?"

증의산이 그렇게 직접적으로 물어왔지만 방조우는 선뜻 대답을 하
지 못했다. 그래도 그 자신은 패라첩목아가 가장 신뢰하는 장수가 아
닌가? 그 역시 의기가 있고 충직한 성품이라 섣불리 주인을 배신하고
싶진 않았다. 하지만 증의산의 말도 틀리지 않으니 고민할 수밖에. 그

러던 차에 대도성에서 또 다른 소문이 들려왔다. 패라첩목아가 정려궁 옆에 건물을 지어놓고 몰래 황음을 즐기고 있다는 내용이었다. 황제가 예전에 만들었던 계급무계궁 못지않게 화려하게 꾸미고 궁녀들을 불러들이고 있다는 것이다. 물론 가린진을 데려와 환정법을 익혔다는 소문도 들려왔다. 이 소문은 며칠을 갈등하던 방조우의 고민을 덜어주는 역할도 했다.

"그래, 패라첩목아는 목숨을 바쳐가며 따를만한 위인이 못되네."

그는 증의산과 상의한 후 확곽첩목아가 있는 태원으로 급히 전령을 보냈다.

"방조우가 대동을 우리에게 바치겠단 말이지?"

"그러하옵니다. 방장군은 신하된 자로써 그동안의 죄를 깊이 뉘우치고 있습니다. 대동을 황태자 전하에게 바칠 뿐만 아니라 역적 패라첩목아를 치는 데 힘을 아끼지 않으실 거라 했습니다."

확곽첩목아가 밝은 표정으로 황태자를 돌아보았다.

"이제 드디어 우리의 뜻을 펼칠 수 있게 되었습니다."

다음날 황태자는 친히 군대를 이끌고 대동으로 달려갔다. 방조우와 증의산이 무릎을 꿇고 황태자를 맞이했다.

"어서 오시옵소서. 황태자 전하."

그들은 곧장 군사들의 열병식을 거행케 하고는 그 깃발을 황태자에게 건넸다. 군권의 책임을 모두 황태자에게 바친 것이다. 소문은 머잖아 중원 각지로 퍼져나갔다. 이는 패라첩목아와 황태자의 세력 사이에서 눈치를 보고 있던 변방의 군벌들이 결심을 굳히게 된 계기가 되었다. 그들은 속속 전령을 보내 황태자에게 충성을 맹세하며 군권을 바치기 시작했다. 이로써 대도성 밖 대부분 군벌들은 황태자를 중심으로 세를 모아갔다.

황태자가 마침내 군대를 몰아 대도성으로 향했다. 확곽첩목아의 10만 대군에 대동에서 합류한 방조우의 5만 대군이 합세하니, 그 위세는 하늘을 찌를 듯 했다. 대도성 근처에 이르자 각지에서 황태자를 지지하는 군벌들이 군사들을 이끌고 속속 모여들었다. 그중 큰 규모로는 정주에서 온 무진첩목아의 3만의 군대였고, 익도에서도 2만의 인마와 함께 무기와 군량을 지원했다. 황태자가 대도성에 다다랐을 때, 그의 뒤에는 30만이 넘는 군사들이 따르고 있었다.

그 시각. 기 황후는 흥성궁에 있었다. 그녀 앞으로 열 명 남짓한 군사들이 고개를 숙이고 있었다.

"황상 폐하께서 나를 찾으신다?"

"그러하옵니다. 속히 가마에 오르시지요."

기 황후는 흥성궁 앞에 대기한 군사들을 마뜩찮은 표정으로 바라보았다. 그들은 모두 창검으로 무장하고 갑옷까지 입고 있었다. 기 황후가 날선 목소리로 물었다.

"황상 폐하께서 찾으시는데 왜 우승상의 군사들이 왔단 말이냐?"

군사들을 이끄는 장수가 대답하지 못하고 어물거렸다. 그는 손짓을 해 보이고는 군사들에게 가마를 가까이 가져오게 했다. 칼을 찬 군사들이 기 황후 앞으로 바싹 다가왔다.

"무엄하오! 어찌 황후 마마에게 예를 갖추지 않는 게요?"

강순용이 버럭 소리를 내지르자 한 군사가 칼을 빼들 기세였다. 강순용도 지지 않고 맞서려 하자 기 황후가 나직이 일렀다.

"그냥 놔두어라."

그렇게 이르고는 순순히 가마에 올라탔다.

기 황후가 가마에 오르자 군사들은 빠른 속도로 달렸다. 주변이 무장한 군사들로 삼엄했으나 모두 패라첩목아의 수하들뿐이었다. 황제가 행차하면 시위나 친위군이 함께 해야 하지만 그들은 전혀 보이지 않았다. 무언가 심상치 않은 일이 벌어지고 있는 게 분명했다. 기 황후는 일부러 목소리를 높였다.

"여기가 어디냐, 연춘각이 아니질 않느냐?"

"추밀지원(樞密知院)이옵니다."

"황상 폐하께서 날 찾으신다 하지 않았느냐?"

"황상께서는 이곳 추밀지원에 계시옵니다."

추밀지원은 군대를 지휘하는 기관으로 장수들이 드나드는 곳이었다. 기 황후는 군사들의 손에 이끌려 추밀지원 옆의 한 건물에 들어갔다.

"아니, 황상 폐하!"

추밀지원의 낡은 건물 안에는 황제가 앉아 있었다. 주위에는 황제뿐만 아니라 십여 명의 황족들도 함께 있었다. 그중에 어린 태자가 기 황후를 발견하고는 뛰어왔다.

"어마 마마!"

기 황후는 태자를 품에 안고는 황제에게 다가갔다.

"어찌 된 것이옵니까, 폐하."

황제는 침울한 표정으로 겨우 대답했다.

"패라첩목아가 짐을 포함한 황족들을 모두 끌고 와 이곳에 감금한 듯 하오."

그제야 기 황후는 뭔가 집히는 것이 있었다. 드디어 올 것이 온 것이다. 그녀는 황제에게 바짝 다가가 낮은 목소리로 말했다.

"필시 황태자가 대군을 거느리고 대도성에 당도했을 겁니다. 저들은 황상 폐하를 포함한 황족들을 인질로 삼고자 이곳에 감금한 것입니다."

황제는 힘없이 고개를 끄덕이며 긴 한숨을 내쉴 뿐이었다. 하지만 기 황후는 애써 담담한 표정을 지어 보였다. 그녀는 어린 태자의 손을 꼭 잡고는 눈을 들여다보았다.

"태자는 걱정하지 마라. 조금만 있으면 네 형님이 군사를 이끌고 우리를 구하러 올 것이야."

6

아침 해가 떠오르면서 채색기(彩色旗)가 선연한 색깔을 선보이며 맨 앞에 섰다. 그 뒤로 이어지는 오색찬란한 대오는 끝이 보이지 않을 정도였다. 붉은 색 준마(駿馬)를 탄 황태자는 시위대들의 호위를 받으며 선두에 섰다. 금빛 투구를 쓰고 은색 갑옷을 입은 황태자는 위풍당당한 얼굴로 뒤를 돌아보았다. 아침 햇살에 칼과 창을 비롯한 병기들이 번쩍이며 눈이 부셨고, 장수들은 철갑을 입고 명령이 떨어지기만을 기다리고 있었다. 황태자는 용천검을 뽑아 전방을 가리키며 충천하는 기세에 한껏 사기를 북돋워 주었다.

"와아!"

30만이 넘는 군사들이 내지르는 함성이 천지를 뒤흔들었다. 잠시 후 대도성의 누각 위로 패라첩목아가 나타났다. 그의 뒤를 따라서 성벽 곳곳에 군사들이 올라와 활시위를 겨누었다.

손을 저어 군사들의 함성을 저지시키고 황태자가 말을 몰아 몇 걸음 앞으로 나아갔다.

"역적 패라첩목아는 순순히 항복하고 성문을 열어라."

패라첩목아가 밑을 내려다보며 답했다.

"소신은 황상 폐하를 모시고 있습니다. 황태자께서 먼저 도성에 드시어 지금 반란을 꾀하려고 하는 그 불충함을 폐하에게 고하고 죄를 빌어야 할 겁니다."

"무엇이라? 참으로 뻔뻔한 놈이로구나."

"자신이 있다면 어디 한번 와보시지요, 하하핫."

패라첩목아는 숫제 놀리는 말투였다.

"자신만만하구나. 우리는 30만이 넘는 대군이다. 도성에 든 군사들은 기껏해야 10만. 그 군사들로 어찌 우리 대군을 상대할 수 있겠느냐? 일제히 진격하여 역적의 무리들을 모두 도륙 할 것이니라."

그 소리가 끝나자 황태자의 군사들이 일제히 함성을 내질렀다. 30만 대군이 일제히 목청껏 질러대니 대도성이 웅웅 울릴 정도였다. 하지만 패라첩목아는 전혀 위축되지 않았다.

"마음대로 되지는 않을 겁니다."

패라첩목아가 손짓을 하자 성문 위로 한 사람이 끌려왔다.

"아니, 저 분은……."

황태자와 확곽첩목아는 놀라며 눈을 비볐다. 성문 위에 오른 자는 바로 연첩불화(燕帖不花)였다. 연첩불화는 황족으로 황제와는 사촌지간이었다. 패라첩목아는 연첩불화를 옆에 세우고는 크게 외쳤다.

"군사들이 한발이라도 성문 앞으로 다가온다면 먼저 이분의 목부터 벨 것이오."

황태자는 순간 당황했다. 연첩불화는 새파랗게 겁에 질려 몸부림쳤지만 밧줄로 꽁꽁 묶여 움직이지 못했다. 황태자는 몹시 갈등했다. 그 사이 성질 급한 확곽첩목아가 명을 내렸다. 군사들을 움직여 일제히 화살을 쏘게 한 것이다. 동시에 사다리를 든 군사들이 함성을 내지르며 앞으로 달려갔다.

"할 수 없군."

패라첩목아는 칼을 높이 들어 그 자리에서 연첩불화의 목을 베어버렸다. 순식간에 목이 날아가며 그 몸뚱이까지 성문 밖으로 떨어졌다.

"아니, 이럴 수가……."

짓쳐 달려가던 군사들이 그 광경에 일제히 멈추어 섰다. 순간 주변이 쥐죽은 듯 고요에 휩싸였다.

"으하하핫!"

패라첩목아가 괴상한 웃음을 흘리고는 다시 외쳤다.

"지금은 황족 중의 한 사람을 베었지만, 그 다음엔 어느 여인이 될지 소신도 장담 못하오."

황태자는 얼른 군사를 뒤로 물리게 했다. 확곽첩목아도 낭패한 얼굴로 고개를 끄덕였다.

"패라첩목아는 지금 막다른 길목에 처했기 때문에 무슨 짓을 할지 모릅니다. 저자는 지금 제 정신이 아닙니다."

성으로 달려갔던 군사들이 뒤로 물러나 다시 대열을 정비했다. 그 모습을 바라보며 패라첩목아가 자신만만한 목소리로 말했다.

"속히 철수하시는 게 좋을 게요. 한 시진 안에 군사들을 모두 물리시길 바라오. 내가 다음 차례로 생각하는 여인이 누구라는 것은 말 안 해도 알 것이오."

황태자는 분노로 붉게 달아오른 얼굴로 주먹을 움켜쥐었다. 패라첩목아는 허언을 하는 자는 아니었다. 그렇다고 당장 군사를 물릴 수도 없었다. 지금 후퇴한다고 볼모로 잡힌 인질들의 안전이 보장된다고 보기도 어려웠다. 게다가 서둘러 대도성을 탈환하지 않으면 주원장의 세력이 후방을 치고 나올 게 분명했다. 또 후퇴해서 예봉이 꺾인다면 다른 장수들이 다시 패라첩목아에게 붙을 지도 몰랐다. 군사를 물릴 수도, 그렇다고 도성으로 짓쳐 들어갈 수도 없는, 그야말로 진퇴양난(進退兩難)의 상황. 황태자는 결정을 내리지 못하고 고심했다. 시간이 대책 없이 흘러가는 게 원망스러웠다.

기 황후는 어린 태자를 안고 추밀지원 밖의 군사들이 다급히 움직이는 걸 지켜보고 있었다. 그녀는 창문을 통해 밖을 살피며 상황을 파악했다. 얼마 전에 함께 있던 연첩불화가 밖으로 끌려나갔다. 한참이 지나도 그는 돌아오지 않고 있었다. 인질로 끌려가 변을 당한 게 분명했다. 연첩불화가 다시 오지 않는 걸 지켜보며 모두들 불안에 떨고 있었다. 특히 황제는 얼굴이 새파랗게 질린 채 오금이 저려 안절부절못했다. 어린 태자만이 아무 것도 모르고 호기심 어린 눈으로 주위를 둘러볼 뿐이었다.

황제에게는 당기세 형제와 백안을 제거할 때 보였던 예전의 호기는 간 데 없었다. 계급무계궁에 빠져 있는 동안 의기가 약해졌고, 판단력도 흐려졌다. 기 황후는 옅은 한숨을 내쉬며 답답한 마음에 가슴을 두드렸다. 그때 강순용이 안으로 들어왔다. 군사들이 그의 출입을 막았지만, 강순용이 내민 금덩어리와 환관의 신분을 확인하고는 들여보냈다. 그는 기 황후에게 바짝 다가와 은밀히 아뢰었다.

"지금 황태자께서 군대를 휘몰아와 대도성을 에워쌌다 하옵니다."

기 황후의 표정이 밝아졌다.

"역시 내 짐작대로구나."

그녀는 만족한 표정으로 고개를 끄덕이며 궁금한 것을 마저 물었다.

"황태자의 군대는 그 숫자가 얼마나 된다 하더냐?"

"족히 30만은 넘는다 하옵니다. 대도성을 완전히 포위했는데, 그 끝이 보이지 않을 정도라 하옵니다."

"패라첩목아의 군사는 10만, 그 세 배면 능히 대도성을 탈환하고도 남겠구나. 허나……."

그녀는 안타까운 얼굴로 나직이 중얼거렸다.

"패라첩목아가 우리를 인질로 잡고 있기 때문에 쉬이 도성을 공격하지 못하고 있는 것이야."

무슨 일이 있어도 폐하뿐만 아니라 나도 여기서 나가야 한다. 그래야 황태자가 부담 없이 공격을 해서 패라첩목아를 잡을 수 있을 것이다. 여기에 잡혀 있는 동안 공격 시기를 늦추면, 그리하여 황태자에게 모여든 장수들이 돌아가 버리면, 이 싸움은 패라첩목아의 승리로 끝나고 만다. 서둘러야 한다.

그녀는 입술을 질끈 깨물었다. 마땅한 계책이 떠오르지 않아 답답할 뿐이었다. 황태자의 군사들은 너무 멀리 있다. 황궁 안에서 황족들을 구해줄 세력이 필요했다. 하지만 대도성의 군사들은 모조리 패라첩목아 밑으로 들어갔다. 안에서 호응해 줄 군사가 하나도 없으니 계책이 있을 리도 없었다. 시간은 점점 흘러가고 있었다. 조만간 또 다른 인질을 밖으로 데려갈 것이다.

그때 밖에서 병장기 부딪치는 소리가 들렸다. 잇따라 고함소리와 비명소리가 들렸다. 기 황후는 얼른 일어나 창가로 달려갔다. 추밀지원을 지키던 군사들이 한쪽으로 몰려가 칼을 빼들고 싸움을 벌이고 있었다. 군사들에게 포위된 자들은 놀랍게도 5대 천왕 중 네 명의 환관들이었다. 마가충, 완자독, 여맹호, 임달. 그들 넷은 오십이 넘는 군사들을 상대하고 있었다. 그들은 소매가 풍성하고 바닥까지 끌리는 환관복을 벗어버리고 모두 갑옷을 입고 있었다.

하지만 그들이 아무리 무예가 뛰어나다 하나 겨우 네 명으로 오십의 군사를 상대할 순 없었다. 군사들이 일시에 달려드니 뒤로 밀릴 수밖에. 완자독과 여맹호가 부상을 당하니 완전히 포위되고 말았다. 꼼짝없이 당할 판이었다. 군사들이 일제히 칼을 들어 치려는데 멀리서 흙먼지를 휘날리며 말 한 마리가 달려왔다. 말 위에는 삿갓을 깊이 눌러 쓴 사내가 타고 있었는데, 그는 쩌렁쩌렁한 포효를 질러 군사들을 일시에 얼어붙게 했다.

"멈추어라!"

사내는 질풍처럼 달리는 속도로 말안장을 박차고 제비처럼 허공으로 솟구쳤다. 그는 몸을 휘돌려 검을 빼들더니 곧장 군사들의 머리 위로 날아왔다. 그때야 군사들이 위험을 눈치 채고 칼을 휘두르며 허둥댔다.

사내의 검은 순식간에 햇살을 조각조각 잘랐다. 햇살이 검 날에 부서질 때 사각사각 종이 자르는 소리가 들렸다. 후두둑! 패라첩목아의 군사들이 일시에 쓰러졌다. 눈이 부시도록 투명한 햇살을 향해 핏줄기가 분수처럼 치솟았다. 기 황후는 사내의 얼굴을 보려 했으나 삿갓에 가려 보이지 않았다.

사내의 놀라운 검술에 주춤하던 군사들이 다시 몰려들었다. 그 틈을 이용해 마가충과 완자독이 추밀지원 건물 안으로 달려왔다.

"어서 저희를 따르시지요."

둘은 추밀지원 안에 갇혀 있는 황제와 황후를 비롯해 황족 모두를 밖으로 이끌었다. 기 황후는 태자를 가슴에 안고 나오면서 마가충에게 물었다.

"삿갓을 쓴 저자가 누군가?"

"바로 저희 5대 천왕의 영수이신 천왕이십니다. 저희들에게 황후 마마를 지키라 명하신 분이지요. 속히 가시지요."

기 황후는 더 지체하지 않고 밖을 빠져나갔다. 황제를 비롯한 황족들이 완자독을 따라나섰다. 마가충과 완자독이 추밀지원에서 인질들을 구하는 동안 나머지 세 명이 많은 군사들을 상대해야 했다. 때문에 삿갓 쓴 사내의 놀라운 검술에도 불과하고 그들은 뒤로 밀리고 있었다. 여맹호가 칼에 찔려 쓰러졌고, 임달도 팔에 상처를 입고 한 손으로 간신히 싸우고 있었다. 삿갓을 쓴 사내만이 힘겹게 사투를 벌이고 있었다. 자세히 보니 그의 한쪽 팔 옷자락이 펄럭거렸다. 외팔이였다.

황제 일행을 발견한 군사들 몇이 소리치며 달려왔다. 마가충은 기 황후의 손을 끌며 걸음을 빨리 했다. 하지만 어린 태자와 기 황후의 불편한 옷차림으로 빨리 뛸 수가 없었다. 할 수 없이 완자독이 달려와 태자를 기 황후에게서 받아 가슴에 안았다.

"어마 마마! 나는 어마 마마와 같이 있을 것이야."

태자가 울먹이며 반버둥을 쳤다. 그러자 기 황후가 날선 소리로 태자를 나무랐다.

"속히 그를 따라 가거라. 이 어미도 곧 갈 것이야."

완자독은 태자를 안고 잽싸게 빠져나갔다. 하지만 기 황후의 손을 잡은 마가충은 몸을 빨리 움직일 수 없었다. 기 황후가 치맛자락에 발에 걸려 넘어지는 사이 군사들이 그들에게 칼을 겨누었다.

"황후를 내놓으면 목숨만은 살려주겠다."

군관이 엄포를 놓았지만 그에 넘어갈 마가충이 아니었다. 그는 호통을 내지르며 칼을 맞잡은 두 손에 힘을 주었다. 이내 칼날과 칼날이 십자 형태로 부딪혔다. 마가충이 칼을 휘두르는 동안 다른 군사들이 양옆에서 공격해왔다. 그는 몸을 뒤로 젖히며 검을 휘둘렀다. 학처럼 유연하게 몸을 비틀어가며 검을 휘둘렀지만 동시에 날아오는 칼끝을 온전히 피하지 못했다. 아랫배에 피가 붉게 번지며 마가충은 그만 쓰러지고 말았다. 그 사이 군사들이 득달같이 달려와 기 황후를 밧줄로 묶었다.

"무엄하다, 이놈들. 어디 감히 내 몸에 손을 대는 게냐?"

기 황후가 준엄하게 소리쳤지만 그들은 막무가내였다. 그때였다. 여태 다른 군사들을 대적하고 있던 삿갓 쓴 사내, 천왕이 날아갈 듯 달려왔다.

"순순히 황후 마마를 내놓아라."

그들이 기 황후를 내줄 리 없었다. 열이 넘는 군사들이 한꺼번에 칼을 들고 달려들었다. 비호처럼 몸을 날린 그는 몸을 비틀며 칼을 휘둘렀다. 칼끝이 서로 부딪치면서 불꽃이 튀었다. 하지만 한꺼번에 달려드는 수십 개의 칼날을 사내는 온전히 피하지 못했다. 칼날 하나가 천왕의 머리를 스쳐지나갔다. 그의 삿갓이 칼끝에 베어지며 얼굴이 드러났다. 기 황후는 경황이 없는 중에도 그 얼굴을 유심히 살폈다. 이윽고 그녀의 입술이 크게 벌어지며 두 눈이 파르르 떨렸다.

"아니, 그대는……."

그녀의 입에서는 비명 같은 탄식이 흘러나왔다.

7

황태자는 시간이 흐르는 걸 초조하게 지켜만 보고 있었다. 그는 미리 홍(弘), 황(黃) 두 개의 깃발을 만들어 놓았다. 황색 깃발은 성 왼편에, 홍색 깃발은 오른편에 숨겨 놓고 휘하 장수들과 군호를 맞추었다. 언제든 성을 수비하는 반군의 틈새가 보이면 홍기(紅旗)를 들어 전군이 임전태세에 돌입하는 동시에, 선봉대가 돌진하고 총공격을 펼 때는 황기(黃旗)를 들어 단숨에 적을 섬멸하는 작전을 펴기로 한 것이다.

패라첩목아가 제시한 한 시진이 이제 얼마 남지 않았다. 그는 고심에 고심을 거듭했지만 어떤 결정도 내릴 수 없었다. 대도성을 향해 달려갈 수도, 그렇다고 군사를 물릴 수도 없었다. 패라첩목아라면 기 황후를 충분히 죽이고도 남을 위인이었다.

황태자의 이마에 굵은 땀방울이 흘러내렸다. 그는 긴 한숨을 내쉬며 결심을 굳혔다. 군대를 물리기로 한 것이다. 어머니를 죽음으로 내몰면서까지 대도성을 탈환할 수는 없었다.

황태자는 말에서 내려 화곽첩목아에게 다가갔다.

"아무래도 군사를 물리는 수밖에 없겠소."

확곽첩목아는 아무 말없이 황태자의 명에 따르기로 했다. 그는 눈짓으로 휘하 장수에게 명했다. 각 부대의 장수들을 불러들여 철군 명령을 내릴 참이었다. 그때 전령 하나가 달려와 소리쳤다.

"대도성의 동태가 심상치 않습니다."

황태자와 확곽첩목아는 급히 망루 위로 올라가 대도성을 살폈다. 성문 위를 지키고 있는 군사들이 눈에 띄게 줄어 있었고, 패라첩목아도 보이지 않았다.

"성안에 무슨 일이 생긴 것 같습니다."

"그런 것 같군요. 그렇지 않고서야 군사들이 한꺼번에 이동할 리가 없습니다."

그때 다급하게 외치는 소리가 들려왔다.

"저기를 보십시오."

대도성 한쪽, 적수담을 끼고 있는 화의문(和義門) 쪽에서 성문이 박살나며 완자독이 나는 듯이 달려오고 있었다. 그 뒤로 황제를 비롯한 황족들의 모습이 보였다. 성문을 부순 완자독은 황제 일행이 지나치자 뒤로 뛰어가 후미를 방어하며 뒷걸음치는 여맹호와 임달과 합류해 칼을 휘둘렀다. 패라첩목아의 군사들이 박살난 성문을 통과하기 위해 벌 떼처럼 몰려들고 있는 아슬아슬한 광경이었다.

그 모습을 살피던 황태자가 소리쳤다.

"황상 폐하시다."

그는 훌쩍 말에 올라타 화의문을 향해 채찍을 휘둘렀다. 황태자의 적마가 먼지를 일으키며 달려 나가자 그 뒤를 수천의 기병이 뒤따랐다. 그들은 성 위에서 쏘아대는 화살을 방패로 막으며 황제 일행을 보호했다.

성문을 나와 연신 달려드는 패라첩목아의 군사들을 향해 황태자가 칼을 휘둘렀다. 이어 황태자의 아우 탈고사첩목아가 울면서 뛰어나왔다. 그를 지켜본 황태자가 말에서 뛰어내려 아우를 끌어안고 뒤로 물러섰다. 황태자의 호위병들이 득달같이 달려와 황태자 형제를 에워쌌다.

화살의 사정거리에서 벗어나자 황태자가 황제를 향해 무릎을 꿇고 고개를 숙였다.

"폐하, 그동안 심려가 얼마나 크셨는지요."

황제는 대꾸할 여력도 없어 고개를 힘없이 끄덕이며 긴 한숨을 내쉬었다. 황태자가 번쩍 고개를 들며 물었다.

"하온데 황후 마마께서는 어디에 계십니까?"

"아직 도성 안에 있다. 짐이 급히 빠져나오느라 그만……."

황제는 말을 잇지 못하고 안타까운 눈으로 뒤를 돌아보았다. 황태자는 안고 있던 태자를 수행 장수에게 내주며 칼을 빼들었다. 어린 태자가 걱정 어린 눈길로 물었다.

"형님, 어마 마마는 어디에 있나요?"

"내가 가서 어마 마마를 구해오겠다."

그는 다시 말에 올라타 도성으로 짓쳐 들어갈 기세였다. 확곽첩목아가 급히 다가와 말고삐를 움켜쥐고 말렸다.

"아직 황후 마마께오서 안에 계십니다. 섣불리 공격했다가는 패라첩목아가 무슨 짓을 할지 모릅니다."

황태자는 두 주먹을 꽉 쥐고는 부르르 몸을 떨었다. 그의 눈이 비통함과 분노로 붉게 달아올랐다.

그 시각. 기 황후는 추밀원사 앞에 있었다. 그녀는 눈을 비비며 몇 번이나 사내를 다시 쳐다보았다.

"자네가 어떻게……, 어떻게 여기에 와 있단 말인가?"

기 황후는 도무지 믿기지 않은 얼굴로 고개를 휘휘 내저었다. 하지만 앞에 있는 자는 그가 분명했다. 몇 번을 보아도 마찬가지였다. 오랜 시간이 흘렀다지만, 어찌 그 얼굴을 잊을 수 있단 말인가. 팔이 하나 없는 것까지 똑같지 않은가?

기 황후의 표정이 순식간에 허물어지고 있었다. 그녀는 두 눈을 크게 뜬 채 칼을 휘두르고 있는 남자, 최천수를 향해 한 걸음 다가갔다. 그리고 다시 한번 물었다.

"어찌, 돌아왔느냐?"

최천수는 턱까지 받쳐 오르는 숨을 고르면서 겨우 대답했다.

"몸이 황궁을 떠났다고 내 어찌 마마를 잊겠습니까."

최천수는 한 손으로 칼을 휘두르는 와중에도 손등으로 얼굴에 묻은 피를 훔쳐야 했다. 머리의 상처에서 흐르는 피가 이마를 지나 자꾸 시야를 가리고 있었다.

"소인의 마음은 마마가 계신 이곳 황궁에서 한시도 떠난 적이 없습니다."

최천수의 검이 느려지는 것을 틈타 패라첩목아의 군사들이 다시 우르르 몰려왔다. 주위는 군사들의 시체와 핏물로 발 디딜 틈도 없을 지경이었다. 모두 최천수의 귀신같은 검에 당한 것이지만, 최천수의 몸도 숱한 칼날에 찢겨 검은 장포가 너덜너덜해져 있었다.

최천수가 천천히 뒤로 물러났고, 기 황후는 마가충과 함께 옆으로 비켜섰다.

"속히 여길 떠나시옵소서."

그는 주위를 매섭게 쏘아보다가 마가충에게 힐끗 눈길을 주었다.

"저쪽 문으로 황후 마마를 모시게. 문을 닫아걸면 추격을 잠시라도 멈출 수 있을 게야."

"우리가 가면 대형(大兄)은 어쩌시렵니까? 저 많은 군사들을 혼자 상대할 순 없소이다."

"내 걱정 마시고 속히 여길 떠나게. 한시가 급하네."

그들이 다급하게 말하는 동안 두 명의 군사가 칼을 들고 다시 달려들었다. 최천수는 슬쩍 옆으로 피하며 한 놈을 칼끝으로 찌르고 몸을 비트는 것과 동시에 다른 한 놈의 가슴에 다시 칼을 꽂았다. 그 사나운 기세에 군사들이 다시 주춤 뒤로 물러섰다. 하지만 베어 죽이는 것보다 더 많은 수의 군사들이 계속 몰려오고 있었다. 최천수의 검술에 주춤하던 이들이 다시 함성을 내지르며 창칼을 휘둘렀다. 순식간에 1백여 명에 가까운 군사들이 그들은 에워싸며 포위망을 좁혀왔다.

"어서 떠나소서, 제발!"

"오라버니를……, 이곳에 혼자 두고 갈 수는 없어요. 나 때문에 더는 당신을 희생시킬 수 없어요."

오라버니라는 말에 최천수는 잠시 멈칫했다. 오랜 세월을 두고 다져왔던 그의 무심한 마음이 와르르 무너지는 소리가 천둥처럼 들렸다. 최천수는 목구멍을 치솟고 올라오는 슬픔을 꿀꺽 삼키느라 숨이 막힐 지경이었다. 기 황후의 그 간절한 목소리를 듣자, 여태껏 투지로 맹렬하게 타올랐던 그의 눈빛이 문득 스산해졌다.

"마마, 어서 가소서."

그러나 기 황후는 그를 사지에 버려두고 떠나고 싶지 않았다. 여기서 죽는 한이 있더라도 그와 함께 하고 싶었다. 마음이 다급해진 최천수는 마가충을 호되게 나무랐다.

"무엇하고 있느냐? 속히 황후 마마를 모시고 가지 않고."

마가충은 낮게 고개를 숙이고는 기 황후의 두 손을 맞잡아 끌었다.

"소인의 무례함을 용서하소서."

마가충은 기 황후의 몸을 번쩍 들어 어깨에 걸치더니 성문을 향해 몸을 날렸다. 이를 놓치지 않기 위해 군사들이 우르르 몰려들었다. 최천수는 재빨리 몸을 날려 그들을 가로막았다. 하지만 그들을 포위한 군사들의 수는 점점 늘어나고 있었다.

오라버니, 어서, 어서 이리로 오세요.

마가충의 어깨에 매달려 멀어져가는 기 황후가 혼신의 힘을 다해 소리 질렀지만, 그것은 터져 나오는 울음에 막혀 소리가 되어 나오지 않았다.

군사들이 화의문을 완전히 점거했지만, 황태자는 계속 도성으로 짓쳐 들어가야 할지 망설이고 있었다. 아직 기 황후가 빠져나오지 않은 상황에서 섣불리 밀고 들어갈 수 없었다. 반군들이 황후를 인질로 잡고 무슨 짓을 벌일지 몰랐다. 황태자가 갈등하고 있는 사이, 수행 장수가 황태자를 돌아보며 소리쳤다.

"황후 마마께서 오십니다."

황궁 쪽을 바라보니 기 황후가 마가충의 어깨에 실려 오는 게 보였다. 황태자가 명을 내렸다. 하지만 그는 벌써 마가충을 향해 달려가고 있었다.

"속히 달려가 황후 마마를 엄호하라."

수천의 군사가 일제히 달려가 성문 앞에 도열했다. 황태자가 가쁜 숨을 내쉬며 기 황후를 안아 말에 태웠다.

"어마 마마, 이 못난 아들을 용서하소서."

기 황후가 멍한 눈으로 중얼거렸다.

"그 사람을……, 최천수를 구해내야 한다."

마가충이 추밀지원 안의 상황에 대해 황태자에게 보고했다. 황태자는 고개를 끄덕이며 지체 없이 수신호를 보냈다. 수만의 철갑과 기병이 흙먼지를 일으키며 함성과 함께 성문으로 진군했다.

"와아!"

거대한 함성과 함께 추밀지원의 문이 완전히 박살나며 황태자의 군사들이 몰려 들어갔다. 하지만 적의 공세는 만만치 않았다. 패라첩목아 쪽에서도 황태자의 군사들이 성에 접근하자 돌연 성벽 위에서 화살과 쇠뇌를 내쏘았다. 어느새 대열을 정비해 반격하는 반군들의 반격이 치열했다. 우르르 몰려가던 군사들이 뒤얽혀 짚단처럼 쓰러졌다.

"물러서라."

당황한 황태자가 황급히 말머리를 돌리면서 외쳤다. 군사들은 적의 화살이 미치지 않는 곳까지 물러났다.

"적의 저항이 만만치 않습니다."

확곽첩목아가 다가와 인상을 흐렸다.

"군사의 수에 있어서는 우리가 훨씬 우세하지 않습니까?"

"허나 성벽이 워낙 높아 저렇게 화살을 쏘아대면 접근하기가 쉽지 않습니다."

주변을 휘둘러보던 황태자가 친히 궁수대를 찾았다.

"너희들은 뒤에서 화살을 멀리 쏘아서 엄호를 하라."

그러면서 방패를 든 보졸과 기병을 앞세우고 성으로 다시 향했다. 성벽에 접근하자 영락없이 화살이 비 오듯이 날아왔다. 방패 부대가 방패를 들어 화살을 막는 동안 뒤쪽의 궁수들이 성벽 위로 화살을 날리며 엄호했다. 밑으로 쏟아지는 쇠뇌와 화살이 조금 주춤했다. 이 때를 놓치지 않고 더 많은 군사들이 성문을 향해 몰려갔다.

"나를 따르라!"

황태자는 목숨을 걸고 맨 선두에 서서 성문을 지나갔다. 이에 자극을 받은 장수들이 몰려가고, 기병과 보졸들이 그 뒤를 따랐다. 성 위에서 화살을 날리던 궁수들은 성문이 뚫리자 도망가기 바빴다. 위쪽에서 화살이 날아오지 않자, 더 많은 황태자의 군사들이 몰려왔다. 10만이 넘는 대군이 성문을 향해 일제히 몰려드니 일대 장관이 펼쳐졌다. 누런 먼지와 함께 땅을 진동하는 함성이 천지에 가득했다. 그 엄청난 기세에 성안은 삽시간에 아수라장이 되어갔다. 황태자가 먼저 기병을 이끌고 성안으로 돌진하고, 뒤이어 방패를 앞세운 보졸들이 함성과 함께 짓쳐 들어갔다.

누구의 것인지 여기저기 화광이 충천했으나 제대로 저항하는 자는 거의 없었다. 다만 들리는 것은 황태자를 위시한 확곽첩목아 측의 장수들이 내리는 명령뿐이었다.

"우린 같은 원나라 군사들이다. 항복하는 자는 절대 죽이지 않겠다!"

"즉시 투항하면 살려주겠다."

패라첩목아의 군사들은 눈사태가 일어나듯 무너져 내렸다. 극히 일부를 제외한 대부분의 반군들은 황태자의 군사들이 일제히 쏟아져 들어오자 창을 거꾸로 잡고 달아나기 시작했다.

기 황후는 주위의 만류에도 불구하고 군사들의 호위를 받으며 다시 성안으로 들어왔다. 그녀의 눈동자에는 오직 한 사람의 잔영만이 보일 뿐이었다.

"어서 최 태감을 찾아야 한다!"

하지만 최천수는 어디에도 보이지 않았다. 기 황후가 황태자를 직접 찾았다.

"무슨 일이 있어도 최 태감을 찾아야 합니다. 성 어딘가에 있을지 모르니 서두르세요."

기 황후의 명을 받은 황태자는 군사들을 따로 조직하여 성 곳곳을 뒤지도록 했다. 하지만 패라첩목아의 잔당들이 아직도 성안을 장악하고 있어 제대로 찾을 수 없었다. 무리하게 성을 수색하다가 기습을 당해 죽어가는 군사들도 있었다. 기 황후는 발을 구르며 자신이 직접 편궁을 뒤지기 시작했다. 호위하는 군사들이 억지로 그녀를 막아섰다.

"너희들은 황후 마마를 단단히 지키고 있어라."

황태자는 다시 군사를 몰아 진격을 해나갔다. 그를 막기 위해 패라첩목아의 1백여 명의 군사들이 저항했지만 수만 명이 넘는 황태자의 군대를 당할 순 없었다. 그들은 이내 도망갔고, 나머지는 무기를 버리고 투항했다. 주위를 둘러보았지만 최천수는 보이지 않았다. 황태자는 더는 최천수에게 신경 쓸 여력이 없었다.

"역적 패라첩목아를 찾아야 한다!"

기 황후가 무사히 대도성을 빠져나왔다는 소식이 전해지자 성 밖에서 대기하고 있던 30만의 군사들이 일제히 대도성으로 짓쳐 들어갔다. 성으로 들어가는 문들이 차례로 박살나며 패라첩목아의 군사들과 대접전을 벌였다. 처음엔 그들과 맞서 싸우던 패라첩목아의 군사들도 안으로 밀려드는 그 노도와 같은 기세에 당황하더니 급기야는 도망가기 시작했다. 10만의 대군으로 막고 있다고는 하나, 성문이 모두 뚫리니 지휘체계가 제대로 작동될 리 없었다. 그들은 그야말로 독 안에 갇힌 쥐가 되어 화살 세례를 받고 우수수 쓰러졌다. 여기저기서 털썩털썩 무기 떨어뜨리는 소리와 함께 투항자가 늘어나기 시작했다. 앞으로 가봤자 사위를 가리며 쏟아지는 화살이요, 뒤로는 높은 성벽이 막고 있으니 죽지 않으려면 항복하는 수밖에 없었다. 살아남은 잔병들은 성벽을 타고 오르며 도망치기에 여념이 없었다.

패퇴해서 황궁으로 집결한 자신의 군사들을 지켜보며 패라첩목아는 몸을 부르르 떨었다. 애초 그의 자부심이었던 10만의 군대는 거의가 전사하거나 투항하여 지금은 2만도 채 되지 않았다. 그 군사들을 모아

떨어지는 핏방울, 흩날리는 눈물

황궁 입구에 목책을 쳐 진지를 구축하고 최후의 일전을 벌일 태세였다.

대도성을 완전히 평정한 황태자 또한 군사들을 황궁 앞으로 집결시켰다. 그는 말에 올라탄 채 칼을 빼어들었다.

"속히 나와서 항복하면 목숨만은 살려주겠다."

"나는 이미 죽기로 각오한 몸. 구차하게 목숨을 구걸하진 않겠다."

패라첩목아는 목소리를 높여 맞받아쳤다. 황태자는 심리전을 이용하기로 했다.

"반역을 꾀한 너는 그렇게 죽으면 된다지만, 수장을 잘못 만난 나머지 죄 없는 군사들은 살려줘야 하지 않겠느냐?"

그러면서 부드러운 목소리로 다시 일렀다.

"너희 병졸들은 모두 대원 제국의 충직한 백성들이 아니더냐? 지금이라도 무기를 버리고 투항하면 더는 여죄를 묻지 않겠다."

그 말은 즉시 효과를 발휘했다. 패라첩목아의 진영 곳곳에서 술렁거리더니 군사들이 무더기로 창과 칼을 내버리고 밖으로 달려 나오기 시작했다. 패라첩목아와 몇몇 장수들이 도망치는 군사들을 향해 칼을 휘두르고 화살을 쏘았지만 그 수가 워낙 많아 막을 수 없었다. 이제 남은 것은 패라첩목아의 심복들과 호위군들. 그들은 숫자는 5천에 불과했지만 결사적으로 일전을 벌일 태세였다.

황태자는 칼을 높이 쳐들었다.

"쳐라!"

그 외침과 함께 수만의 대군이 일시에 달려들었다. 그 모습은 마치 밀물이 몰려가는 형국이었다. 수많은 군사들이 창칼을 들고 함성을 내지르는데 땅이 흔들리고 하늘이 진동했다. 이어 양쪽 군대가 맞붙었다. 하지만 그것은 전투가 아니라 일방적인 살육이나 마찬가지였다. 패라첩목아의 군사들은 변변히 저항 한번 못하고 속수무책 당하고만 있었다. 창칼이 맞부딪히며 번쩍번쩍 불꽃이 일었고, 여기저기서 비명이 터져 나왔다. 핏물이 하늘로 치솟아 마치 분수가 흩날리는 것 같았다.

패라첩목아는 몇 기의 수하들만 거느리고 연춘각 쪽으로 몸을 피했다. 하지만 그곳에는 황태자가 이미 와서 기다리고 있었다.

"황상 폐하께서 머무시는 곳에 그 더러운 피를 흘릴 순 없다."

황태자의 손짓에 따라 군사들이 패라첩목아를 태액지 부근으로 몰아갔다. 패라첩목아의 등 뒤로 깊은 호수가 입을 벌리고 있었다. 막다른 곳에 이른 패라첩목아는 칼을 마구 휘두르며 발악했지만 자신의 최후가 다가왔음을 이미 깨닫고 있었다. 그는 얼굴이 벌겋게 상기된 채 긴 숨을 내쉬었다.

패라첩목아는 두 손으로 칼을 움켜쥐었다. 이어 입술을 앙다물고는 칼을 거꾸로 세워 천천히 자신의 배에 찔러 넣었다. 순간 피가 분수처럼 솟아나며 그의 거대한 몸이 나무토막처럼 무너졌다. 그는 고통을 참으면서 칼을 쥔 손에 더욱 힘을 주었다. 칼끝이 복부를 관통하고 등 뒤로 삐져나왔다.

"아악!"

패라첩목아는 그 단말마의 비명을 끝으로 눈을 감았다. 한때 대도성을 점령하고 천하를 호령하려 했던 인물치고는 그 최후가 너무도 처참했다. 수장이 죽자 나머지 군사들은 모두 칼을 버리고 순순히 투항했다. 30만의 군사가 대도성에 들어오니 성안은 온통 갑옷 입은 군사들로 넘쳐났다. 성 밖으로 몸을 피했던 황제 일행도 다시 입성했다.

기 황후는 추밀원사로 달려갔다. 최천수를 찾기 위해서였다. 하지만 그는 어디에도 보이지 않았다. 환관과 궁녀들에게 명해 주위를 샅샅이 뒤지게 했지만 행방이 묘연했다.

"최천수가 어디로 갔단 말이냐?"

기 황후는 답답하고 초조한 나머지 발을 동동 굴렀다. 그때 강순용이 급히 달려왔다.

"황후 마마, 흥성궁 근처에 최 태감으로 짐작되는 사람이 쓰러져 있다 하옵니다."

기 황후는 불길한 생각에 서둘러 자신의 거처인 흥성궁으로 달려갔다. 그녀는 주위를 유심히 살폈다. 그러던 중 어느 한 곳에 시선이 집중되었다. 최천수는 자신이 자주 찾았던 연못 한쪽에 잠자듯 누워 있었다. 그가 쓰러진 땅 주변으로 검붉은 피가 햇빛에 말라가고 있었다. 창칼에 찢긴 그의 얼굴은 기 황후조차 쉽게 알아볼 수 없을 정도로 참혹했다. 기 황후는 그를 일으키며 얼굴을 두드렸다.

"오라버니……."

기 황후는 필사적으로 그를 잡아 흔들었다.

"어서 일어나세요. 어서……."

기 황후의 울먹이는 목소리를 들었을까? 칼에 찢긴 최천수의 눈꺼풀이 가늘게 떨리더니 조금 열렸다. 초점이 없는 그의 눈동자는 붉은 핏물 속에 잠겨 있었다.

"오라버니, 내가 보이시나요?"

최천수는 앞을 보기 위해 눈을 부릅떴다. 그때 그의 눈가에 맺혀있던 핏물이 관자놀이를 타고 주르륵 흘러내렸다. 그는 꺼져 가는 목숨을 겨우 이어가며 혼신의 힘을 다해 입을 열었다.

"마마……, 소인이, 이렇게 행복한 것은……, 처음입니다."

"어서 일어나세요. 약한 소리 하지 마세요."

"여기……, 여기 대도성에 와서 처음으로……, 황후 마마의 품에, 품에 안겼습니다."

기 황후의 양 볼을 타고 주르륵 눈물이 흘러내렸다. 그녀의 턱 끝에 맺힌 눈물방울이 피로 물든 최천수의 얼굴 위로 뚝뚝 떨어졌다. 최천수는 눈을 돌려 하늘을 바라보았다. 흥성궁 앞 연못 주위에는 봄이 되면서 갖가지 꽃들이 만개한 채로 분분히 바람에 휘날리고 있었다. 마치 하얀 눈이 온 세상을 뒤덮는 것 같았다. 다시 기 황후의 볼을 타고 흐르던 눈물이 최천수의 얼굴에 뚝 떨어지자, 그는 눈을 뜨는 것조차 힘겨운 듯 스르륵 눈을 감았다.

"마마께서 저기를……, 소인과 함께 거니시던 것이……, 꿈결처럼 보이나이다."

그의 표정은 더없이 평온해 보였다. 그는 그 말을 끝으로 더는 숨을 쉬지 않았다. 기 황후는 온몸을 떨며 흐느꼈고, 그녀의 눈에서 떨어진 눈물은 최천수의 피 묻은 눈가에 가득 고였다. 그녀는 온힘을 다해 최천수를 와락 끌어안았다. 거센 바람이 불어오자 다시 꽃잎이 분분히 흩날렸다. 한 폭의 정물화처럼, 움직임을 멈춘 그들은 꽃잎 속에 온전히 파묻혀 갔다.

〈제 4권에 계속〉

천하를 경영한 **기황후** 3권

초판 1쇄 발행 2006년 08월 07일
2판 1쇄 발행 2013년 11월 13일

저 자 **제성욱**
펴낸이 **천봉재 · 조인숙**
펴낸곳 **일송북**

주소   **(133-801) 서울시 성동구 금호로 56 3층 (금호동1가)**
전화   **02-2299-1290~1**
팩스   **02-2299-1292**
이메일 **minato3@hanmail.net**
홈페이지 **www.ilsongbook.com**
등록   **1998. 8. 13 (제 303-3030000251002006000049호)**

ⓒ 일송북 2013

ISBN 978-89-5732-133-1 14910
ISBN 978-89-5732-130-0 (세트)
값 12,800원